이은경 선생님의 초등어휘 대백과

글·기획 이은경 | 구성 장순월 | 그림 김혜원

아울북

저자의 글

안녕하세요. 〈초등 어휘 대백과〉를 쓴 은경쌤이에요!

이 책이 세상에 나타난 이유요? 간단해요! 우리 친구들이 교과서를 볼 때 '이게 무슨 말이지?' 하며 멍해지지 않도록 하기 위해서랍니다. 수업 시간에 선생님이 하시는 말씀을 잘 이해하고, 문제집을 풀 때도 더 이상 '어? 이거 뭐지?' 하지 않도록 도와주고 싶었어요.

읽기의 시작에 교과서가 있어요!

이 책은 국어, 수학, 사회, 과학, 예술, 그리고 일상에서 쓰이는 관용 표현 중에서 중요한 어휘를 쏙쏙 골라 재미있고 쉽게 설명해 줘요. 일상 속 예시 문장까지 나와 있어 단순히 어휘를 외우는 게 아니라, 실제로 어떻게 쓰이는지 이해하도록 돕지요. 유의어와 반의어, 관련 어휘까지 모두 배우고 나면, "아하, 이게 이런 뜻이구나!" 하면서 딱딱하게만 느껴지던 교과서 속 어휘에 다양한 쓰임이 있다는 것을 알게 되고, 어휘들이 새롭게 보일 거예요.

어휘 공부가 지루할 것 같다고요? 전혀요!

각 장마다 준비된 은경쌤과의 카톡 대화를 통해 맞춤법을 공부하고, 누가 맞춤법을 틀렸는지 알아맞혀 보세요. 친구와 대화를 하는 것처럼 가볍고 재미있게 맞춤법을 공부할 수 있어요. 과목별 어휘 공부가 끝나면 게임처럼 풀 수 있는 퀴즈까지 준비해서, 복습까지 완벽하게 마칠 수 있답니다.

모든 학습의 기초, 어휘!

이 책으로 우리 친구들이 어휘력뿐만 아니라 자신감을 가지고, 수업 시간에도 더 집중할 수 있기를 바라요. 어휘력을 키우면 모든 과목이 조금 더 쉬워지고, 공부가 재밌어질 거예요.

여러분, 은경쌤과 함께 어휘 대모험을 떠날 준비 됐나요?
여러분의 모험과 도전을 진심으로 응원합니다.

2025년 겨울
어휘 박사 은경쌤이

초등 어휘 대백과 활용법

1 은경쌤이 고르고 고른 과목별 어휘 공부!

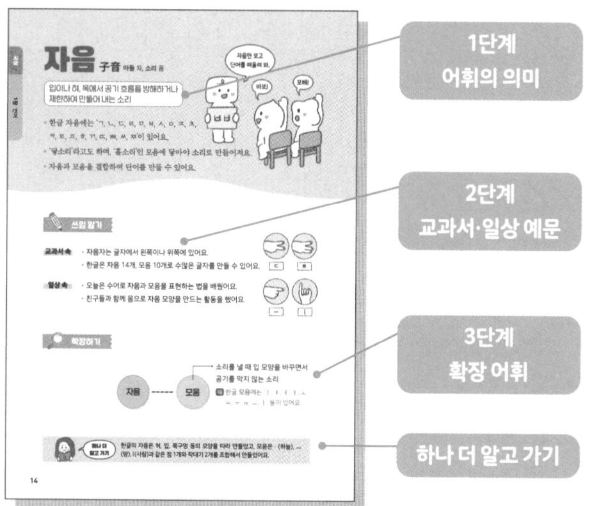

은경쌤이 직접 선정한 어휘들의 뜻과 쓰임을 배우고, 한 발 더 나아가 관련 어휘까지 익혀요.

확장하기 보는 법

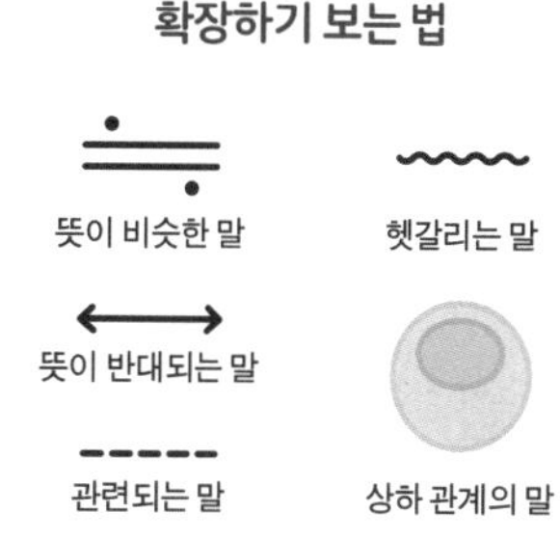

2 헷갈리는 맞춤법도 착착! 지켜라, 맞춤법!

매 장마다 학습이 끝나면 나오는 카톡 대화에서는 틀린 맞춤법을 쓰는 친구가 누구인지 맞히고, 올바른 맞춤법에 대해 알아보아요.

3 빈틈없는 복습을 도와줄 흥미진진 어휘 퀴즈

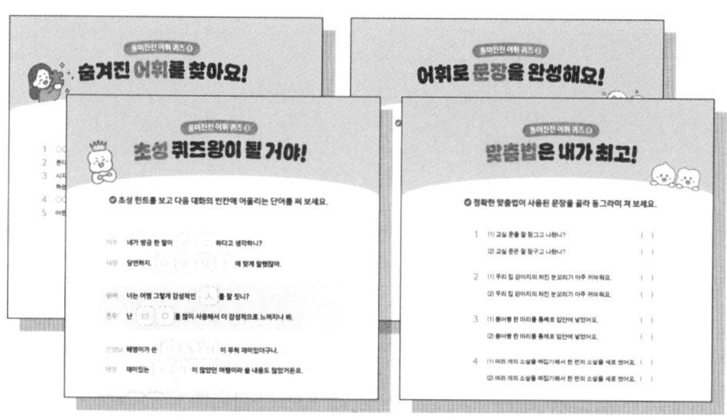

파트별 어휘 공부가 모두 끝나면, 앞에서 배운 어휘와 맞춤법을 잘 알고 있는지 확인할 수 있는 어휘 퀴즈를 풀어요.

차례

PART 1

국어

우리가 하는 말과 생각

PART 2

수학

수로 이루어진 세계

PART 3

사회

우리를 둘러싼 세상

PART 4

과학

세상이 움직이는 원리와 법칙

PART5

예술

인간의 삶을 풍요롭게 하는 것

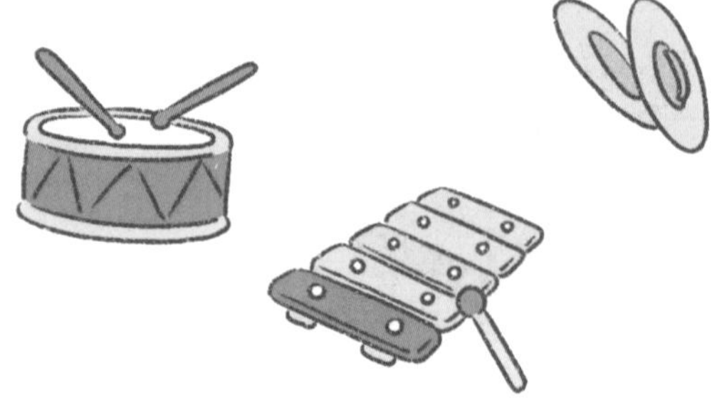

PART 6

관용 표현

예로부터 널리 쓰인 말

국어는 우리의 생각과 감정을
우리말로 표현할 수 있는 수단이자, 소중한 자산이에요.

PART 1

국어

우리가 하는 말과 생각

1장 언어

2장 논리

3장 독서

4장 문학

“

아무 말도 하지 않고, 글도 쓰지 않고 하루만이라도 살 수 있을까요?
상상만으로도 답답하고 피곤한 하루가 될 것 같아요.
언어의 소중함을 절실히 느끼는 하루가 될 것 같기도 하고요.

내 생각과 느낌을 속 시원히 표현할 수 있게 해 주는 언어.
어떻게 만들어졌고, 어떻게 사용해야 더 알차고 효과적일지,
언어에 조금만 더 관심을 기울이는 시간을 가져 보아요.

”

1장 언어

교과연계표

자음	국어 1-1	고유어	국어 5-2
받침		높임 표현	국어 3-1
주어	국어 5-1	의사소통	국어 4-1
문장 성분		비속어	국어 6-1
표준어	국어 4-1	사전	국어 4-1
의성어	국어 1-2	동음이의어	국어 5-1

자음 子音 아들 자, 소리 음

입이나 혀, 목에서 공기 흐름을 방해하거나 제한하여 만들어 내는 소리

- 한글 자음에는 'ㄱ, ㄴ, ㄷ, ㄹ, ㅁ, ㅂ, ㅅ, ㅇ, ㅈ, ㅊ, ㅋ, ㅌ, ㅍ, ㅎ, ㄲ, ㄸ, ㅃ, ㅆ, ㅉ'이 있어요.
- '닿소리'라고도 하며, '홀소리'인 모음에 닿아야 소리로 만들어져요.
- 자음과 모음을 결합하여 단어를 만들 수 있어요.

쓰임 알기

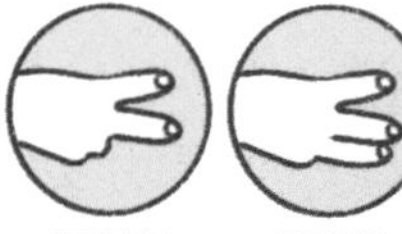

교과서 속

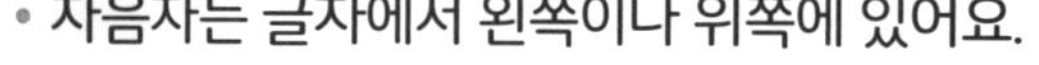

- 자음자는 글자에서 왼쪽이나 위쪽에 있어요.

- 한글은 자음 14개, 모음 10개로 수많은 글자를 만들 수 있어요.

일상 속

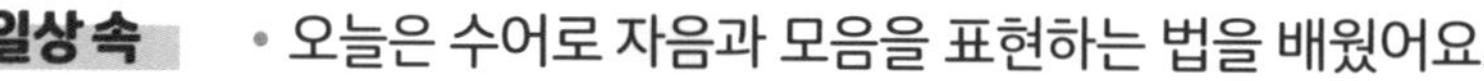

- 오늘은 수어로 자음과 모음을 표현하는 법을 배웠어요.
- 친구들과 함께 몸으로 자음 모양을 만드는 활동을 했어요.

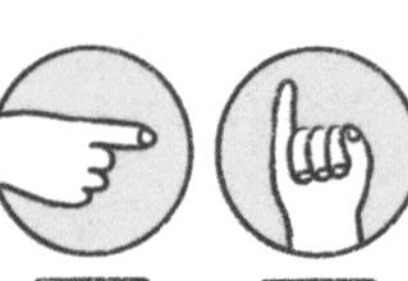

확장하기

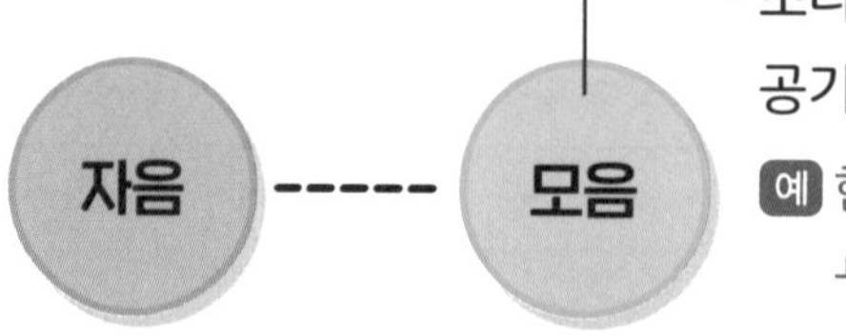

소리를 낼 때 입 모양을 바꾸면서 공기를 막지 않는 소리

예 한글 모음에는 'ㅏ, ㅑ, ㅓ, ㅕ, ㅗ, ㅛ, ㅜ, ㅠ, ㅡ, ㅣ' 등이 있어요.

하나 더 알고 가기 한글의 자음은 혀, 입, 목구멍 등의 모양을 따라 만들었고, 모음은 · (하늘), ㅡ(땅), ㅣ(사람)과 같은 점 1개와 작대기 2개를 조합해서 만들었어요.

받침

음절의 마지막에 오는 자음

- 단어의 발음과 의미를 결정하는 데 중요한 역할을 해요.
- 예를 들어, '밥'과 '밤'은 '바' 아래에 쓰인 받침이 다르기 때문에 발음과 의미도 완전히 달라요.
- 한 음절에서 첫 자음은 '초성', 가운데 모음은 '중성', 받침인 자음은 '종성'이라고 해요.

쓰임 알기

교과서 속
- 글자에 받침을 더하면 새로운 글자가 돼요.
- 받침에는 여러 가지 자음자를 사용할 수 있어요.

일상 속
- 철도의 받침목은 인간의 갈비뼈 같은 역할을 해요.
- 한글을 배우기 시작한 외국인 친구가 받침을 매우 헷갈려 해요.

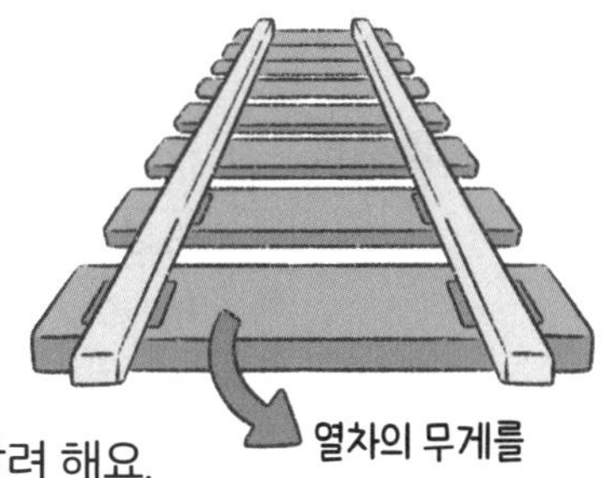

확장하기

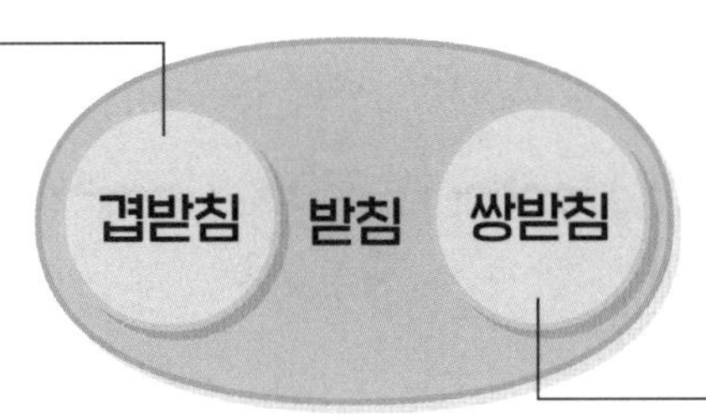

한 음절의 종성이 2개 이상의 자음으로 이루어진 것

예 '닭'은 ㄹ과 ㄱ이 함께 오는 겹받침 단어예요.

서로 같은 자음 2개로 이루어진 받침

예 '낚시'에서 '낚'은 ㄱ이 2개 겹친 쌍받침이에요.

주어 主語 주인 주, 말씀 어

문장에서 동작이나 상태의 주체를 나타내는 부분

- 문장의 핵심 요소로, 누가 혹은 무엇이 하는지를 알려 줘요.
- 예를 들어, '동생이 잠을 잔다.'와 '강아지가 잠을 잔다.'라는 문장의 주어는 각각 동생과 강아지예요.
- 주어와 서술어를 결합하여 문장을 완성해요.

쓰임 알기

교과서 속
- 문장에서 동작이나 상태의 주체가 되는 말을 주어라고 하고, 주어의 움직임, 상태, 성질 따위를 풀이하는 말을 서술어라고 해요.
- 문장에서 주어와 서술어를 구분하며 읽으면 글을 더 잘 이해할 수 있어요.

일상 속
- 주어를 생략하고 말하는 바람에 친구와 큰 오해가 생길 뻔했어요.
- 주어진 문장이 어색해서 주어와 서술어가 잘 호응하도록 고쳤어요.

확장하기

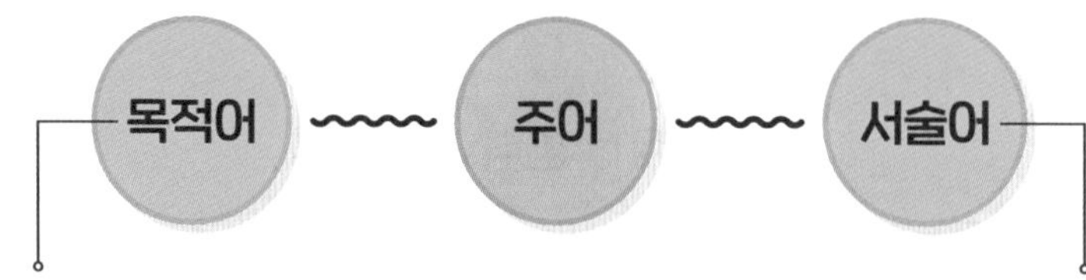

목적어: '누가 무엇을 한다.'라는 문장에서 '무엇'에 해당하는 부분

예 '동생이 밥을 먹어요.'라는 문장의 목적어는 '밥을'이에요.

서술어: 문장에서 주어의 행동, 상태, 속성을 설명하는 부분

예 서술어로 주어의 동작이나 상태를 파악할 수 있어요.

문장 성분 文章 成分 글월 문, 글 장, 이룰 성, 나눌 분

문장을 구성하는 기본적인 요소

- 문장 성분에는 주성분인 '주어, 서술어, 목적어, 보어'와 다른 성분을 꾸며 주는 '부사어, 관형어'가 있어요.
- 각 문장 성분은 특정한 역할을 수행해요.
- 문장 성분이 적절히 배치된 문장은 논리적이고 누구나 이해하기 쉬워요.

쓰임 알기

교과서 속

- 문장을 완성하려면 문장 성분 중 주어와 서술어를 꼭 포함해야 해요.
- 글을 쓸 때, 고쳐쓰기 단계에서 문장 성분의 호응 관계가 올바른지 확인해야 해요.

일상 속

- 백일장에 참가하기 위해 문장 성분을 적절히 사용하는 연습을 하고 있어요.
- 책을 읽다가 마음에 드는 문장 하나를 골라 문장 성분을 분석해 봤어요.

주어와 서술어가 잘 호응하도록 글쓰기 연습을 해요.

확장하기

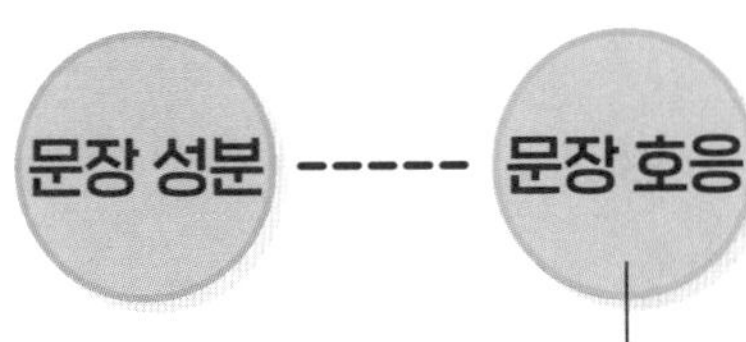

문장 성분들이 적절하게 맞물려 앞뒤가 어울리는 것

예 문장 호응이 되지 않으면 뜻이 잘못 전달될 수 있어요.

어울리는 '서술어'가 정해져 있는 '부사어'도 있어요. '나는 결코 그에게 대답했다.'라는 문장이 어색하지 않나요? '결코'는 서술어인 '아니다', '없다'와만 호응하는 부사어이기 때문이에요.

표준어 標準語 표 표, 법도 준, 말씀 어

모든 사람들이 같은 방식으로 말하고 쓸 수 있도록 나라에서 정한 표준이 되는 말

- 표준어를 사용하면 어디서나 같은 언어로 대화할 수 있어요.
- 모든 학생이 같은 내용을 정확하게 배워야 하기 때문에 교과서에도 표준어를 사용해요.
- 하나의 대상을 지역마다 다르게 부르는 경우가 있으나, 표준어를 사용하면 의사소통의 오류를 줄일 수 있어요.

쓰임 알기

교과서 속
- 공식적인 자리에서는 표준어를 사용해요.
- 표준어는 교양 있는 사람들이 두루 쓰는 현대 서울말이라고 정해져 있어요.

일상 속
- '정구지 찌짐'을 표준어로 바꾸면 '부추 전'이에요.
- 아나운서는 모든 시청자가 내용을 이해할 수 있도록 항상 표준어를 사용해야 해요.

확장하기

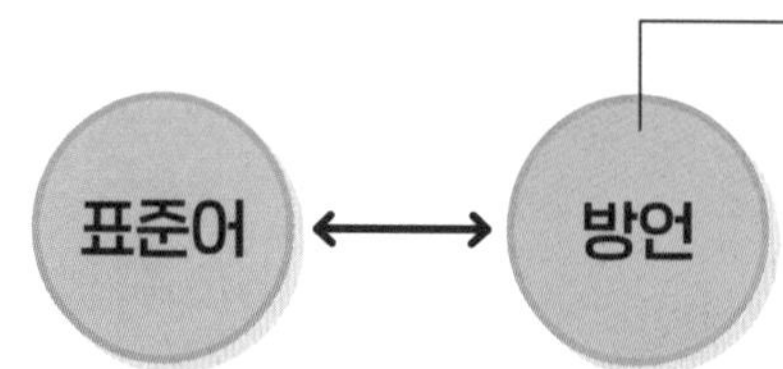

특정 지역에서만 사용하는 표준어가 아닌 말

예 방언은 사투리라고도 해요.

하나 더 알고 가기 표준어는 보통 각 나라의 수도에서 쓰는 말을 기준으로 지정해요. 중심지이기 때문에 이미 그 나라에서 가장 많이 쓰이는 말이기 때문이지요.

의성어 擬聲語 헤아릴 의, 소리 성, 말씀 어

자연의 소리나 사람의 동작, 감정 등을 소리로 흉내 낸 말

- 의성어는 이야기나 상황에 생동감을 더하고, 감정이나 소리의 느낌을 효과적으로 전달해요.
- 예를 들어, 크게 발을 구르는 소리인 '쿵쿵'이나 물이 흘러가는 소리인 '쏴아' 등이 의성어예요.
- 같은 소리라도 언어마다 의성어로 표현하는 방법은 달라요.

쓰임 알기

교과서 속
- 의성어는 사람 혹은 사물의 소리나 모습을 나타내는 말이에요.
- 반복되는 의성어는 마치 노래 같아요.

일상 속
- '뿡!' 하고 의성어를 소리 내어 말하며 방귀를 뀌니 아주 재미있어요.
- 소설의 주인공이 적과 싸우는 장면이 의성어로 표현되어 있어서 장면이 생생하게 느껴져요.

확장하기

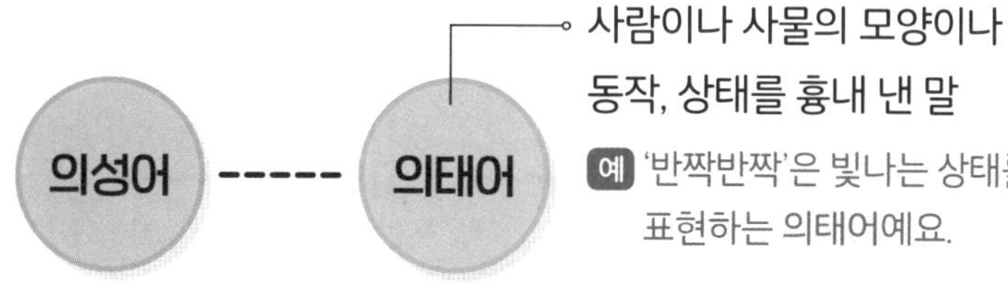

의태어: 사람이나 사물의 모양이나 동작, 상태를 흉내 낸 말

예 '반짝반짝'은 빛나는 상태를 표현하는 의태어예요.

하나 더 알고 가기 '찰싹'과 '철썩' 중 무엇이 더 거센 파도 소리 같은가요? 철썩이 조금 더 거세게 들리지 않나요? 이처럼 의성어와 의태어는 모음으로 세기의 정도를 표현할 수 있어요.

고유어 固有語 굳을 고, 있을 유, 말씀 어

순수하게 생긴 우리말로, 본디부터 있던 말

- 다른 언어에서 유래된 것이 아닌, 오랜 시간 동안 자연스럽게 사용하며 발전한 말이에요.
- 예를 들어, '하늘, 물, 꽃, 사람' 등과 같은 매우 친숙한 말이며, 우리의 고유한 정서가 담겨 있어요.
- 외래어나 외국어의 영향을 받지 않은 말이에요.

쓰임 알기

교과서 속
- 외국어를 지나치게 많이 사용하지 말고, 고유어를 사용하려고 노력해요.
- '언어생활 점검표'를 활용해 고유어 사용에 대한 언어생활을 점검해 봐요.

일상 속
- 한자를 사용하지 않고, 고유어로 지었다는 친구의 이름이 무척 예뻐요.
- 이 소설의 작가는 글을 쓸 때 고유어를 많이 사용해요.

확장하기

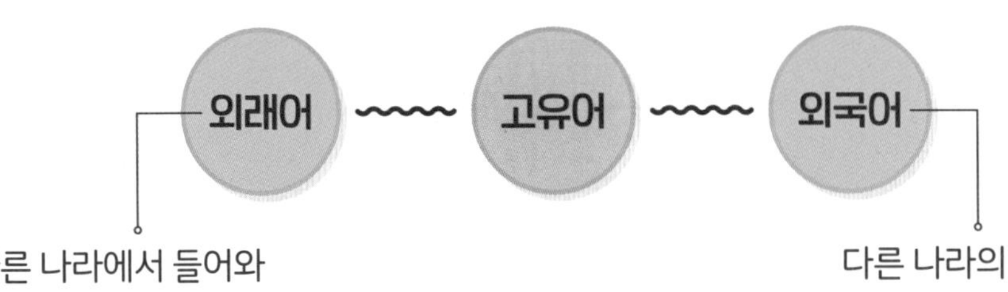

외래어: 다른 나라에서 들어와 우리말이 된 단어

예 '버스'는 영어 'bus'가 우리말로 들어온 외래어예요.

외국어: 다른 나라의 말

예 외국어인 프랑스어를 배우기 시작했어요.

높임 표현 높임 表現 걸 표, 나타날 현

상대방을 존중하거나 예의를 표하기 위해 사용하는 언어적 표현 방법

- 상대방의 지위, 나이, 관계에 맞게 사용해요.
- '-습니다/-ㅂ니다'나 '-요'를 써서 문장을 끝맺거나, '-시-'를 넣어 높일 수 있어요.
- 높임의 대상에게 '-께'를 사용하거나, '주무시다', '생신'처럼 높임의 뜻을 가진 낱말을 사용하기도 해요.

쓰임 알기

교과서 속
- '-습니다'나 '-ㅂ니다'를 사용하여 높임 표현을 할 수 있어요.
- 높임을 나타내는 특별한 낱말을 사용하여 높임 표현을 할 수 있어요.

일상 속
- 어른과 대화할 때는 높임 표현을 바르게 사용하려고 노력해요.
- 친한 친구들 앞이더라도 여러 명이 듣고 있다면 자연스럽게 높임 표현을 사용하고는 해요.

확장하기

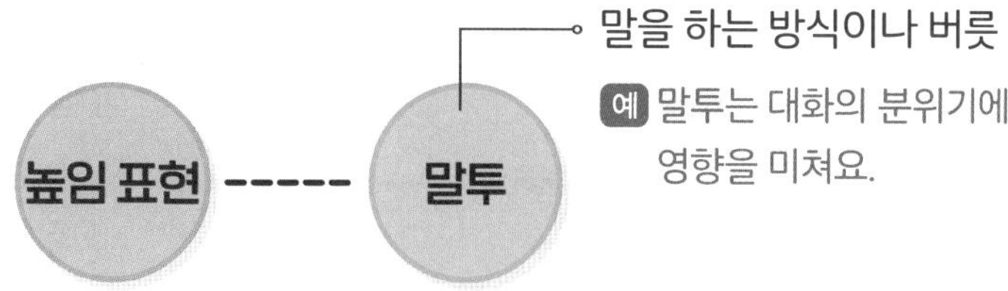

음식점에서 종업원이 '주문하신 식사 나오셨습니다!'라고 말하는 경우가 종종 있어요. 사물인 '식사'를 높이는 것은 잘못된 높임 표현이랍니다.

의사소통 意思疏通 뜻 의, 생각할 사, 트일 소, 통할 통

사람들 사이에서 생각이나 정보를 서로 주고받는 과정

- 의사소통의 기본 요소는 '말하기, 듣기, 읽기, 쓰기'예요.
- 의사소통이 잘되면 상대방이 무슨 말을 하는지 잘 이해할 수 있고, 서로 오해가 줄어들어요.
- 문제의 해결책을 찾기 위해 의사소통이 필요하며, 사람들과 좋은 관계를 맺는 데도 영향을 미쳐요.

쓰임 알기

교과서 속
- 의사소통을 할 때는 상대방의 말을 잘 듣는 것이 중요해요.
- 의사소통으로 상대방의 감정을 잘 이해할 수 있어요.

일상 속
- 매주 가족회의를 하니까 가족 간에 의사소통이 원활해요.
- 외국에 살고 있는 친구와 편지를 주고받으며 의사소통을 해요.

확장하기

정보나 소식을 전달하는 방법이나 도구

예 여러 가지 매체의 장단점이 확실해요.

하나 더 알고 가기 의사소통은 꼭 대화로만 이루어지는 것은 아니에요. 마음을 담은 편지를 쓸 수도 있고, 몸짓으로 사랑을 가득 표현할 수도 있어요.

비속어 卑俗語 낮을 비, 풍속 속, 말씀 어

예절에 어긋나거나 품위 없이 상대를 얕잡아 보고 사용하는 거친 말

- 사회적으로 부적절한 언어, 즉 욕설, 비하하는 말, 모욕적인 표현 등이에요.
- 비속어를 사용하면 다른 사람의 마음에 상처를 내거나 불쾌감을 줄 수 있어요.
- 주로 어떤 상황에 불만이 있을 때나 화가 났을 때 사용해요.

쓰임 알기

교과서 속
- 외국어나 줄임말, 욕설이나 비속어가 아닌 올바른 우리말을 사용해요.
- 비속어는 순화하여 사용하는 것이 바람직해요.

일상 속
- 모두가 웃는 교실을 만들려면 비속어를 쓰지 말아야 해요.
- 문학 작품 속의 인물이 사용하는 비속어를 보면 인물의 성격을 파악할 수 있어요.

확장하기

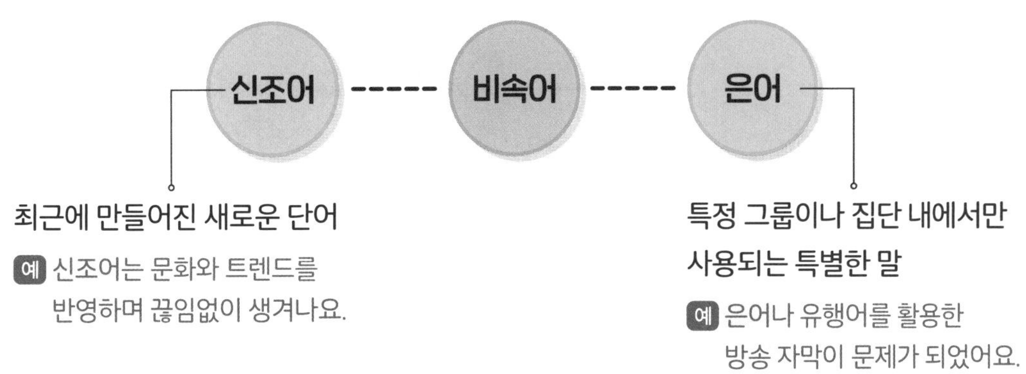

최근에 만들어진 새로운 단어

예 신조어는 문화와 트렌드를 반영하며 끊임없이 생겨나요.

특정 그룹이나 집단 내에서만 사용되는 특별한 말

예 은어나 유행어를 활용한 방송 자막이 문제가 되었어요.

사전 辭典 말씀 사, 법 전

특정 낱말의 의미, 발음, 예시문 등을 일정한 순서에 따라 정리해 놓은 책

- 국어사전은 한글의 자음과 모음의 순서를 기준으로 낱말을 실었어요.
- 형태가 바뀌는 낱말은 형태가 바뀌지 않는 부분에 '-다'를 붙인 기본형으로 실어요.
- 종이 사전과 디지털 사전이 있어요.

쓰임 알기

교과서 속
- 국어사전에서 낱말을 찾으려면 낱말을 싣는 차례를 알아야 해요.
- 국어사전에 나오는 약호나 기호의 쓰임새를 알면 낱말을 더 자세히 알 수 있어요.

일상 속
- 거리를 걷다가 본 광고 문구를 이해하기 위해 **사전** 앱에 뜻을 검색해 봤어요.
- 한글 자음과 모음의 순서를 떠올리며 낱말이 실린 위치를 예상한 후 국어사전을 펼쳤어요.

확장하기

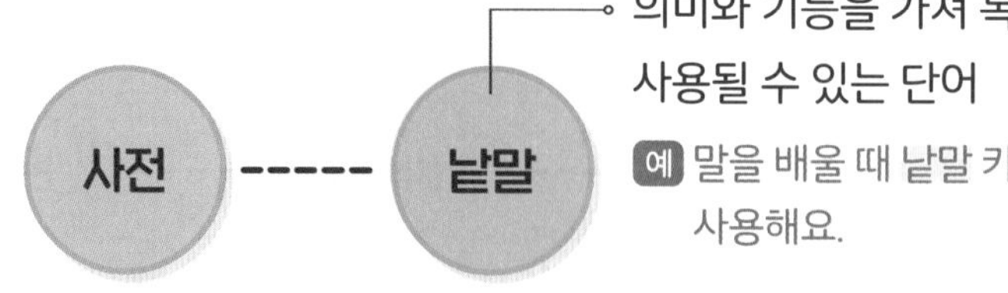

의미와 기능을 가져 독립적으로 사용될 수 있는 단어

예 말을 배울 때 낱말 카드를 많이 사용해요.

하나 더 알고 가기 '단어'는 '낱말'과 매우 비슷한 개념이에요. 서로 바꿔 사용할 수 있는 경우가 많긴 하지만 '단어'가 더 넓은 범위와 기능을 포함하고 있어요.

동음이의어 同音異義語 같을 동, 소리 음, 다를 이, 뜻 의, 말씀 어

발음이나 형태는 같지만, 뜻이 서로 다른 낱말

- 동음이의어를 사용한 문장이나 글은 문맥에 따라 다른 뜻으로 해석될 수 있어요.
- 예를 들어, '바람'은 공기의 흐름을 의미하기도 하고, 희망이나 소망을 의미하기도 해요.
- 동음이의어는 '동형어'라고도 해요.

쓰임 알기

교과서 속
- 형태는 같지만 뜻이 서로 다른 낱말을 '형태가 같은 낱말' 또는 '동음이의어'라고 해요.
- 글을 읽을 때 동음이의어의 뜻을 혼동하지 않으려면 문맥과 주제를 잘 파악해야 해요.

일상 속
- 동음이의어의 뜻을 정확하게 알려면 사전을 찾아보는 것이 좋아요.
- 형태는 같지만 뜻이 다른 동음이의어는 마치 성격이 다른 쌍둥이 같아요.

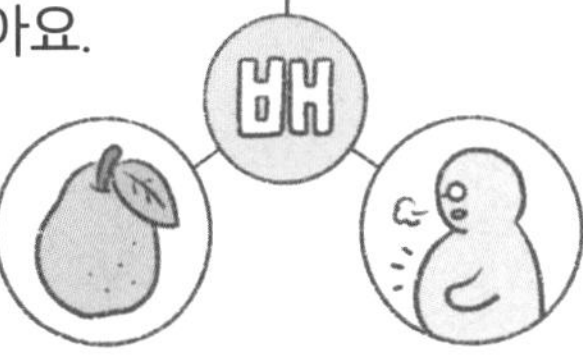

확장하기

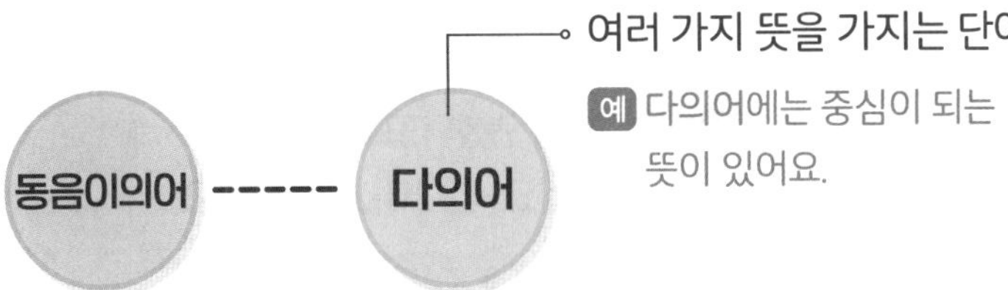

동음이의어는 소리나 형태는 같지만 뜻이 전혀 다르고, 다의어는 중심이 되는 뜻에서 뻗어나간 여러 개의 뜻을 가지고, 이 뜻들은 서로 관련이 있어요.

지켜라, 맞춤법!

 은경쌤과의 대화에서 맞춤법을 지키지 않은 사람을 찾아보세요!

은경쌤

12시에 모이는 것 알고 있지? 다들 출발했니?

한울

네! 저는 늦을까 봐 30분 전에 출발했어요.

소희

저는 집에서 지금 막 나왔어요. 얼른 달려갈게요!

은경쌤

조심해서 와~ 쌤도 가고 있단다.

은경쌤

앗! 얘들아. 쌤이 수도꼭지를 안 잠그고 나온 것 같아.
집에 다시 다녀와야 할 것 같구나.

한울

수도꼭지를 안 잠구셨다고요? 맙소사.
천천히 다녀오세요. 기다리고 있을게요.

은경쌤

쌤의 건망증이 이렇게 드러나네.

잠구다 vs 잠그다

'잠그다'는 어떤 물건을 열지 못하도록 자물쇠를 채우거나 고리를 걸어 고정시키는 행위를 의미해요. 주로 문, 상자, 수도꼭지 등을 사용할 수 없도록 만드는 상황에서 쓰지요. 종종 '잠구다'라고 잘못 쓰는 경우가 있으나 '잠그다'가 맞아요.

쓰임

외출할 때는 가스 밸브도 잘 잠구고, 문도 잘 잠구도록 해요. X

외출할 때는 가스 밸브도 잘 잠그고, 문도 잘 잠그도록 해요. O

들어나다 vs 드러나다

'드러나다'는 숨겨져 있거나 가려진 상태였던 것이 나타나거나 보이게 되는 것이에요. 감춰져 있던 물체가 외부에 나타나는 경우에도 쓰지만 알려지지 않았던 사실이나 감정 등이 나타나는 경우에도 써요.

쓰임

친구와 이야기를 나누다 보니 나를 생각하는 친구의 진심이 들어났어요. X

친구와 이야기를 나누다 보니 나를 생각하는 친구의 진심이 드러났어요. O

부러울 만큼 말을 잘하는 친구가 있나요?
조목조목 논리적으로 따져가며
빈틈없이 자기 생각을 잘 표현하는 친구 말이에요.

'논리적'이라는 말은 생각을 이치에 맞게
잘 표현한다는 뜻이에요.
말이나 글의 앞뒤가 딱 들어맞고 체계적이라는 것이지요.
그런 논리적인 사람이 되고 싶다면
논리에 관한 어휘부터 알아가 볼까요?

논리

교과연계표

의견	국어 5-2	타당하다	국어 5-2
주장	국어 6-1	토의	국어 5-2
논설문	국어 6-2	구조	국어 6-1
연설	국어 6-1	추론	국어 6-1
비판	국어 6-2	육하원칙	국어 6-1

의견 意見 뜻 의, 볼 견

어떤 문제나 상황에 대한 개인의 생각이나 주장

- 개인의 경험, 가치관, 지식 등에 따라 다를 수 있어요.
- 사람들은 서로 이해하고 협력하기 위해 의견을 나누는 과정을 거쳐요.
- 하나의 결정을 내리는 데 집단의 의견이 중요한 역할을 하기도 해요.

쓰임 알기

교과서 속
- 글쓴이나 인물이 어떤 대상에게 지니는 생각을 의견이라고 해요.
- 어떤 의견이 나온 까닭을 알면 그 의견의 내용과 의미를 더 잘 알 수 있어요.

일상 속
- 자신의 의견만 강하게 주장하는 친구와는 의사소통을 하기가 힘들어요.
- 진학 문제에 대한 부모님의 의견을 참고해서 신중하게 고민하고 있어요.

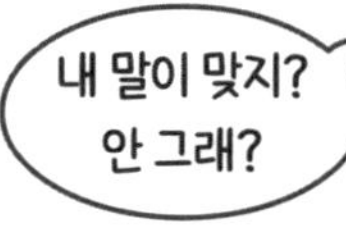

확장하기

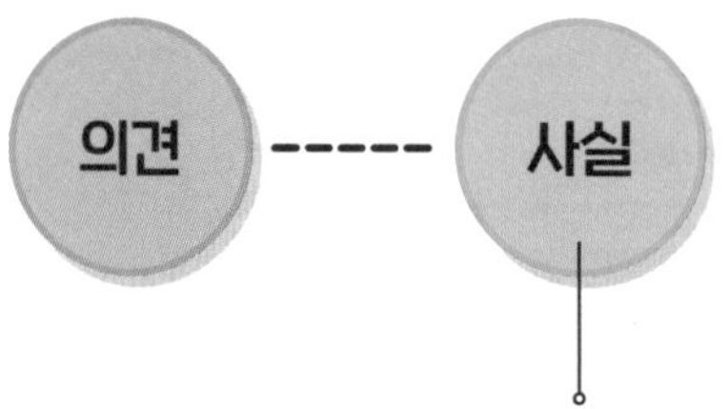

주관적인 판단이나 의견이 아니라 실제로 존재하는 일이나 증명된 정보

예 지구가 자전하는 것은 과학적 사실이에요.

'주관적'이라는 말은 개인의 감정, 생각, 의견을 바탕으로 해요. 반대로 '객관적'이라는 말은 개인의 감정이나 의견에 영향을 받지 않고 제3의 시선으로 대상을 바라본 것이지요.

주장 主張 주인 주, 베풀 장

자신의 의견이나 생각을 강하게 표현하는 것

- 다른 사람을 설득하려는 목적을 지니고 있어요.
- 자신의 생각을 뒷받침하기 위한 논리적 근거를 제시하거나 감정을 담아 설명하기도 해요.
- 다른 사람의 주장을 논리적으로 반대하거나 이의를 제기하는 것은 '반박'이라고 해요.

쓰임 알기

교과서 속
- 내 생각과 다른 주장이라도 무시하지 말고, 근거와 내용을 보고 판단해야 해요.
- 주장에 대한 근거를 제시할 때에는 자료를 제시하거나 구체적인 사례를 들어야 해요.

일상 속
- 많은 양의 객관적 자료를 가진 기관이 내세우는 주장은 믿음이 가요.
- 오늘의 발표자는 마지막까지 주장을 굽히지 않았어요.

확장하기

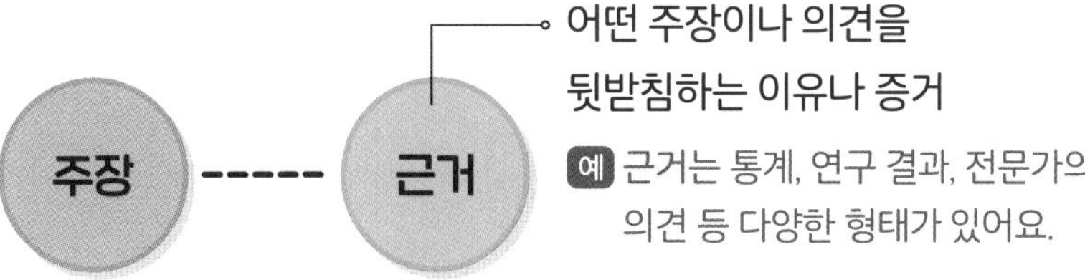

단순히 근거의 양이 많다고 해서 주장의 설득력이 높아지는 것은 아니에요. 믿을 수 있는 기관의 정보나 증명된 사실 등 신뢰할 수 있는 내용이어야 하죠.

논설문 論說文 논의할 논, 말씀 설, 글월 문

자신의 생각이나 주장을 짜임새 있게 정리하여 쓴 글

- 논설문에서는 글쓴이의 주장과 그것을 뒷받침하는 근거를 제시해요.
- 서론, 본론, 결론으로 구성되어 있어요.
- 서론에서는 문제 상황과 그에 대한 자신의 주장을 쓰고, 본론에서는 적절한 근거를 제시하며, 결론에서는 내용을 요약하고, 주장을 다시 한번 강조해요.

쓰임 알기

교과서 속
- 논설문의 목적은 상대방을 설득하는 것이에요.
- 논설문은 읽는 사람이 잘 이해할 수 있도록 쉬운 글로 표현하는 것이 좋아요.

일상 속
- 논설문을 쓰기 전에 주제와 관련된 다양한 사람을 만나며 자료를 모았어요.
- 겨울에 어울리는 여행지에 관한 생각을 명확하게 표현하기 위해 논설문을 쓰려고 해요.

확장하기

어떤 사물, 개념, 사건 등을 자세히 설명하는 글

예 동물의 서식지를 주제로 설명문을 썼어요.

논설문은 글쓴이의 '주장'이 명확하게 드러나야 하고, 설명문은 글쓴이가 설명하고자 하는 '사실'이 명확하게 드러나야 해요.

연설 演說 멀리 흐를 연, 말씀 설

특정 주제에 대해 여러 사람 앞에서 말하는 행위

- 주로 정보를 전달하거나 설득, 감동, 동기 부여 등을 목적으로 해요.
- 중요한 행사나 회의에서 주제에 대한 의견, 정보, 계획 등을 전달하는 역할을 해요.
- 효과적인 연설은 듣는 사람의 관심을 끌고, 감정적인 반응을 유도할 수도 있어요.

쓰임 알기

교과서 속
- 연설은 여러 사람 앞에서 말하는 것이므로 높임 표현을 써야 해요.
- 듣는 사람의 특성에 맞춰 알기 쉽게 말하고, 연설 시간도 생각해야 해요.

일상 속
- 정치인들은 선거 운동 기간에 다양한 지역으로 연설을 하러 다녀요.
- 졸업식에서 졸업생 대표로 연설을 했는데 정말 떨렸어요.

확장하기

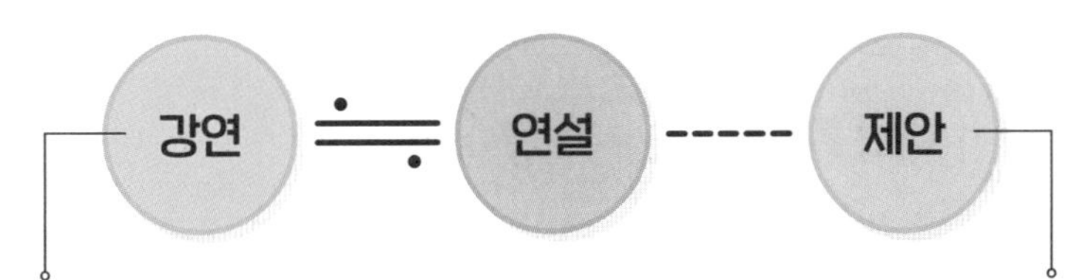

강연: 어떤 주제에 대해 사람들 앞에서 강의 형식으로 말하는 것

예 이번 강연의 주제는 무엇인가요?

제안: 어떤 행동이나 결정에 대해 의견을 내거나 새로운 아이디어를 제시하는 것

예 주말에 외식을 하자고 제안했는데 가족 모두가 찬성했어요.

비판 批判 비평할 비, 판가름할 판

대상을 분석하고 평가하여 문제점을 지적하는 과정

- 비판의 목표는 대상을 객관적으로 평가하여 특성을 이해하거나 문제점을 발견하고 개선점을 제시하는 것이에요.
- 객관적 관점이나 주관적 관점 모두로 판단할 수 있어요.
- 문학 작품에 대한 비판은 내용, 문체, 구성 등을 평가하여 그 의미와 가치를 논의하는 것이에요.

쓰임 알기

교과서 속
- 뉴스나 광고는 어떤 일을 긍정적이거나 비판적인 시각으로 보게 해요.
- 광고 내용을 비판적으로 바라보려면 과장하거나 감추는 것이 무엇인지 먼저 살펴봐야 해요.

일상 속
- 때로는 비판적인 시각으로 영화를 보는 것도 재미있어요.
- 그가 뱉은 말 한마디에 많은 사람들의 비판이 쏟아졌어요.

확장하기

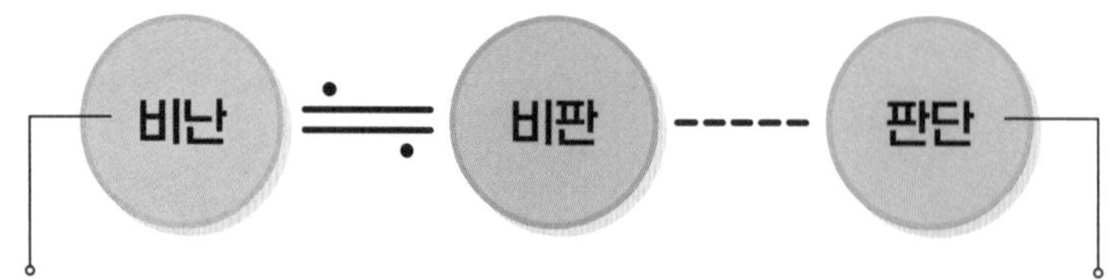

비난: 다른 사람의 잘못이나 부족한 점에 대해 나쁘게 말하는 것

예 어제 실수를 하여 비난을 받았던 선수가 오늘은 칭찬을 받았어요.

판단: 어떤 상황이나 정보를 바탕으로 결정을 내리는 과정

예 그 사람과 더 오랜 시간을 함께한 다음에 판단하는 것이 옳아요.

타당하다 妥當하다 온당할 타, 마땅할 당

어떤 주장이나 계획이 논리적이고 옳다는 것

- 주장이 이치에 맞고, 논리적으로 일관되며 합리적일 때 '타당하다'라고 해요.
- 예를 들어, '모든 사람은 죽는다. 존은 사람이다. 따라서 존은 죽는다.'와 같은 주장은 논리적으로 타당성이 있어요.
- 타당성을 판단하려면 기준이 있어야 해요.

쓰임 알기

교과서 속

- 상대의 주장과 근거가 타당한지 판단하며 들어야 해요.
- 토론에서 상대편에서 제기한 반론이 타당하지 않음을 밝혀서 우리 편의 주장을 더 탄탄하게 다질 수 있어요.

일상 속

- 과학자들은 연구의 타당성을 높이기 위해 실험을 반복하고 검토해요.
- 친구의 주장이 타당하지 않다면 쉽게 받아들일 수 없어요.

확장하기

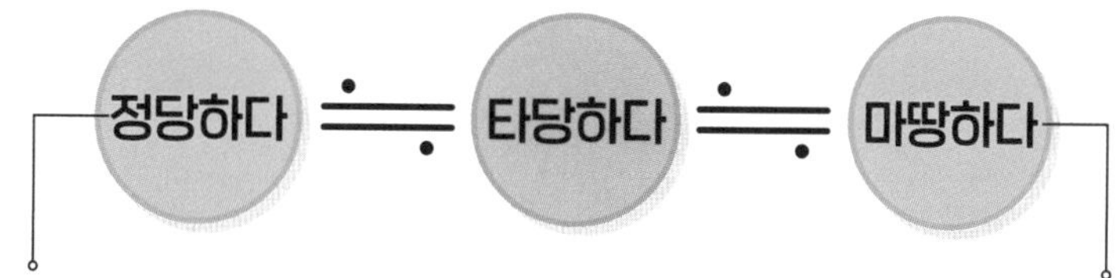

정당하다: 어떤 목적이나 뜻에 맞아 올바르다는 뜻

예 심판의 판정은 정당했어요.

마땅하다: 옳거나 어떤 조건에 적당하다는 뜻

예 실수를 했다면 사과하는 것이 마땅해요.

토의 討議 칠 토, 의논할 의

여러 사람이 모여 특정 주제에 대해 의견을 나누고 논의하는 과정

- 토의의 목적은 문제를 깊이 이해하고, 다양한 관점으로 최선의 해결책을 찾는 것이에요.
- 토의 주제에 대한 다양한 의견을 모아 최종 결정을 하는 과정을 거쳐요.
- 토의할 때는 다른 사람의 의견을 존중하고, 각각의 의견에 대한 장단점을 생각하며 들어야 해요.

쓰임 알기

교과서 속
- 어떤 문제를 여러 사람이 협력해 해결하는 방법을 토의라고 해요.
- 토의에서는 여러 가지 의견이 서로 부딪칠 수 있기 때문에 의견 조정 과정은 꼭 필요해요.

일상 속
- 도시 개발에 관한 중요한 결정을 내리기 위해 전문가와 함께 토의를 진행했어요.
- 한 참석자가 토의 주제와 관련 없는 이야기를 해서 의견을 정리하는 시간이 길어졌어요.

확장하기

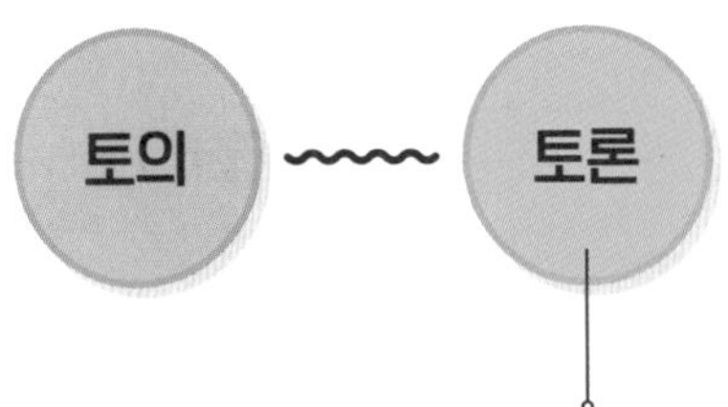

특정 주제나 문제에 대해 여러 사람이 옳고 그름을 따지며 논의하는 과정

예 찬성과 반대의 입장이 팽팽한 토론이었어요.

'토의'가 어떤 주제를 두고 가장 좋은 결과를 찾기 위해 이야기를 나누는 과정이라면, '토론'은 나의 의견에 반대하는 상대와 서로 반박하며 이야기를 나누는 과정이에요.

구조 構造 얽을 구, 지을 조

어떠한 부분이나 요소가 서로 어울려 전체를 이루는 것

- 전체의 기능이나 효율성을 결정하는 중요한 부분이에요.
- 이야기 구조란 이야기가 어떻게 시작되고, 발전하며, 어떠한 결말에 이르는지를 말해요.
- 이야기의 구조는 일반적으로 발단, 전개, 위기, 절정, 결말로 이루어져 있어요.

쓰임 알기

교과서 속
- 이야기 구조를 알면 문학 작품을 이해하기 쉬워요.
- 이야기를 요약할 때는 이야기 구조를 생각하며 각 부분에서 중요한 사건이 무엇인지를 찾아요.

일상 속
- 건물 구조가 복잡해서 길을 잃을 뻔했어요.
- 이 소설의 구조는 절정 부분이 조금 긴 편이네요.

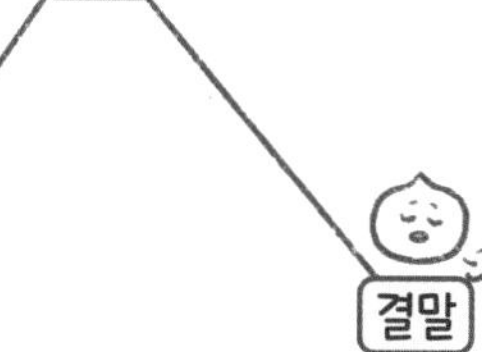

확장하기

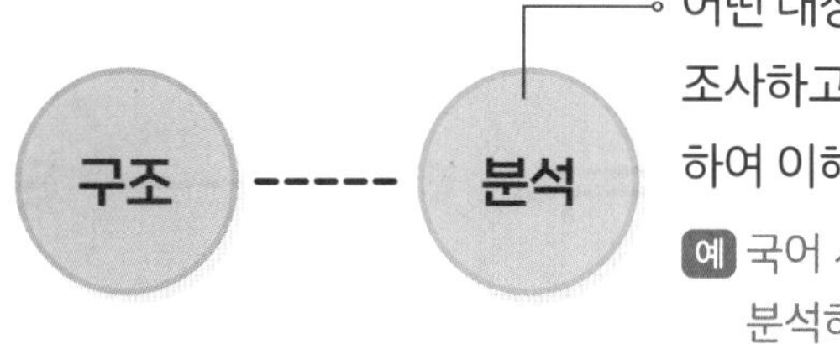

분석: 어떤 대상이나 문제를 세밀하게 조사하고, 그 구성 요소를 분리하여 이해하는 과정

예 국어 시간에 이야기 구조를 분석하는 방법을 배웠어요.

이야기의 줄거리를 쓰기 위해서는 인물과 배경을 먼저 알고, 이야기의 구조를 분석해요. 그런 다음 각 부분의 중심 사건을 파악하여 시간 순서대로 정리하지요.

추론 推論 옮길 추, 논의할 론

주어진 정보나 증거를 바탕으로 새로운 사실이나 결론을 이끌어 내는 과정

- 확실하지 않은 정보를 바탕으로 논리적으로 사고하여 결론을 내려요.
- 평소에 알고 있던 사실을 바탕으로 또 다른 내용을 파악해 가는 과정이에요.
- 글에서 말하지 않은 내용을 추론할 때는 주어진 단서를 먼저 확인해야 해요.

쓰임 알기

교과서 속
- 이미 아는 정보를 근거로 삼아 다른 판단을 이끌어 내는 것을 추론이라고 해요.
- 추론하며 읽으면 내용이나 상황을 좀 더 깊고 넓게 이해할 수 있어요.

일상 속
- 일기장의 내용을 보면 그 사람의 마음 상태를 추론할 수 있어요.
- 감독이 영화를 만든 이유에 대해 이야기한 기사를 읽고, 그 영화의 내용과 결말을 추론해 봤어요.

확장하기

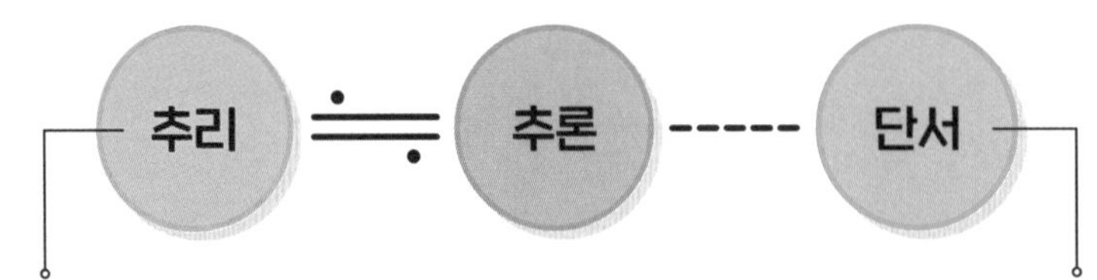

추리: 주어진 정보나 단서를 바탕으로 결론이나 진실을 밝혀내는 과정

예 저는 추리 소설을 제일 좋아해요.

단서: 문제를 해결하기 위해 참고할 수 있는 정보

예 범행 현장에서 범인이 남긴 단서를 찾았어요.

육하원칙 六何原則 여섯 육, 어찌 하, 근원 원, 법 칙

정보를 명확하고 체계적으로 정리하기 위한 여섯 가지 기본 원칙

- '누가, 언제, 어디서, 무엇을, 어떻게, 왜'의 질문으로 상황을 설명하는 방법이에요.
- 기사문, 보고서, 속보 등에서 상황을 종합적으로 파악하고 설명할 때 유용해요.
- 육하원칙을 잘 사용하면 독자나 청중이 상황을 보다 잘 이해할 수 있어요.

쓰임 알기

교과서 속
- 기사문은 육하원칙에 따라 작성해요.
- 육하원칙을 사용하면 상황을 간단하고 명확하게 설명할 수 있어요.

지난 9월 19일(언제), 희망 기업의 회장 김철수(누가)는 취임식에서(어디서) 지역 사회 복지를 위해(왜) 1억 원을(무엇을) 기부한다고 발표했다. 기부금은 지역 아동 센터에 전달(어떻게)될 예정이다.

일상 속
- 절도 사건을 취재한 신문 기사에 육하원칙이 잘 나타나 있어요.
- 친구와 다툰 일을 육하원칙에 맞게 정리해서 선생님께 말씀드렸어요.

확장하기

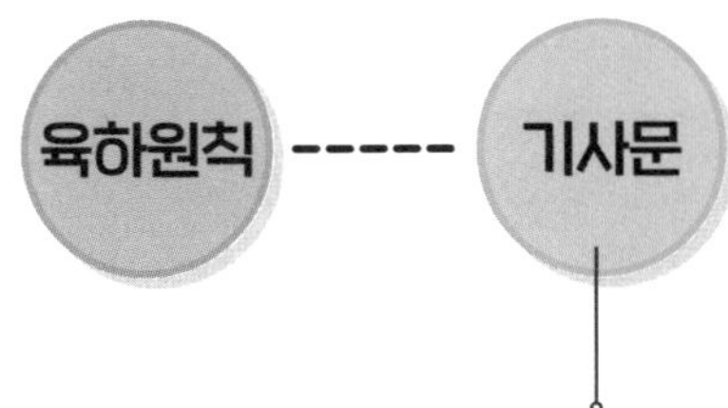

기사문: 사실이나 정보 전달을 목적으로 작성된 글

예 기사문은 사실에 기반하여 작성해요.

육하원칙을 영어로 표현하면 Who(누가), When(언제), Where(어디서), What(무엇을), How(어떻게), Why(왜)예요. 가장 앞의 알파벳을 따서 5W1H라고 말하기도 해요.

지켜라, 맞춤법!

은경쌤과의 대화에서 맞춤법을 지키지 않은 사람을 찾아보세요!

소희

요즘 기분이 계속 쳐져서 기운이 안 나요.

은경쌤

소희 무슨 일 있니?

소희

그런 건 아닌데… 이유 없이 계속 쳐지기만 하는 느낌이 들어요.

한울

어쩐지 요즘 소희 기분이 계속 안 좋아 보이더라. 어떻게 해야 기분이 나아질까?

은경쌤

안 되겠다. 쌤이 맛있는 거 사줄게. 먹고 힘내자.

소희

정말요? 그렇다면 매콤한 마라탕 어때요? 

한울

소희야. 너 마라탕을 떠올리기만 했을 뿐인데 벌써 기운을 찾은 것 같아!

쳐지다 vs 처지다

'처지다'는 여러 가지 뜻을 가진 다의어예요. '위에서 아래로 늘어지다, 감정이나 기분이 가라앉다, 다른 것보다 뒤떨어지다' 등의 뜻이 있지요. 여기서 소희는 기분이 가라앉는다는 말을 하고 싶었던 것이니 '처지다'라고 해야 해요. 기분은 쳐지는 것이 아니라 처지는 것이에요.

쓰임

게임을 할 생각에 기분이 좋았는데 계속 지기만 하니 기분이 쳐져요. X

게임을 할 생각에 기분이 좋았는데 계속 지기만 하니 기분이 처져요. ○

어떻게 vs 어떡해

'어떻게'와 '어떡해'는 모두 [어떠케]로 발음하기 때문에 같은 단어라고 생각하기 쉽지만 다른 상황에서 쓰여요.
'어떻게'는 방법, 상태, 원인 등이 어떠한지를 질문할 때 사용해요.
'어떡해'는 '어떻게 해'가 줄어든 말로 걱정하거나 당황할 때, 해결 방안을 요청할 때, 감정적인 반응을 할 때 사용하지요.

쓰임

음식이 정말 맛있던데 어떻게 만드는지 알려 주세요. ○

어제 밤을 새워서 공부했는데 시험을 망쳐서 어떡해요? ○

“

안중근 의사는 이렇게 말씀하셨어요.
‘하루라도 책을 읽지 않으면 입속에 가시가 돋는다.’
갑자기 뜨끔해서 입속 확인한 사람, 손!

여러분은 하루에 얼마큼 독서를 하고 있나요?
텔레비전, 컴퓨터, 스마트폰 등등 시선을 빼앗는 매체들이 많지요.
하지만 우리를 지혜롭고 현명한 사람이 될 수 있게
도와주는 것은 책이랍니다.

”

독서

교과연계표

글감	국어 5-1	문단	국어 3-1
중심 문장	국어 3-1	기행문	국어 5-1
주제	국어 3-2	독자	국어 6-2
요약	국어 6-1	독서 감상문	국어 3-2

글감

글을 쓸 때 내용이 되는 소재나 재료

- 글쓰기에 필수적인 요소 중 하나로 창작 활동에서 중요한 역할을 해요.
- 좋은 글감은 글의 품질을 높이고, 글쓴이가 독자와 효과적으로 소통할 수 있게 도와줘요.
- 소설을 쓸 때는 영감이 되는 사건이나 인물을 글감으로 삼을 수 있어요.

쓰임 알기

교과서 속
- 글감은 경험 등과 같이 글을 쓰는 재료가 되는 것이에요.
- 여러 가지 글감 중에서 좋은 글감을 고르는 일은 글쓰기에서 중요해요.

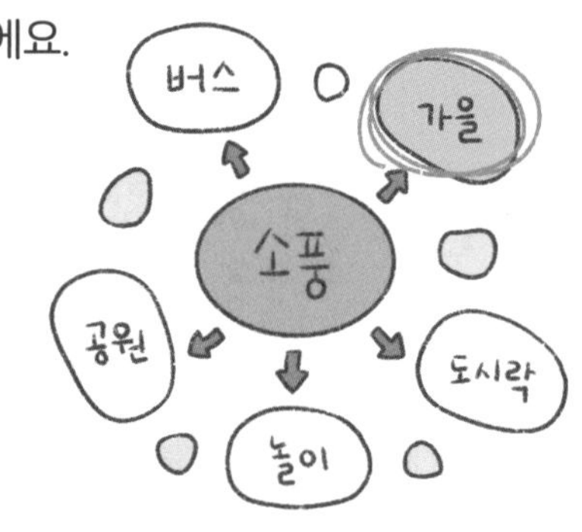

일상 속
- 지난번에 읽은 책에서 나의 경험과 함께 쓸 만한 좋은 글감을 찾았어요.
- 매일 일기를 쓰려고 다양한 글감을 모으고 있어요.

확장하기

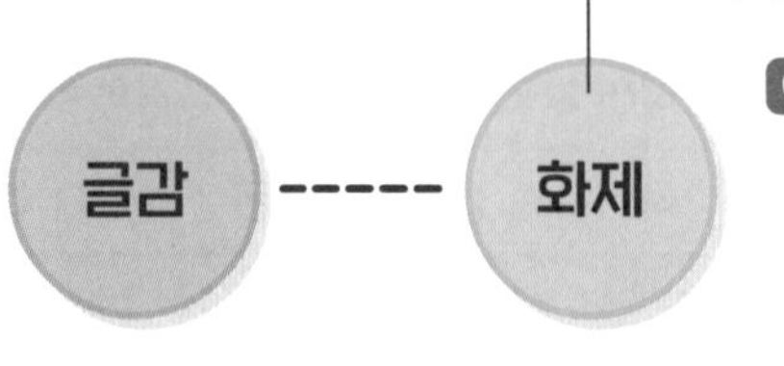

이야기할 만한 재료나 소재

예 국제 대회에서 금메달을 딴 선수가 요즘 화제의 인물이에요.

하나 더 알고 가기 뉴스를 보거나 신문 기사를 읽다가 좋은 글감이 떠오를 때도 있어요. 화제가 되는 사건이나 인물일수록 자료가 많아 글의 내용을 더 풍성하게 할 수도 있고요.

중심 문장 中心 文章 가운데 중, 마음 심, 글월 문, 글 장

글의 핵심 주제나 주장을 명확히 전달하는 문장

- 문단 안에서 중심이 되는 내용을 담고 있어요.
- 보통 문단의 처음이나 끝에 위치하지만 그렇지 않은 경우도 있어요.
- 한 문단에서 중심 문장이 아닌 다른 문장들은 중심 문장을 뒷받침하거나 구체화해요.

쓰임 알기

교과서 속

- 중심 문장은 문단의 앞이나 뒤에 있는 경우가 많아요.
- 뒷받침 문장에서는 중심 문장을 잘 알려 주는 예를 들 수도 있어요.

일상 속

- 각 문단의 중심 문장을 찾으면서 읽으니 어려운 내용의 글도 잘 이해할 수 있었어요.
- 중심 문장을 뒷받침하는 문장들을 완성하기 위해 글감과 관련된 자료를 많이 모았어요.

확장하기

중심 문장 ----- 뒷받침 문장

- 뒷받침 문장: 중심 문장을 자세히 설명하는 문장

예 구체적인 예는 뒷받침 문장에 적혀 있어요.

여러 개의 문단이 있는 글을 읽을 때, 각 문단의 중심 문장을 모아 보면 중심 생각을 알 수 있어요. 중심 생각을 다듬어서 글의 제목을 지을 수도 있지요.

주제 主題 주인 주, 제목 제

특정한 논의나 글, 대화 등에서 중심이 되는 내용

- 주제를 명확히 하면 내용을 더 체계적이고 일관되게 구성할 수 있어요.
- 모든 작품의 지은이가 전달하려는 핵심 내용이 주제예요.
- 토론에서는 논의의 초점이 되는 문제를, 연설에서는 청중에게 전달하고자 하는 내용을 주제로 해요.

쓰임 알기

교과서 속
- 글쓴이가 말하고자 하는 생각을 글의 주제라고 해요.
- 글의 제목, 중요한 낱말, 중심 문장을 살펴보면 글의 주제를 파악할 수 있어요.

일상 속
- 친구들과 여행을 주제로 대화를 나누었어요.
- 발표를 준비하는 과정에서 주제를 정하는 데 시간이 가장 많이 걸렸어요.

확장하기

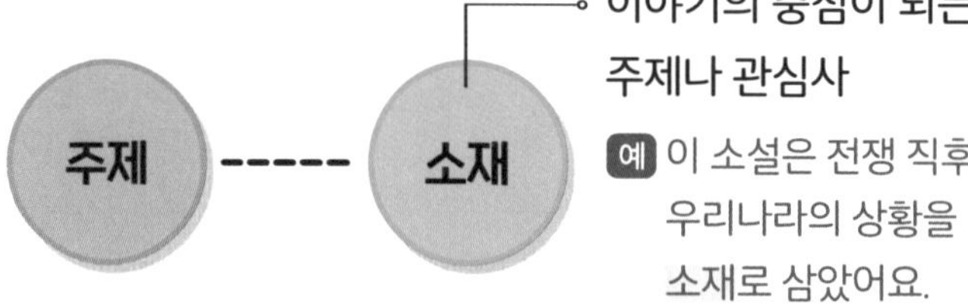

이야기의 중심이 되는 주제나 관심사

예 이 소설은 전쟁 직후 우리나라의 상황을 소재로 삼았어요.

하나 더 알고 가기 주제를 표현하기 위해 사용하는 모든 재료를 '소재'라고 해요. 예를 들어, 소설의 소재는 이야기의 배경이나 주요 사건이 될 수 있지요.

요약 要約 중요할 요, 맺을 약

긴 내용이나 복잡한 정보를 간결하고
이해하기 쉽게 정리하는 과정

- 문단마다 중심 내용을 찾아 짧게 줄이는 것이에요.
- 요약을 할 때는 사소한 내용은 삭제하고 중요한 내용만 간추려요.
- 글을 요약할 때는 글의 내용을 그대로 옮기지 않아야 해요.

쓰임 알기

교과서 속
- 글의 결론에서는 내용을 요약하기도 하고 글쓴이의 주장을 다시 한번 강조하기도 해요.
- 요약하기는 글에 있는 중요한 정보를 간추리는 활동이에요.

일상 속
- 영화 줄거리를 요약해서 친구에게 들려주었어요.
- 라디오에서는 바쁜 현대인들을 위해 소설의 내용을 요약해서 읽어 주기도 해요.

확장하기

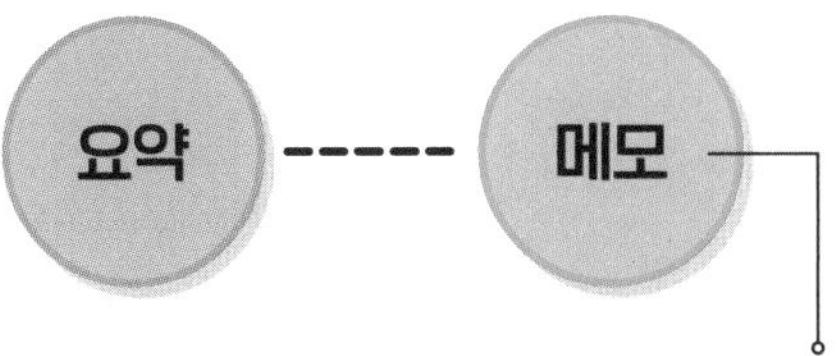

정보를 기록하거나 기억하기 위해 간단히 적은 글

예 오랜 시간이 흐른 뒤에 그 메모가 도움이 되었어요.

길이가 긴 글을 읽기 귀찮아서 요약된 글만 보는 친구들이 있나요? 글 읽기도 훈련이 필요해요. 신문 하나를 들고 짧은 기사부터 긴 기사까지 골고루 읽으며 내용을 요약하는 연습을 해 보세요.

문단 文段 글월 문, 구분 단

글에서 하나의 주제를 표현하는 단위

- 일반적으로 한 문단은 서로 관련된 여러 개의 문장으로 구성되어 있어요.
- 내용을 대표하는 중심 문장과 중심 문장을 뒷받침하는 문장들이 모여 문단이 돼요.
- 문단을 시작할 때는 한 칸 들여 쓰고, 한 문단이 끝나면 줄을 바꾸어 써요.

쓰임 알기

교과서 속
- 몇 개의 문장이 모여 한 가지 생각을 나타내는 것을 문단이라고 해요.
- 문단이 모여서 한 편의 글이 돼요.

일상 속
- 한 문단이 너무 길어서 읽을 때 집중이 안 되었어요.
- 마지막 문단에 중요한 내용이 나와 있으니 끝까지 집중해서 읽으세요.

확장하기

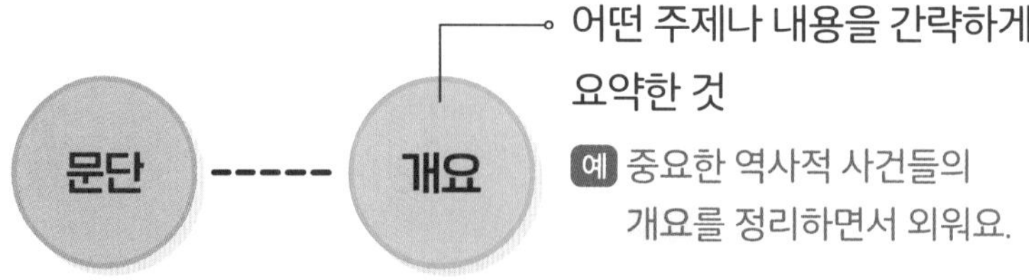

어떤 주제나 내용을 간략하게 요약한 것

예 중요한 역사적 사건들의 개요를 정리하면서 외워요.

하나 더 알고 가기 글을 쓰기 전에 문단의 개요를 작성해 보면 글의 흐름을 잡는 데 도움이 돼요. 그림을 그릴 때 연필로 먼저 밑그림을 그려 보는 것과 비슷하지요.

기행문 紀行文 벼리 기, 다닐 행, 글월 문

여행 중의 경험과 감상을 기록한 글

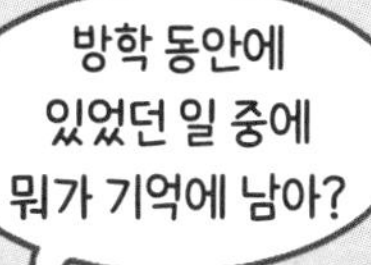

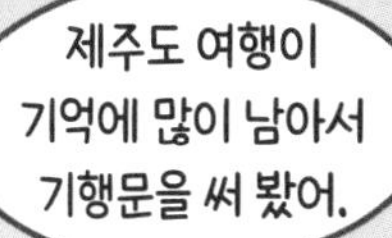

- 여정, 견문, 감상이 정리된 글이에요.
- 여행의 모든 과정에서 기록할 만한 주요 사건, 감상, 만남 등을 순차적으로 기록해요.
- 개인적인 경험과 감정을 주로 담으며, 독자는 여행지의 분위기를 상상할 수 있어요.

쓰임 알기

교과서 속
- 기행문은 여정을 적고, 여행으로 얻은 견문과 감상을 쓴 글이에요.
- 여행하면서 찍은 사진이나 사용한 입장권, 기록한 쪽지 따위로 기행문을 더 생생하게 쓸 수 있어요.

일상 속
- 기행문을 쓰려고 여행 중에 찍은 사진들을 정리하고 있어요.
- 이번 기행문의 주제는 '맛 따라 길 따라'로 정했으니 여행을 하며 먹었던 음식에 대해 써 볼게요.

확장하기

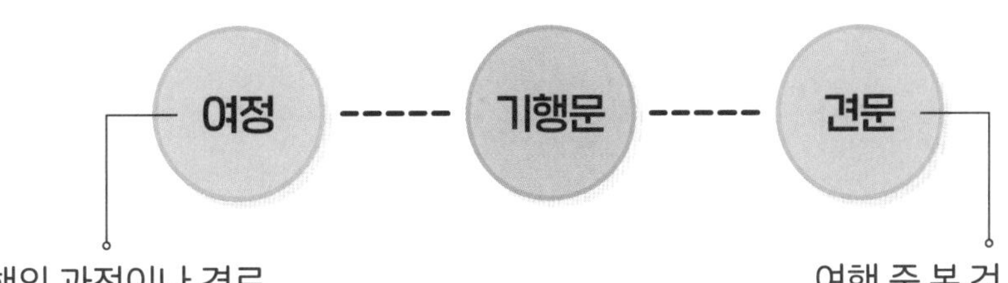

여정: 여행의 과정이나 경로, 이동의 전체적인 흐름

예 이번 여정은 조금 힘들었어요.

견문: 여행 중 본 것, 들은 것, 배운 것 등

예 여행을 다녀와서 견문이 넓어졌어요.

독자 讀者 읽을 독, 사람 자

책, 기사, 보고서 등의 글을 읽는 사람

- 글을 읽고 저자의 의도를 해석하거나 정보를 얻는 사람을 가리켜요.
- 글의 목적이나 글이 전달하려는 내용을 이해하고 평가하는 역할을 해요.
- 독자의 반응과 피드백은 저자가 작성하는 글에 영향을 미칠 수 있어요.

쓰임 알기

교과서 속

- 글을 쓸 때는 독자가 흥미를 느낄 만한 주제를 다루는 것이 좋아요.
- 2명이 짝을 지어 작가와 독자가 되어 서로 질문을 주고받아 보아요.

일상 속

- 독자를 위해 글자의 크기를 크게 조절한 책이 인기가 많아요.
- 이 책은 독자의 연령층이 다양해요.

확장하기

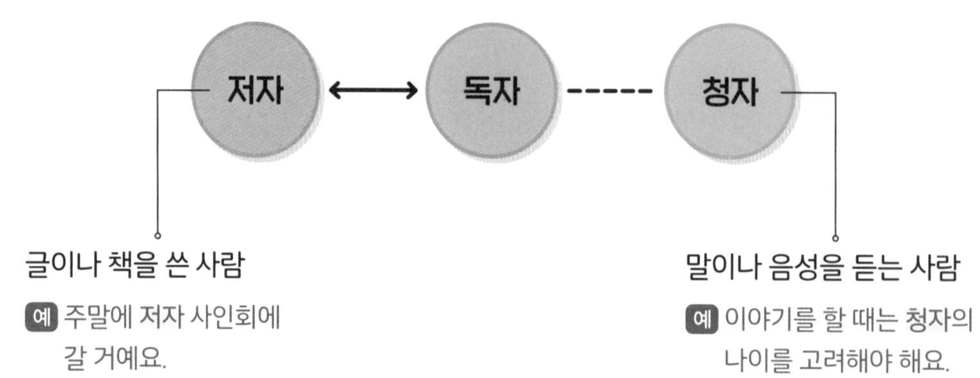

저자: 글이나 책을 쓴 사람

예 주말에 저자 사인회에 갈 거예요.

청자: 말이나 음성을 듣는 사람

예 이야기를 할 때는 청자의 나이를 고려해야 해요.

독서 감상문 讀書 感想文 읽을 독, 글 서, 느낄 감, 생각 상, 글월 문

책을 읽은 후 자신의 느낌과 생각을 정리하여 쓴 글

- 책을 읽은 동기, 책의 줄거리, 읽고 난 뒤의 느낌 등을 적어요.
- 책의 내용, 주제, 인물 등에 대해 개인적인 생각을 포함해요.
- 기억에 남는 내용이 있거나 남에게 알리고 싶은 생각이 들었던 책을 골라서 써요.

쓰임 알기

교과서 속
- 독서 감상문을 쓰면 감명 깊게 읽은 부분이나 인상 깊은 장면을 기억할 수 있어요.
- 여러 명이 같은 책의 독서 감상문을 쓰더라도 그 내용은 다를 수밖에 없어요.

일상 속
- 책의 내용을 꼼꼼히 적어 두었더니 독서 감상문을 쓰기 편해요.
- 독서 감상문을 쓰는 건 힘들지만 책에 대해 깊이 생각할 수 있는 기회라고 생각해요.

확장하기

개인적인 생각과 감정을 자유롭게 표현한 글

예 개인적인 경험을 진솔하게 쓴 수필을 즐겨 읽어요.

책 외에도 영화, 연극, 전시회 등 우리가 보고 듣고 느끼는 모든 것에 대해 감상문을 쓸 수 있어요. 글뿐만 아니라 시나 그림, 만화 등으로 감상을 표현하기도 해요.

지켜라, 맞춤법!

 은경쌤과의 대화에서 맞춤법을 지키지 않은 사람을 찾아보세요!

은경쌤

내일은 교실 대청소를 할 계획이야.
편한 복장으로 오렴.

한울

갑자기 대청소를요?
요즘 너무 더운데 일을 벌리지 말고 조금이라도
더 시원해지고 나서 하면 안 될까요, 쌤? ㅜㅜ

소희

한울아, 우리 청소 빨리 끝내고 시원한 수박 먹을까?
내가 통째로 들고 갈게.

은경쌤

소희야, 통째로 들고 오기에는 수박이 너무
무겁지 않겠니? 쌤이 아이스크림 사 줄게.

한울

오~ 아이스크림 좋아요.
전 2개 먹을래요!

은경쌤

넉넉히 사 갈게. 대신 배탈 나지 않게 조심해야 해~

벌이다 vs 벌리다

'벌이다'는 '특정한 일이나 행동을 시작하거나 진행하다'라는 의미예요. '벌리다'는 '어떤 물건의 사이나 공간을 넓히다'라는 의미지요. 한울이는 은경쌤의 대청소 계획을 듣고 이야기한 것이니 '벌리지 말고'가 아니라 '벌이지 말고'라고 말해야 해요.

쓰임

우리는 준비를 철저히 한 후에 화려한 축제를 벌였어요. O

나무 두 그루가 서로 너무 가까워서, 그중 한 그루는 옮겨 심어 간격을 벌여야 해요 X

바닷가에서 주운 돌을 봉지에 담으려고 했는데 입구를 크게 벌리지 않아 모두 쏟아졌어요. O

통채로 vs 통째로

'통째'는 '나누지 않은 하나의 덩어리 전체'를 말해요. 흔히 '통째로'라고 쓰이는데 어떤 것을 분리하거나 나누지 않고 전체로 다룬다는 뜻이지요. '전체'를 뜻하는 어휘이기 때문인지 '통채'라고 사용하는 경우가 많으나 바른 표현은 '통째'예요.

쓰임

오징어를 통채로 볶는 바람에 가위로 자르면서 먹었어요. X

오징어를 통째로 볶는 바람에 가위로 자르면서 먹었어요. O

“

문학이란
인간의 경험, 감정, 상상력을 언어로 표현하여 창작한 예술 작품이에요.
우리는 살아가면서 많은 것을 경험하고,
또 경험하지 못한 것들을 상상의 세계 속에서 만나지요.

문학 작품을 통해서 우리는 간접적인 경험을 하고,
사려 깊고 멋진 사람으로 거듭날 수 있답니다.

”

문학

교과연계표

작품	국어 6-2	사건	국어 4-1
감각적 표현	국어 3-2	해석	국어 5-1
시	국어 6-1	비유	국어 6-1
운율		성찰	국어 6-2
인물	국어 6-2	극본	국어 3-2

국어

4장 문학

작품 作品 지을 작, 물건 품

창작자의 창의력과 노력으로 만들어진 결과물

- 문학, 미술, 음악, 영화 등 다양한 예술 분야에서 사용하는 어휘예요.
- 개인이나 집단이 자신의 생각, 감정, 아이디어를 표현하기 위해 만든 것이에요.
- 작품을 창작하는 사람은 '작가'라고 해요.

쓰임 알기

교과서 속
- 작품 속에서 인물이 추구하는 가치는 우리의 가치관에도 영향을 줘요.
- 자신의 꿈에 관한 책은 문학 작품, 과학 잡지, 위인전과 같이 다양해요.

일상 속
- 이 영화는 박길동 감독이 가장 최근에 찍은 작품이에요.
- 1년 동안 친구들이 만든 다양한 작품이 교실에 전시되어 있어요.

확장하기

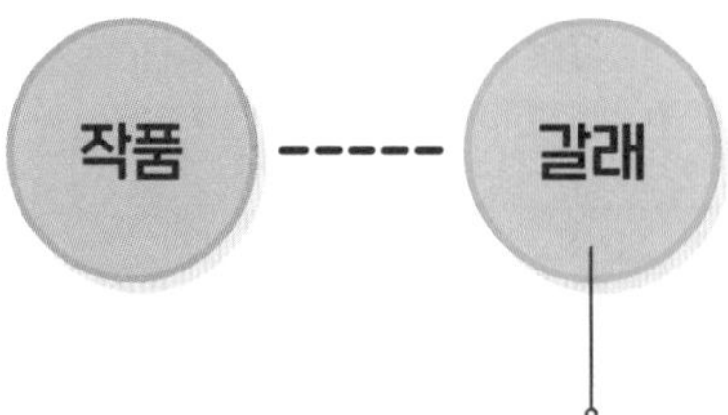

어떤 것을 여러 부분이나 종류로 나누어 구분하는 것

예 문학 작품에는 여러 갈래가 있어요.

하나 더 알고 가기

'구비문학'은 입에서 입으로 전해지는 전통적인 문학이에요. 민담, 설화, 민요, 판소리 등과 같이 글로 기록되지 않고 말로 전달되는 문학의 형식이지요.

감각적 표현 感覺的 表現 느낄 감, 깨달을 각, 과녁 적, 겉 표, 나타낼 현

감각을 통해 느낄 수 있는 경험을 생생하게 묘사하는 것

- 시각, 청각, 촉각, 후각, 미각 등의 감각을 묘사해서 실제로 그 장면을 경험하는 것처럼 느끼게 해요.
- 감각적 표현으로 보다 깊이 있는 감정과 분위기를 경험할 수 있어요.
- 문학 작품 속 감각적 표현은 독자가 이야기 속으로 더 깊이 들어가 몰입할 수 있게 해 줘요.

쓰임 알기

교과서 속
- 사물의 느낌을 생생하게 표현한 것을 감각적 표현이라고 해요.
- 시에 나타난 감각적 표현은 대상을 직접 보거나 소리를 직접 듣는 것처럼 생생하게 느껴지도록 해요.

일상 속
- 그림책 속에는 감각적 표현이 많이 나타나 있어요.
- 감각적 표현 덕분에 실제로 그곳을 여행하고 있는 듯한 느낌이 들었어요.

확장하기

'묘사'는 어떤 대상, 상황, 인물, 장소 등을 구체적이고 생생하게 그리는 과정이에요. 문학 작품에서의 묘사는 독자가 그 상황을 상상할 수 있도록 도와주지요.

시 詩 시 시

감정, 생각, 이미지를 간결하고 예술적으로 표현하는 문학의 갈래

- 리듬과 운율을 사용하여 분위기와 느낌을 전달해요.
- 비유와 상징을 이용한 감각적 묘사를 통해 장면을 시각적으로 표현해요.
- 시를 구성하는 기본 단위는 '행'으로, 여러 개의 행이 모여 '연'이 돼요.

내가 넣은 동전 하나
땡그랑 땡땡
동생이 넣은 동전 둘
땡그랑 땡땡
엄마 드릴 선물 살 생각에
마음속의 종소리
땡그랑 땡땡

쓰임 알기

교과서 속
- 시에서 말하는 이가 놓인 상황과 기분을 자신의 경험과 견주어 봐요.
- 시를 읽을 때에는 행과 연을 생각하며 알맞게 쉬어 읽어야 해요.

일상 속
- 짧지만 오래 기억에 남을 정도로 인상적인 시를 쓰는 사람들이 부러워요.
- 반복된 말을 사용하니 시가 더 재미있게 느껴져요.

확장하기

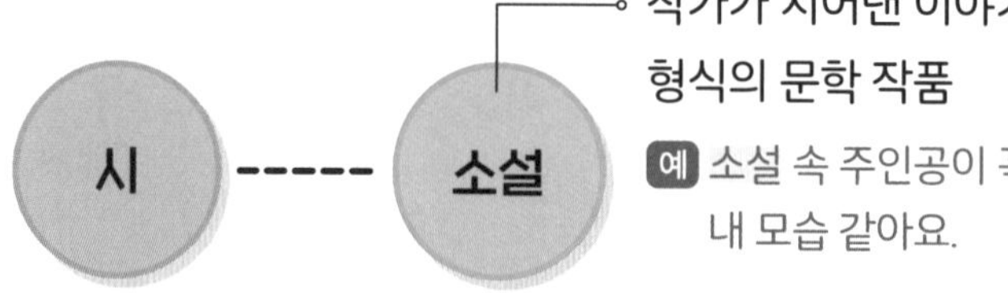

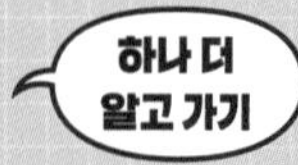

'시조'란 우리나라 전통의 시 형식으로, 3행으로 구성된 시를 말해요. 3행을 각각 초장, 중장, 종장이라고 부르며 각 행마다 음절의 수가 정해진 정형시예요.

운율 韻律 운 운, 법 율

말이나 글에서 소리의 규칙적인 반복과 배열로 리듬을 만들어 내는 것

- 음절의 길이, 세기, 리듬 등을 조절하여 일정한 규칙을 만들어내요.
- 말이나 글에 음악적 요소를 추가하여 감정이나 분위기를 강조할 수 있어요.
- 시에서 운율은 시의 리듬을 형성하여 감정을 전달하고 보기에도 아름다운 효과를 만들어요.

쓰임 알기

교과서 속

- 운율은 시가 음악처럼 느껴지게 하는 요소로, 소리가 비슷한 글자나 일정한 글자 수가 반복될 때 생겨요.
- 운율이 잘 느껴지는 부분을 생각하며 시를 읽어요.

일상 속

- 배우가 대사의 운율을 잘 살려서 연극이 하나도 지루하지 않았어요.
- 운율에 맞추어 시를 낭송하니 마치 노래를 부르는 것 같아요.

확장하기

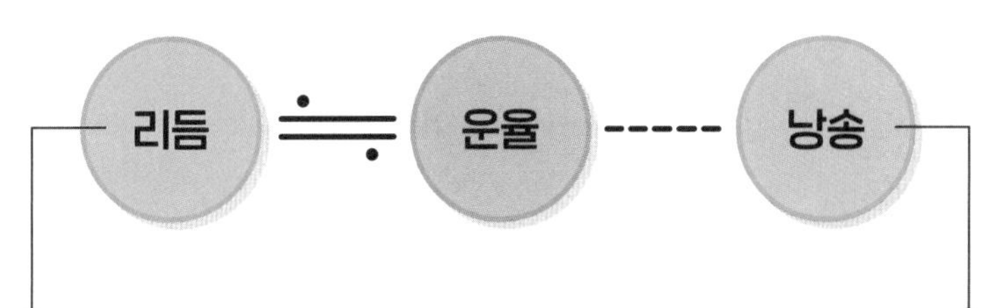

리듬: 소리의 높낮이, 길이, 세기 등이 일정하게 반복되는 것

예 그는 온몸으로 리듬을 탔어요.

낭송: 시 등 문학 작품을 소리 내어 읽거나 암송하는 것

예 시 낭송 대회에서 1등을 했어요.

인물 人物 사람 인, 만물 물

어떠한 상황에서 특정한 역할을 하는 사람

- 문학, 역사, 사회 등에서 주요한 역할을 하는 사람이나 캐릭터를 가리켜요.
- 이야기 속 인물이 처한 상황, 인물이 한 말과 행동을 살펴보면 그 인물이 추구하는 가치를 파악할 수 있어요.
- 이야기 속 인물이 추구하는 가치는 주제와도 관련되어 있어요.

쓰임 알기

교과서 속

- 만화 속 인물의 마음을 짐작하려면 대사뿐만 아니라 배경, 인물의 표정과 행동, 말풍선 모양, 글자 크기 따위를 함께 살펴봐야 해요.
- 인물, 사건, 배경은 이야기를 구성하는 데 꼭 필요한 요소예요.

일상 속

- 이 책은 역사적 인물의 삶을 자세히 다루고 있어요.
- 연극에 등장하는 인물들의 자라온 환경이 서로 너무 달라서 갈등이 생겼어요.

확장하기

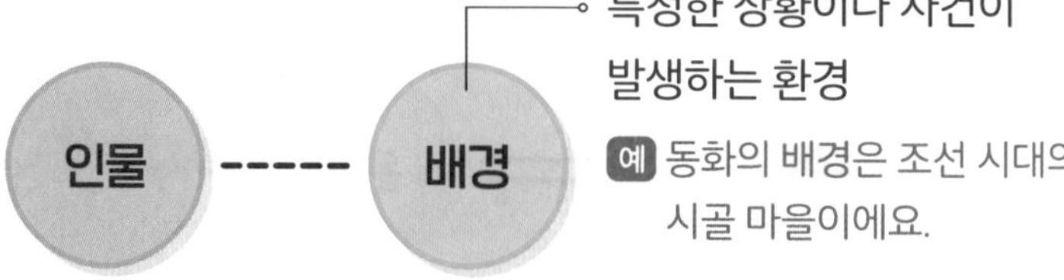

하나 더 알고 가기 작품 속에서 인물과 배경은 뗄 수 없어요. 어떤 배경에 놓였느냐에 따라 인물의 특성이 바뀌기 때문이죠. 도시에서의 나와 시골에서의 나를 떠올려 비교해 보세요.

사건 事件 일 사, 사건 건

특정 시점이나 장소에서 발생한 일

- 일상의 사소한 일부터 역사적인 변화에 이르기까지 다양하게 사용하는 어휘예요.
- 문학 작품에서 사건은 인물의 행동과 이야기의 전개를 이끄는 중요한 요소예요.
- 사건과 비슷한 말로는 '일, 사고, 사태' 등이 있어요.

쓰임 알기

교과서 속
- 이야기를 읽고 사건의 흐름을 파악할 때는 일이 일어난 차례를 살펴요.
- 이야기의 내용을 정리할 때는 주요 사건을 먼저 파악해 봐요.

일상 속
- 이 영화는 실제 사건을 바탕으로 만들어진 작품이에요.
- 저녁 뉴스에 오늘 있었던 주요 사건이 보도되고 있어요.

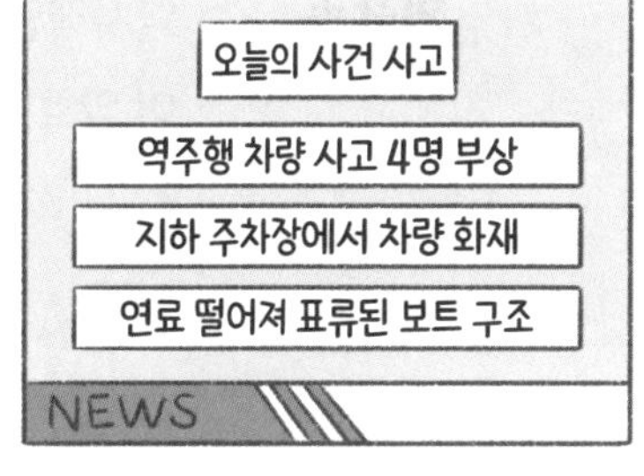

확장하기

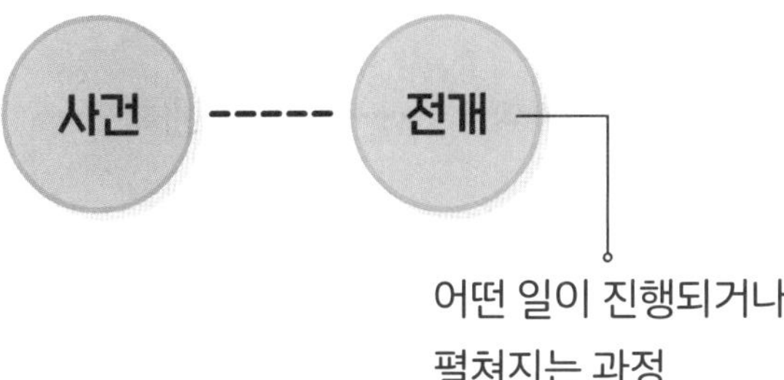

어떤 일이 진행되거나 펼쳐지는 과정

예 소설의 전개가 매우 흥미로워요.

추리 소설은 일반적으로 일어날 일을 예측할 수 없도록 사건이 전개되고, 결말에는 놀라운 반전이 있죠. 읽는 내내 흥미롭기 때문에 이러한 추리 소설을 좋아하는 독자들이 많아요.

해석 解釋 풀 해, 가를 석

정보, 상황, 문장 등을 이해하고 설명하는 과정

- 주어진 내용의 의미를 명확히 하고, 해석하는 사람의 관점이나 목적에 맞게 분석해요.
- 주어진 자료나 정보를 단순히 읽는 것이 아니라 그 의미를 깊이 이해하고 설명하는 과정이에요.
- 문학에서의 해석은 문학 작품에 담긴 의미나 상징을 파악하는 과정이에요.

쓰임 알기

교과서 속
- 시의 해석은 읽는 사람의 감상에 따라 달라질 수 있어요.
- 작가의 의도를 파악하기 위해서는 작품에 대한 충분한 해석이 필요해요.

일상 속
- 역사적인 사건에 대한 해석은 시대에 따라 달라질 수 있어요.
- 이 암호를 해석할 수 있을 만큼 많은 경험과 전문 지식을 가진 사람이 필요해요.

확장하기

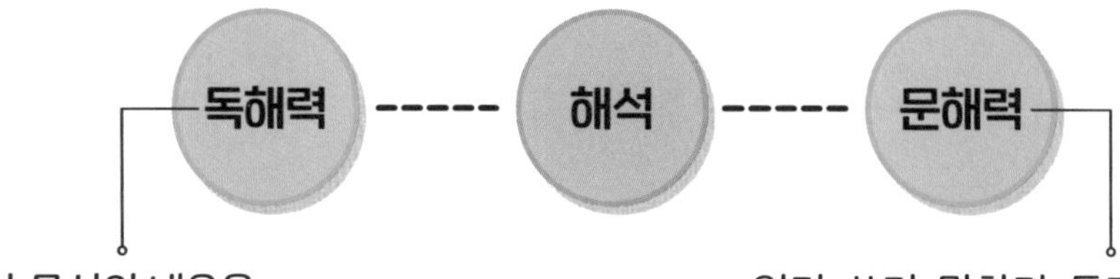

독해력: 글이나 문서의 내용을 이해하고 해석하는 능력

예 독해력을 향상시키기 위해 매일 독서를 해요.

문해력: 읽기, 쓰기, 말하기, 듣기를 통해 정보를 이해하고 활용하는 종합적인 언어 능력

예 정보가 넘쳐나는 시대에서는 정보 문해력을 키워야 해요.

비유 比喩 견줄 비, 깨우칠 유

특정 개념이나 대상을 다른 것에 빗대어 그 본질이나 특성을 설명하는 방법

- 문학, 일상 대화 등에서 많이 사용하며, 이해하기 어려운 것을 친숙한 것에 빗대어 설명해요.
- 예를 들어, '인생은 여행과 같다.'라는 표현은 인생을 여행에 비유함으로써 인생의 의미를 이해하게 해요.
- 문학에서는 비유를 사용하여 감정이나 상황을 풍부하고 생동감 있게 표현해요.

쓰임 알기

교과서 속

- 어떤 현상이나 사물을 비슷한 현상이나 사물에 빗대어 표현하는 것을 '비유하는 표현'이라고 해요.
- 비유하는 표현은 대상 하나를 다른 대상에 빗대어 표현하기 때문에 두 대상 사이에는 공통점이 있어요.

일상 속

- 퉁퉁 부은 얼굴을 보름달에 비유하며 웃었어요.
- 비유를 사용한 후보의 연설이 인상 깊게 남았어요.

확장하기

은유법: 비유하는 표현 중에서 '~은/는 ~이다'로 빗대어 표현하는 방법

예 '우리 사이는 자석이다.'는 은유법을 사용한 표현이에요.

직유법: '~처럼, ~같이, ~하듯'과 같은 표현으로 두 대상을 비유하는 방법

예 '자석 같은 우리 사이'는 직유법을 사용한 표현이에요.

성찰 省察 살필 성, 살필 찰

자기 자신에 대해 깊이 생각하고 반성하는 과정

- 성찰을 하며 자신의 행동, 생각, 감정 등을 되돌아보고, 개선할 점이나 교훈을 찾으려 노력해요.
- 개인의 성장을 돕고, 보다 나은 결정을 내리도록 하며, 자기 자신을 이해하고 발전시키는 중요한 과정이에요.
- 문학 작품을 읽으며 자신의 삶과 가치에 대해 성찰하고 새로운 시각을 얻을 수 있어요.

쓰임 알기

교과서 속
- 작품을 읽고 그 내용이 자신에게 주는 의미를 생각하며 스스로를 성찰할 수 있어요.
- 성찰을 하며 자신의 강점과 약점을 찾아보고 더 나은 방향을 생각해 보아요.

일상 속
- 일기를 쓰며 자기 성찰을 하면 같은 실수를 반복하지 않을 수 있어요.
- 성찰을 통해 감정 조절 능력을 높여요.

확장하기

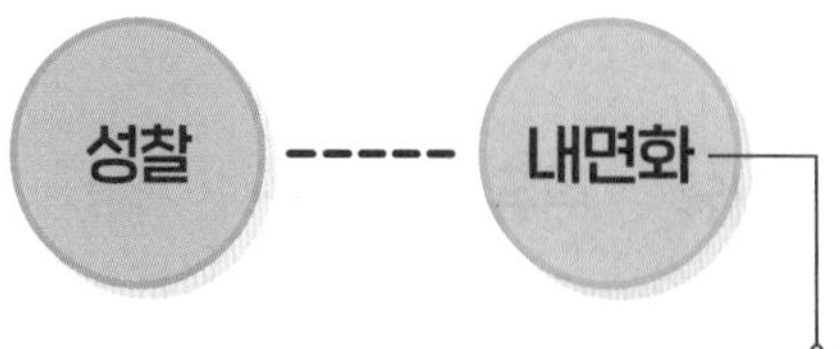

내면화: 외부의 정보를 개인의 내면으로 받아들여 자신만의 신념을 만드는 과정

예 도덕적 원칙을 내면화하여 실천하려고 노력해요.

하나 더 알고 가기

고대 그리스의 철학자인 소크라테스가 남긴 명언 '너 자신을 알라.'는 인간은 성찰을 하며 자신이 아무것도 모른다는 것을 깨닫고 겸손해져야 한다는 뜻을 담고 있어요.

극본 劇本 연극 극, 밑 본

연극, 영화, 드라마 등의 공연이나 화면에서 상연될 이야기와 대사를 포함한 글

- 작품의 구조와 내용, 인물, 대사, 장면 등을 상세히 기록하여 작품을 구현할 때 참고할 수 있어요.
- 해설, 대사, 지문으로 이야기를 나타내요.
- 대사와 지문으로 인물의 성격을 드러낼 수 있어요.

쓰임 알기

교과서 속
- 극본은 무대 위에서 공연을 하기 위해 대사를 중심으로 쓴 문학 작품이에요.
- 극본은 해설, 대사, 지문으로 이야기를 다룬다는 점에서 동화와 이야기를 전달하는 형식이 달라요.

일상 속
- 연극의 극본을 완성하는 데 몇 달이 걸렸어요.
- 새 드라마의 극본이 준비되자마자 촬영을 시작했어요.

확장하기

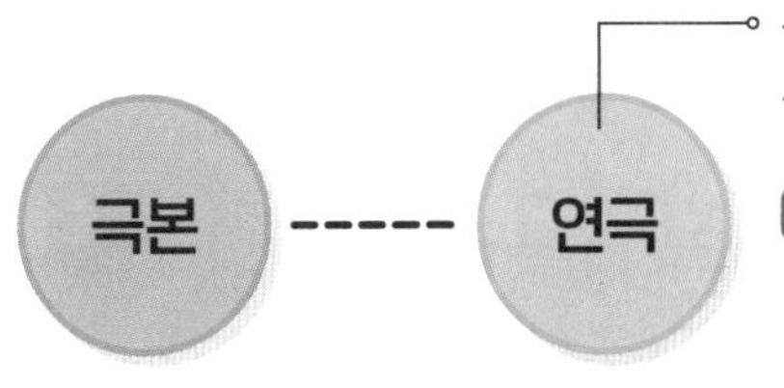

연극: 무대에서 배우들이 대사와 행동으로 이야기를 표현하는 공연

예 방과 후에는 연극 연습을 해요.

하나 더 알고 가기

'관객'이란 공연, 영화, 연극, 강연 등에서 무대나 화면을 보고 있는 사람을 의미해요. 즉, 어떤 행사나 공연, 영상 등을 관람하는 사람이지요.

지켜라, 맞춤법!

은경쌤과의 대화에서 맞춤법을 지키지 않은 사람을 찾아보세요!

한울아, 네가 낸 글쓰기 숙제를 방금 읽어 보았는데…
어디선가 읽어 본 듯한 내용이 곳곳에 있더구나.

한울

아…. 사실은 멋있는 글을 쓰고 싶다는
욕심이 들어서 유명한 책의 내용들을 조금씩
짜깁기해서 냈어요. 죄송해요.

은경쌤

너무 잘 쓰려고 할 필요는 없어.
너의 솔직한 생각을 글로 표현하면 된단다.
내일까지 다시 써 오겠니?

한울

네. 다시 써서 낼게요.

소희

쌤, 친구들이 쓴 글을 일일히 다 읽어 보신 거예요?
그 많은 글을요?

은경쌤

그럼. 일일이, 꼼꼼히 읽어 봤지~!

짜깁기 vs 짜집기

'짜깁기'는 이미 있는 글이나 영상 등에서 여러 가지 요소나 정보를 모아 하나로 만드는 일이에요. 짜깁기를 하면 결과물이 일관적이지 않아서 신뢰성이 떨어질 수 있어요. '짜집기'라는 말을 더 자주 사용하는데, '짜깁기'가 올바른 표현이랍니다. 찢어진 옷에 천을 덧대어 꿰매는 일도 '짜깁기'라고 해요.

쓰임

이 영화는 기존에 제작된 영화의 장면들을 짜깁기해서 만들었어요. ○

이 영화는 기존에 제작된 영화의 장면들을 짜집기해서 만들었어요. X

일일히 vs 일일이

'일일이'는 매우 자세하게, 또는 하나하나를 신경 써서 처리하는 상황을 설명할 때 사용해요. 어떤 작업이나 처리 과정에서 세부 사항을 놓치지 않고 신중하게 다루는 모습을 표현하는 어휘죠. '일일히'가 아닌 '일일이'라고 써야 옳아요.

쓰임

쌀 속에 섞여 있는 콩을 일일히 손으로 골라냈어요. X

쌀 속에 섞여 있는 콩을 일일이 손으로 골라냈어요. ○

흥미진진 어휘 퀴즈 ①

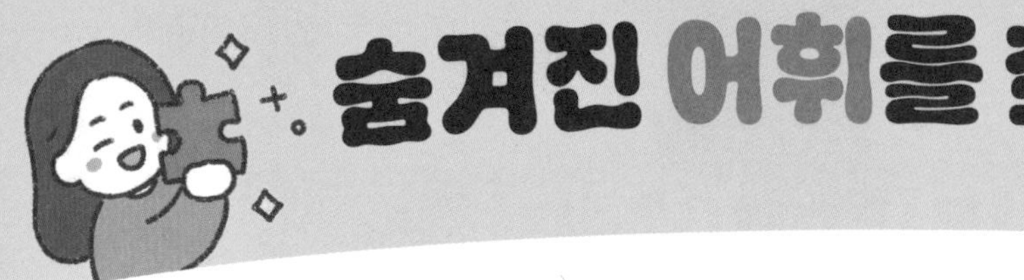

숨겨진 어휘를 찾아요!

○ 안에 들어갈 적절한 어휘를 퍼즐 속에서 찾아보세요.

1 ○○ ○○은 상대방을 존중하거나 예의를 표하기 위해 사용하는 언어적 표현이에요.

2 본디부터 있던, 순수한 우리말을 ○○○라고 해요.

3 시각, 청각, 촉각, 후각, 미각 등으로 표현하여 실제로 그 장면을 경험하는 것처럼 느끼게 하는 것을 ○○○ ○○이라고 해요.

4 ○○은 길고 복잡한 정보를 간결하고 이해하기 쉽게 정리하는 과정이에요.

5 어떤 문제나 상황에 대한 개인의 생각이나 주장을 말할 때, '○○을 펼치다'라고 해요.

요	약	민	구	경	라
불	재	감	지	팔	고
탁	삼	각	귀	소	유
총	호	적	준	장	어
높	임	표	현	으	홍
솜	돌	현	짐	의	견

정답 1 높임 표현 2 고유어 3 감각적 표현 4 요약 5 의견

흥미진진 어휘 퀴즈 ②

어휘로 문장을 완성해요!

( ) 안에 들어갈 적절한 어휘를 골라 아래의 문장을 완성해 보세요.

연설	논설문	인물	토의	의사소통
동음이의어	글감	비판	주장	중심 문장

1 (   )처럼 여러 사람 앞에서 공개적으로 말할 때는 높임 표현을 써야 해요.

2 (   )를 쓴 문장은 문맥에 따라 다른 뜻으로 해석될 수 있어요.

3 글의 내용이 되는 소재나 재료를 (   )이라고 해요.

4 (   ), 사건, 배경은 이야기를 구성하는 데 꼭 필요한 요소예요.

5 글의 핵심 주제를 전달하는 문장인 (   )은 문단의 처음이나 끝에 있는 경우가 많아요.

6 특정 문제를 해결하기 위해 여러 사람이 모여 서로 의견을 나누고 논의하는 과정을 (   )라고 해요.

7 광고를 볼 때는 상품의 특징을 과장하고 있지는 않은지 (   )적인 시각으로 살펴봐야 해요.

8 (   )을 할 때는 상대방의 말을 잘 듣는 것이 중요해요.

9 상대방을 설득하기 위해 쓰는 글인 (   )은 서론, 본론, 결론으로 구성돼요.

10 (   )을 펼칠 때는 자신의 생각을 뒷받침하는 논리적 근거를 제시해야 해요.

정답 1 연설 2 동음이의어 3 글감 4 인물 5 중심 문장 6 토의 7 비판 8 의사소통 9 논설문 10 주장

흥미진진 어휘 퀴즈 ③

초성 퀴즈왕이 될 거야!

✔ 초성 힌트를 보고 다음 대화의 빈칸에 어울리는 단어를 써 보세요.

미주 네가 방금 한 말이 [ㅌ][ㄷ]하다고 생각하니?

태형 당연하지. [ㅇ][ㅎ][ㅇ][ㅊ]에 맞게 말했잖아.

정하 너는 어쩜 그렇게 감성적인 [ㅅ]를 잘 짓니?

은우 난 [ㅂ][ㅇ]를 많이 사용해서 더 감성적으로 느껴지나 봐.

선생님 혜영이가 쓴 [ㄱ][ㅎ][ㅁ]이 무척 재미있더구나.

혜영 재미있는 [ㅅ][ㄱ]이 많았던 여행이라 쓸 내용도 많았거든요.

이현 [ㄷ][ㅈ]가 책을 읽고 자신을 돌아보는 과정이 참 중요한 것 같아.

민준 맞아. [ㅅ][ㅊ]은 나의 삶을 좀 더 발전시키는 힘이 돼.

동희 이 미술 [ㅈ][ㅍ]이 무엇을 의미하는지 잘 모르겠어.

소미 다른 사람들이 어떻게 [ㅎ][ㅅ]했는지 살펴보는 건 어때?

정답 타당, 육하원칙 시, 비유 기행문, 사건 독자, 성찰 작품, 해석

흥미진진 어휘 퀴즈 ④

맞춤법은 내가 최고!

✔ 정확한 맞춤법이 사용된 문장을 골라 동그라미 쳐 보세요.

1 (1) 교실 문을 잘 잠그고 나왔니? ( )

(2) 교실 문은 잘 잠구고 나왔니? ( )

2 (1) 우리 집 강아지의 처진 눈꼬리가 아주 귀여워요. ( )

(2) 우리 집 강아지의 쳐진 눈꼬리가 아주 귀여워요. ( )

3 (1) 붕어빵 한 마리를 통째로 입안에 넣었어요. ( )

(2) 붕어빵 한 마리를 통채로 입안에 넣었어요. ( )

4 (1) 여러 개의 소설을 짜깁기해서 한 편의 소설을 새로 썼어요. ( )

(2) 여러 개의 소설을 짜집기해서 한 편의 소설을 새로 썼어요. ( )

5 (1) 고객들에게 일일히 행사의 진행 과정을 설명했어요. ( )

(2) 고객들에게 일일이 행사의 진행 과정을 설명했어요. ( )

6 (1) 고약한 냄새가 나는 방귀를 뀐 사람의 정체가 들어났어요. ( )

(2) 고약한 냄새가 나는 방귀를 뀐 사람의 정체가 드러났어요. ( )

정답 1 (1) 2 (1) 3 (1) 4 (1) 5 (2) 6 (2)

우리는 수학을 사용해서 눈으로 보거나 머릿속으로만 생각한 추상적인 개념과 원리를 구체화할 수 있어요.

PART 2

수학

수로 이루어진 세계

1장
수와 연산

2장
도형

3장
측정

4장
확률과
통계
& 규칙

“

수는 사물의 개수나 양을 나타내기 위해 생긴 개념이에요.
우리 가족이 몇 명인지,
키보드 자판이 몇 개로 이루어져 있는지,
오늘 먹은 초콜릿은 몇 개인지….
이것들은 모두 1, 2, 3, 4… 같은 수로 나타낼 수 있어요.
그렇다면 1보다 작은 숫자는 어떻게 표현할까요?

수의 체계와 관련된 어휘를 차근차근 공부해 보아요.

”

수와 연산

교과연계표

<table>
<tr><td>자연수</td><td>수학 5-1</td><td>소수</td><td>수학 3-1</td></tr>
<tr><td>짝수</td><td>수학 5-1</td><td>진분수</td><td>수학 3-2</td></tr>
<tr><td>받아올림</td><td>수학 3-1</td><td>약수</td><td rowspan="2">수학 5-1</td></tr>
<tr><td>몫</td><td>수학 3-1</td><td>배수</td></tr>
<tr><td>분수</td><td>수학 3-1</td><td>약분</td><td>수학 5-1</td></tr>
</table>

자연수 自然數 스스로 자, 그러할 연, 셀 수

0보다 큰 수로, 1부터 시작해서 계속 크기가 커지는 수

- 1, 2, 3, 4, 5…와 같은 숫자들이 자연수예요.
- 개수를 세거나 순서를 나타낼 때 자연수를 사용해요.
- 중고등학교 과정에서는 자연수를 '양의 정수', '양수'라고 표현하기도 해요.

쓰임 알기

나는 왜 자연수가 될 수 없을까?

교과서 속
- $\frac{2}{2}$는 자연수 1과 같아요.
- 0은 자연수가 아니에요.

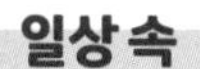

일상 속
- 어제 수학 문제집을 풀었는데, 자연수를 이용하니 재미있었어요.
- 우리 집에 책이 몇 권이나 있는지는 자연수로 한 권, 두 권 셀 수 있어요.

확장하기

하나 더 알고 가기 사람이 만들지 않고 세상에 스스로 존재하는 것들을 '자연'이라고 해요. 그래서 억지로 꾸미지 않은 것을 보고 '자연스럽다'고 말하죠.

짝수 짝數 셀 수

2로 나누어 떨어지는 수

- 짝수는 2, 4, 6, 8, 10…과 같은 숫자로, 두 개씩 짝을 지을 수 있어요.
- 짝수는 일상에서 물건이나 사람들의 짝을 짓거나 숫자를 세는 데 사용해요.
- 짝수끼리 덧셈과 뺄셈을 하면 그 값도 항상 짝수예요.

쓰임 알기

교과서 속

- 2, 4, 6, 8, 10과 같이 둘씩 짝을 지을 수 있는 수를 짝수라고 약속해요.
- 아무리 큰 수라도 일의 자리 숫자를 보면 짝수인지 홀수인지 쉽게 알 수 있어요.

일상 속

- 이 엘리베이터는 짝수 층만 운행해요.
- 우리 반 인원은 짝수라서 혼자 앉는 친구가 없어요.

확장하기

'짚신도 제 짝이 있다'는 속담은 보잘것없는 사람도 자기에게 맞는 짝이 있다는 뜻이에요. '짝수'와 관련된 속담으로 기억하면 좋겠죠?

받아올림

각 자리의 숫자 합이 10이거나 10보다 크면
앞의 자리로 올려 주는 계산법

- 84+7을 계산할 때 일의 자리 덧셈 4+7=11의 10을 십의 자리로 올려서 계산해야 해요.
- 받은 수가 일의 자리에서 넘치면, 십의 자리로 올려요.
- 여러 자리인 수를 더해야 할 때는 받아올림을 사용해 정확한 값을 얻을 수 있어요.

쓰임 알기

교과서 속
- 일 모형 10개는 십 모형 1개와 같아서 십의 자리로 받아올림 해요.
- 앞의 자리로 받아올림 한 숫자를 빼먹고 계산하지 않도록 조심해야 해요.

일상 속
- 수학 시험에서 받아올림을 하지 않고 계산해서 한 문제를 아깝게 틀렸어요.
- 덧셈 연습을 매일 했더니 이제는 받아올림 문제도 잘 풀 수 있게 되었어요.

확장하기

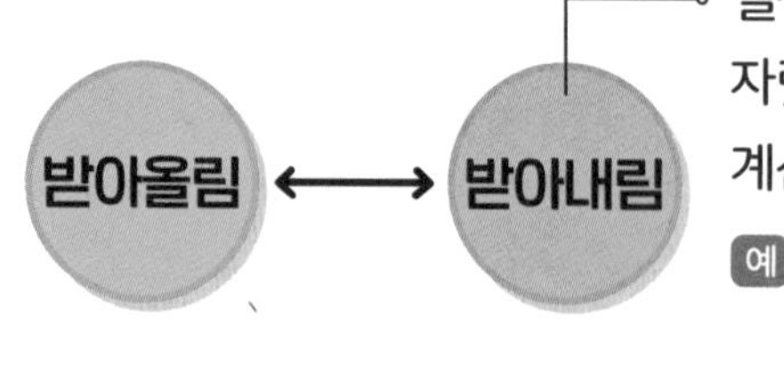

뺄셈을 할 때 일정 자릿수에서 내림을 하는 계산법

예 15-9를 계산할 때 십의 자리의 10을 일의 자리로 받아내림 해요.

하나 더 알고 가기 세 자리 수 이상의 뺄셈을 할 때는 받아내림을 2번 하기도 해요. 십의 자리가 0일 때는 백의 자리에서 받아내리기도 한답니다.

나눗셈에서 얻은 값

- 나누어지는 수에서 나누는 수를 몇 번 빼야 하는지, 똑같은 양으로 나누었을 때 한 부분의 크기가 얼마나 되는지는 몫으로 알 수 있어요.
- 예를 들어, 10을 2로 나누면 몫은 5가 되지요.
- 몫은 해야 할 일을 나눌 때, '역할'과 비슷한 의미로도 쓰여요.

쓰임 알기

교과서 속

- 수가 나누어떨어질 때, 몫과 나누는 수를 곱하면 나누어지는 수가 돼요.
- 20÷4=5에서 몫 5는 곱셈 4×5=20을 이용하여 구할 수 있어요.

일상 속

- 늦게 도착하는 친구의 몫을 따로 챙겨 두었어요.
- 사탕 10개를 5명의 몫으로 똑같이 나누었더니 한 사람당 2개씩 먹을 수 있었어요.

확장하기

몫은 '역할'과 비슷한 뜻으로 쓰이기도 한다고 했지요. 한 사람으로서 맡은 역할을 충분히 할 때, '한몫하다'라는 표현을 써요.

분수 分數 나눌 분, 셀 수

하나의 숫자를 다른 숫자로 나눈 형태

- 1을 2로 나눈 값은 $\frac{1}{2}$과 같이 분수로 나타낼 수 있어요.
- 수학에서는 전체 중 한 부분이나 무언가를 나눈 일부를 나타내는 데 사용해요.
- '분자'와 '분모'로 이루어져 있어요.

쓰임 알기

교과서 속
- '전체를 똑같이 4로 나눈 것 중에 1'을 $\frac{1}{4}$이라고 쓰고, 이런 수를 분수라고 해요.
- 분수의 종류에는 진분수, 가분수, 대분수가 있어요.

일상 속
- 8조각으로 나눈 케이크를 먹고 남은 양을 분수로 기록해 두었어요.
- 수영장 전체 구역에서 어린이가 놀 수 있는 구역의 크기를 분수로 표현하면 $\frac{1}{5}$이에요.

확장하기

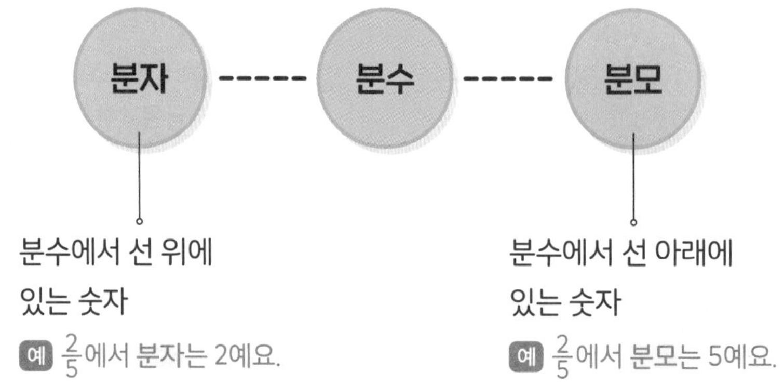

소수 小數 작을 소, 셀 수

일의 자리보다 작은 자리의 값을 가지는 수

- 1과 2 사이에는 1.3, 1.5, 1.8 등과 같은 여러 개의 소수가 있어요.
- 길이나 무게처럼 정확한 측정이 필요할 때 유용해요.
- 수와 수 사이에 소수점을 찍어 표현해요.

쓰임 알기

교과서 속

- 분수 $\frac{2}{10}$, $\frac{3}{10}$…를 소수 0.2, 0.3…라 쓰고 영점 이, 영점 삼, 영점 사…라고 읽어요.
- 분수를 소수로 표현하려면 분자를 분모로 나누어야 해요.

일상 속

- 제 키를 소수 부분까지 정확하게 표현하면 134.7cm예요.
- 시험에 분수를 소수로 바꾸는 문제가 나왔는데 어렵지 않게 풀었어요.

확장하기

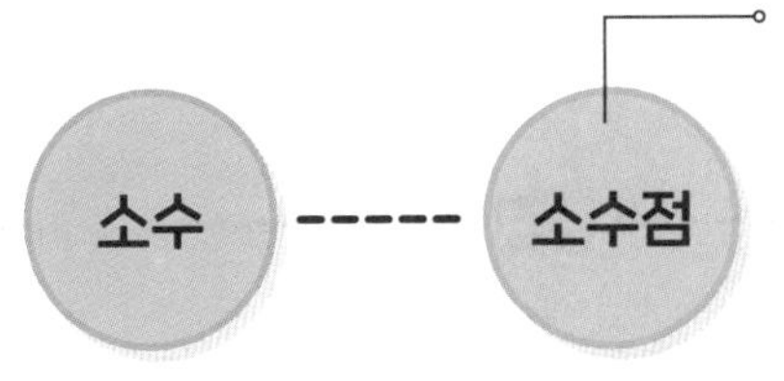

값을 더 정밀하게 나타내기 위해 사용하는 기호

예 몫을 소수점 둘째 자리까지 나타내 보세요.

하나 더 알고 가기 소수는 일상생활에서 많이 쓰여요. 예를 들어 우리나라 돈을 외국 돈으로 환전할 때는 단위를 소수점 둘째 자리까지 표기한답니다.

진분수 眞分數 참 진, 나눌 분, 셀 수

분자가 분모보다 작은 분수

- $\frac{1}{2}$, $\frac{4}{3}$, $\frac{4}{5}$와 같은 분수가 진분수예요.
- 진분수의 값은 항상 0보다 크고 1보다 작아요.
- 진분수 중에서 $\frac{1}{2}$, $\frac{1}{3}$, $\frac{1}{4}$과 같이 분자가 1인 분수는 단위분수라고 해요.

쓰임 알기

교과서 속

- 빵 한 개를 4조각으로 나누면 그중 한 조각은 $\frac{1}{4}$개이며 진분수예요.
- 진분수의 '진'은 **眞**(참 **진**)을 쓰고, 가분수의 '가'는 **假**(거짓 **가**)를 써요.

1조각은 $\frac{1}{4}$

일상 속

- 6개 모둠 중 5개 모둠의 발표 준비가 끝난 것을 진분수로 표현하면 $\frac{5}{6}$만큼 준비가 끝났다고 말할 수 있어요.
- 진분수의 크기를 비교하기 위해 스케치북 위에 네모 칸을 그렸어요.

확장하기

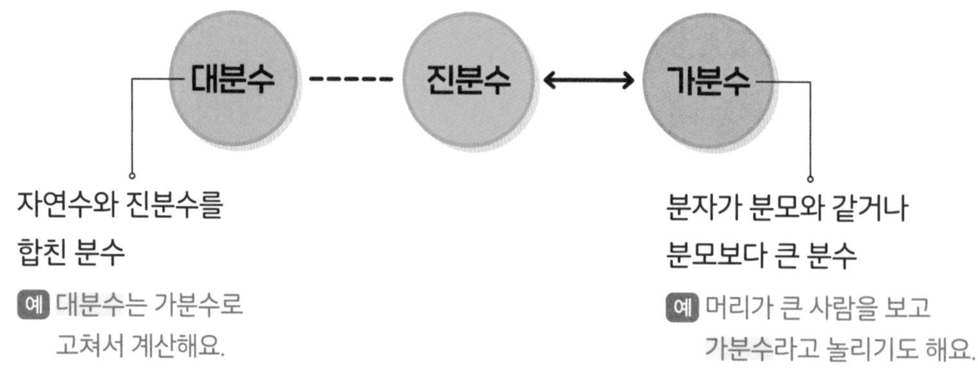

자연수와 진분수를 합친 분수

예 대분수는 가분수로 고쳐서 계산해요.

분자가 분모와 같거나 분모보다 큰 분수

예 머리가 큰 사람을 보고 가분수라고 놀리기도 해요.

약수 約數 묶을 약, 셀 수

어떤 수를 나누어떨어지게 하는 수

- 예를 들어, 6의 약수는 6을 나누어떨어지게 하는 1, 2, 3, 6이에요.
- 모든 자연수는 약수가 될 수 있고, 수마다 약수의 개수는 달라요.
- 약수의 반대말은 '배수'예요.

쓰임 알기

교과서 속

- 10을 나누어떨어지게 하는 1, 2, 5, 10은 10의 약수예요.
- 1은 모든 자연수의 약수예요.

일상 속

- 4는 12의 약수이기 때문에 빵을 12개 사면 4명이 똑같이 나누어 가질 수 있어요.
- 나눗셈을 빠르게 하기 위해 약수를 외우고 있어요.

확장하기

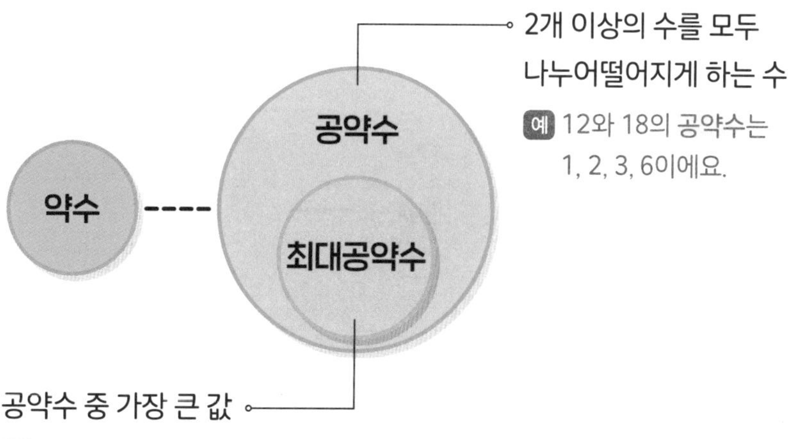

배수 倍數 곱 배, 셀 수

어떤 수에 1배, 2배, 3배, 4배…한 수

- 배수는 수를 셀 때 유용하게 사용하며 끝없이 구할 수 있어요.
- 예를 들어, 3의 배수는 3, 6, 9, 12… 등이 있어요.
- 모든 짝수는 2의 배수예요.

쓰임 알기

교과서 속
- 7을 1배, 2배, 3배… 한 수인 7, 14, 21…을 7의 배수라고 해요.
- 모든 자연수는 1의 배수예요.

일상 속
- 100원이 5개 모이면 500원이니까 500은 100의 배수예요.
- 배수를 쉽고 빠르게 구하기 위해서 구구단을 외워 두면 편리해요.

확장하기

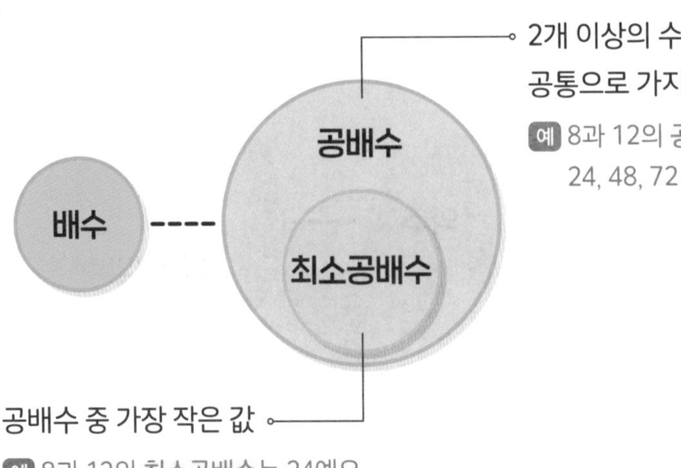

2개 이상의 수가 공통으로 가지는 배수

예 8과 12의 공배수는 24, 48, 72…예요.

공배수 중 가장 작은 값

예 8과 12의 최소공배수는 24예요.

약분 約分 묶을 약, 나눌 분

분자와 분모의 공약수로 나누어 간단히 나타내는 것

- $\frac{4}{12}$를 4와 12의 공약수인 2로 약분하면 $\frac{2}{6}$가 돼요.
- 분모와 분자의 최대공약수로 약분을 하면 가장 빠르게 계산할 수 있어요.
- 더이상 약분을 할 수 없이 간단해진 분수를 '기약분수'라고 해요.

쓰임 알기

교과서 속
- 약분은 $\frac{\not{6}^{3}}{\not{12}_{6}} = \frac{3}{6}$ 처럼 분수에 바로 표시할 수도 있어요.
- 약분을 하려면 나눗셈을 알아야 해요.

일상 속
- 약분하지 않고 큰 숫자로 이루어진 분수는 그 양을 빠르게 파악하기가 어려워요.
- 숫자가 큰 분수를 여러 번 약분하며 간단하게 만드는 과정이 재미있어요.

확장하기

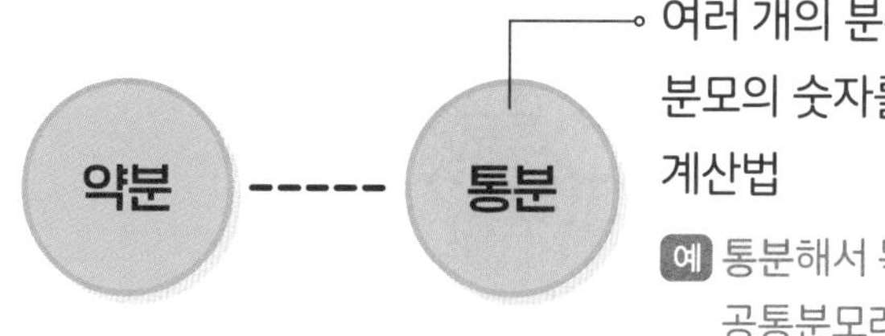

여러 개의 분수가 있을 때 분모의 숫자를 같게 만드는 계산법

예 통분해서 똑같아진 분모는 공통분모라고 해요.

분모가 다른 분수를 계산할 때는 통분으로 공통분모를 만들면 편리해요. 분모의 최소공배수로 통분했을 때 분모의 크기가 가장 작답니다!

지켜라, 맞춤법!

 은경쌤과의 대화에서 맞춤법을 지키지 않은 사람을 찾아보세요!

은경쌤

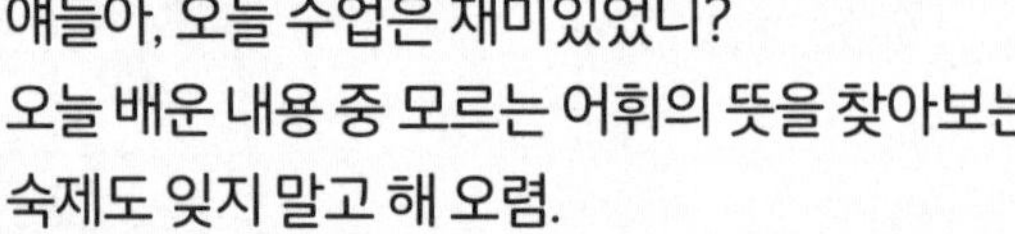

얘들아, 오늘 수업은 재미있었니?
오늘 배운 내용 중 모르는 어휘의 뜻을 찾아보는
숙제도 잊지 말고 해 오렴.

한울

네, 수업은 재미있었어요. 그런데 웬지
숙제를 하는 데 시간이 오래 걸릴 것 같네요.

소희

저도 왠지 숙제의 양이 많아질 것 같아요.
수업을 들으면서 표시해 둔 어휘가 많거든요.

은경쌤

둘 다 모르는 어휘가 많았던 모양이구나. 조금
귀찮아도 뜻을 찾아 보면 더 기억에 오래 남을 거야.
최선을 다해서 내일까지 꼭 해 오기!

소희

네, 노력해 볼게요!

한울

책을 많이 읽어서 어휘는 잘 알고 있다고 생각했는데….
이게 웬일이니.

왠지 vs 웬지

'왠지'는 '왜+인지'의 줄임말로, '왜 그런지 모르게'라는 의미예요. 행동이나 감정의 이유를 알 수 없을 때나 이유가 궁금할 때 사용하지요. '왜'와 '웨'의 발음이 비슷해서 '웬지'와 헷갈려 하기도 하지만 '웬지'는 틀린 표현이에요.

쓰임

오늘은 왠지 내가 응원하는 팀이 우승까지 할 것 같다는 생각이 들어요. O

오늘은 웬지 내가 응원하는 팀이 우승까지 할 것 같다는 생각이 들어요. X

왠일 vs 웬일

'웬'은 '어찌 된, 어떠한'이라는 의미예요. '웬일이니?'는 '어찌하여 이런 일이 생겼나?'라는 뜻으로, 아주 놀랍거나 믿을 수 없는 상황이 벌어졌을 때 등 일상적인 대화에서 많이 사용해요. '왠일'은 틀린 표현이에요.

쓰임

네가 그런 실수를 하다니. 왠일이니? X

네가 그런 실수를 하다니. 웬일이니? O

“

주변의 사물들을 둘러보세요.
모두 도형으로 이루어져 있다는 사실을 알 수 있을 거예요.
전체가 아니면 일부분이라도 도형을 품고 있고요.

도형의 이름들은 각 도형의 특징과 관계되어 있답니다.
어떤 모양의 도형이 있는지,
도형을 이루는 요소들의 어휘는 무엇이 있는지 살펴보아요.

”

도형

교과연계표

<table>
<tr><td>도형</td><td>수학 2-1</td><td>직사각형</td><td rowspan="2">수학 4-2</td></tr>
<tr><td>선분</td><td>수학 3-1</td><td>사다리꼴</td></tr>
<tr><td>각</td><td rowspan="2">수학 4-1</td><td>원주</td><td>수학 6-2</td></tr>
<tr><td>직각</td><td>합동</td><td>수학 5-2</td></tr>
<tr><td>수직</td><td>수학 4-2</td><td>직육면체</td><td>수학 6-1</td></tr>
<tr><td>원</td><td>수학 6-2</td><td>전개도</td><td>수학 5-2</td></tr>
<tr><td>삼각형</td><td>수학 4-2</td><td>뿔</td><td>수학 6-2</td></tr>
</table>

도형 圖形 그림 도, 모양 형

점과 선으로 이루어진 형태

- 점, 선은 물론 삼각형, 사각형 등을 통틀어 이르는 말이에요.
- 그림을 그릴 때나 물건을 만들 때 사용하는 다양한 모양이 모두 도형이에요.
- 평면도형과 입체도형으로 나눌 수 있어요.

쓰임 알기

교과서 속
- 여러 가지 도형에 관한 문제를 해결할 수 있어요.
- 우리가 실생활에서 만나는 도형들은 입체도형이에요.

일상 속
- 한글에는 도형처럼 생긴 자음이 많아요.
- 요즘은 가게의 간판 모양을 다양한 도형으로 만들어요.

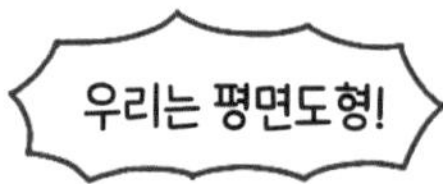

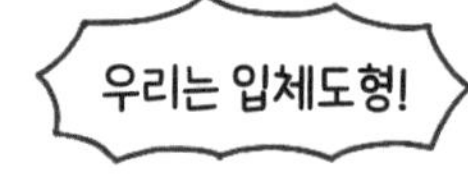

확장하기

종이와 같은 평면에 그려진 도형

예 평면도형은 그림으로만 표현할 수 있어요.

공간을 차지하는 도형

예 입체도형은 공간 속에서 형태를 가져요.

선분 線分 줄 선, 나눌 분

두 점을 곧게 잇는 선

- 굽은 선은 선분이 될 수 없어요.
- 수학에서 선분은 길이를 측정하거나 도형을 만들 때 사용해요.
- 두 점을 지나는 선분은 한 개만 그을 수 있어요.

쓰임 알기

교과서 속

- 점 ㄱ과 점 ㄴ을 이은 선분은 선분 ㄱㄴ 또는 선분 ㄴㄱ이라고 해요.
- 선분은 길이를 잴 수 있어요.

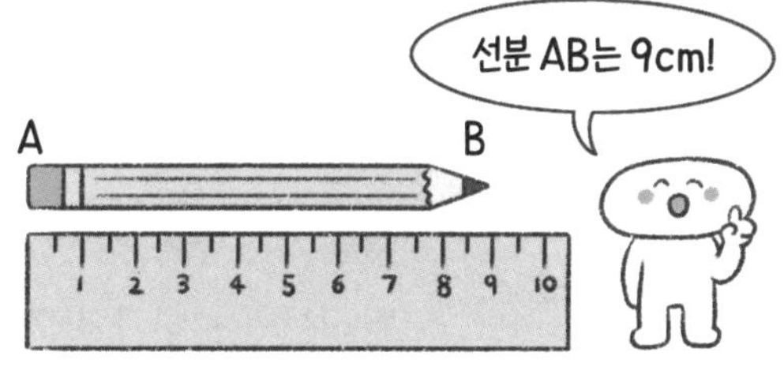

일상 속

- 수학 시간에 선분을 이용해서 다양한 도형을 그려 봤어요.
- 흰 종이에 편지를 쓰기 위해 자를 이용해서 선분을 여러 개 그렸어요.

확장하기

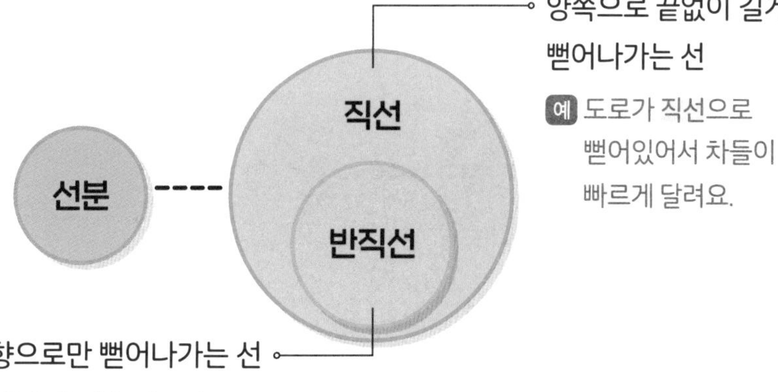

양쪽으로 끝없이 길게 뻗어나가는 선

예 도로가 직선으로 뻗어있어서 차들이 빠르게 달려요.

한쪽 방향으로만 뻗어나가는 선

예 직선 위에 한 점을 찍으면 두 개의 반직선이 만들어져요.

각 角 뿔 각

한 점에서 그은 두 반직선으로 이루어진 도형

- 한 점에서 만난 두 반직선이 얼마나 벌어져 있는지를 측정한 값을 각도라고 해요.
- 각도를 측정할 때는 '각도기'라는 도구를 사용해요.
- 각을 나타내는 기호는 °이며, '도'라고 읽어요.

쓰임 알기

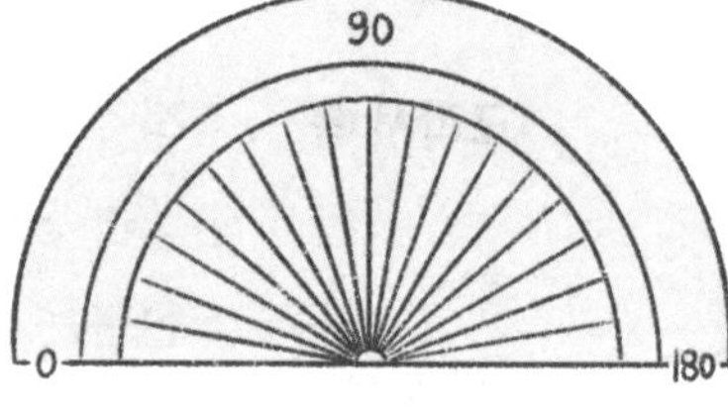

교과서 속
- 각의 크기를 잴 때는 각도기의 중심과 밑금을 각과 잘 맞추어야 해요.
- 반직선의 길이가 길어져도 각의 크기는 커지지 않아요.

일상 속
- 동그란 바퀴에는 각이 없어서 데굴데굴 잘 굴러가요.
- 누가 먼저 선생님께서 그린 각과 같은 크기로 그리는지 대결을 했어요.

확장하기

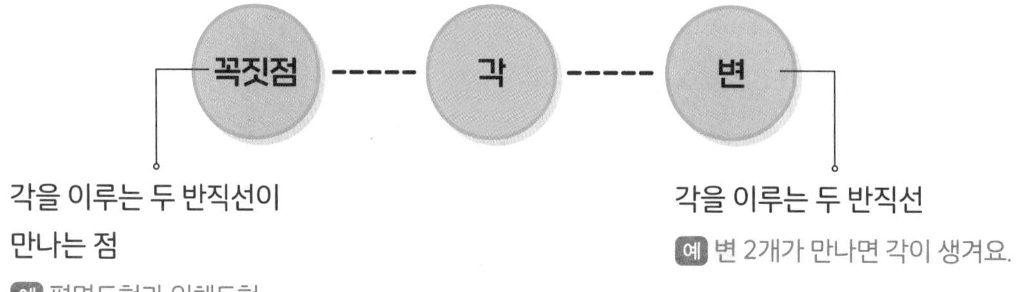

꼭짓점: 각을 이루는 두 반직선이 만나는 점

예 평면도형과 입체도형 모두 꼭짓점이 있어요.

변: 각을 이루는 두 반직선

예 변 2개가 만나면 각이 생겨요.

직각 直角 곧을 직, 뿔 각

두 반직선이 만나서 이루는 90°인 각

- 원 모양의 색종이를 반듯하게 두 번 접었을 때 생기는 각이에요.
- 일반적으로 삼각자의 한 각은 직각을 이루고 있어요.
- 꼭짓점에 ㄴ으로 표시해요.

쓰임 알기

교과서 속
- 교실에는 직각이 있는 다양한 물건이 있어요.
- 세 각 중 한 각이 90°인 삼각형을 직각삼각형이라고 해요.

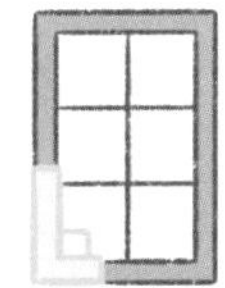

일상 속
- 3시와 9시에는 시계의 시침과 분침이 직각을 이루어요.
- 건물은 바닥과 기둥이 직각을 이루도록 지어야 쉽게 흔들리거나 무너지지 않아요.

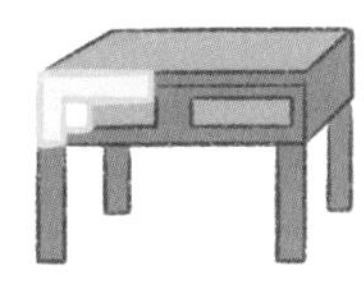

확장하기

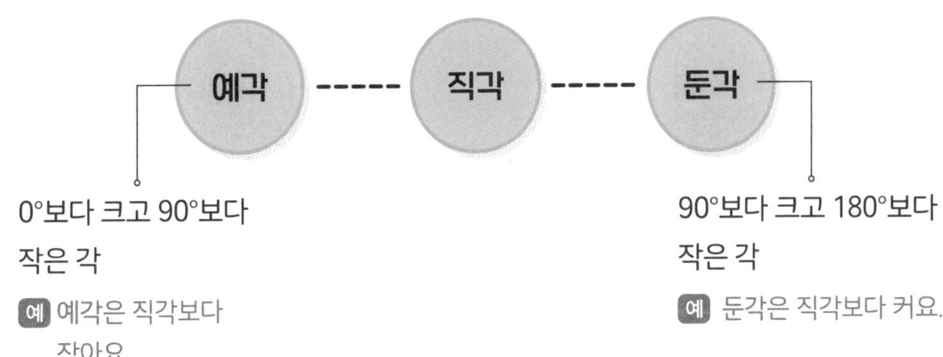

예각: 0°보다 크고 90°보다 작은 각

예 예각은 직각보다 작아요.

둔각: 90°보다 크고 180°보다 작은 각

예 둔각은 직각보다 커요.

수직 垂直 드리울 수, 곧을 직

두 직선이 직각을 이루는 관계

- 두 직선이 수직으로 만났을 때 한 직선을 다른 한 직선에 대한 '수선'이라고 해요.
- 수직은 삼각자나 각도기를 이용하여 표현할 수 있어요.
- 수직의 반대말은 '수평'이에요.

쓰임 알기

교과서 속
- 주어진 직선에 대하여 수직인 선을 그어 수선을 나타내요.
- 직선과 평면도 서로 수직을 이룰 수 있어요.

일상 속
- 우주선이 수직으로 힘차게 발사되어 모두가 기뻐했어요.
- 수직과 수평의 의미를 구분하는 문제를 틀렸어요.

확장하기

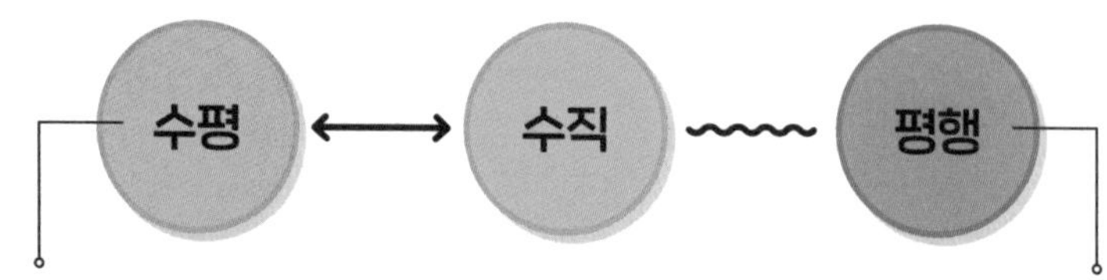

수평: 기울어지지 않고 평평한 상태

예 화살이 땅과 수평을 이루며 날아갔어요.

평행: 두 직선이나 평면이 일정한 간격으로 떨어져 있어 아무리 뻗어나가도 만나지 않는 관계

예 바다와 평행으로 뻗은 도로를 달렸어요.

원 圓 둥글 원

한 점에서 일정한 거리만큼 떨어진 점들의 집합

- 원의 모든 점들은 원의 중심에서 같은 거리만큼 떨어져 있어요.
- 원을 그릴 때는 '컴퍼스'라는 도구를 이용하고, 이때 컴퍼스로 고정한 점을 '원의 중심'이라고 해요.
- 원의 중심을 지나는 선은 '지름'과 '반지름'이에요.

쓰임 알기

교과서 속
- 원 안에 무수히 많은 지름을 그을 수 있어요.
- 하나의 원에서 반지름의 길이는 모두 같아요.

일상 속
- 친구들과 수건돌리기를 하기 위해 원 모양으로 둘러앉았어요.
- 맨홀 뚜껑은 원 모양이라 구멍에 잘 빠지지 않아요.

확장하기

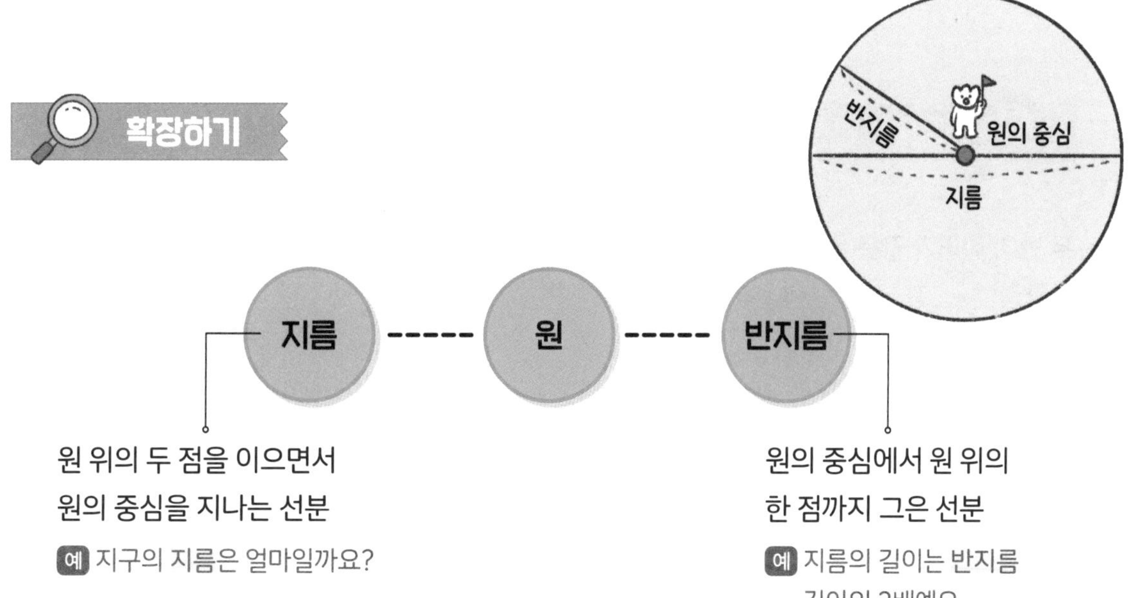

지름: 원 위의 두 점을 이으면서 원의 중심을 지나는 선분

예 지구의 지름은 얼마일까요?

반지름: 원의 중심에서 원 위의 한 점까지 그은 선분

예 지름의 길이는 반지름 길이의 2배예요.

삼각형 三角形 석 삼, 뿔 각, 모양 형

세 개의 점을 이은 세 개의 선분으로 이루어진 도형

- 삼각형을 이루는 선분은 '변'이라고 하고, 변과 변이 만나는 점은 '꼭짓점'이라고 해요.
- 삼각형에는 세 개의 각이 있고, 세 각의 크기를 합하면 180°예요.
- 삼각형의 종류는 각의 크기나 변의 길이를 기준으로 분류할 수 있어요.

쓰임 알기

교과서 속
- 삼각형의 밑변의 길이와 높이가 각각 같으면 모양이 달라도 넓이는 같아요.
- 삼각형은 각의 크기에 따라 직각삼각형, 예각삼각형, 둔각삼각형으로 분류해요.

일상 속
- 동생은 집을 그릴 때 지붕을 꼭 삼각형으로 그려요.
- 우리 주변에는 삼각형 모양을 한 표지판이 많아요.

확장하기

두 변의 길이가 같은 삼각형

예 이등변삼각형은 두 밑각의 크기가 같아요.

세 변의 길이가 모두 같은 삼각형

예 악기 중 트라이앵글은 정삼각형 모양이에요.

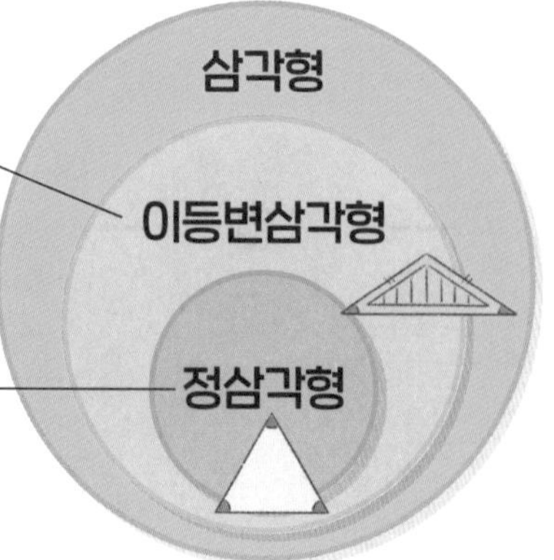

정삼각형은 이등변삼각형이라고 할 수 있지만, 이등변삼각형은 정삼각형이라고 할 수 없어요.

직사각형 直四角形 곧을 직, 넉 사, 뿔 각, 모양 형

네 각이 모두 직각인 사각형

- 직사각형은 마주 보는 두 변의 길이가 서로 같고, 평행해요.
- 직사각형의 한 변은 '가로', 이웃한 다른 한 변을 '세로'라고 부릅니다.
- 직사각형은 가로와 세로의 길이가 달라요.

쓰임 알기

교과서 속
- 사각형 중에서 직각의 개수로 직사각형을 찾아낼 수 있어요.
- 직사각형의 넓이는 '가로의 길이×세로의 길이'로 구할 수 있어요.

일상 속
- 가전제품 중에는 텔레비전이나 휴대전화와 같이 직사각형 모양을 한 기기들이 많아요.
- 직사각형인 식탁보다 원 모양인 식탁이 더 마음에 들어요.

확장하기

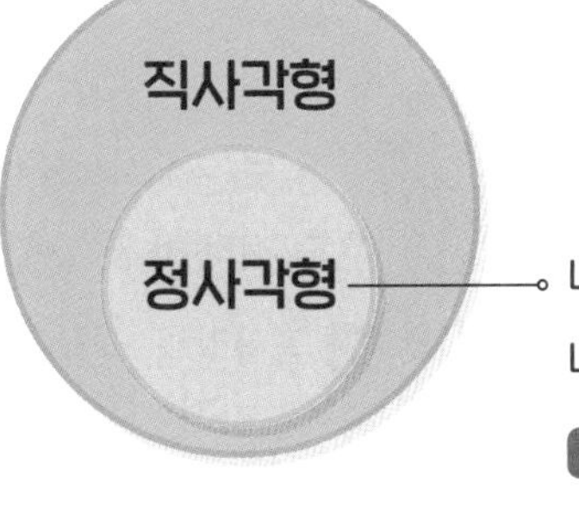

네 변의 길이가 모두 같고, 네 각이 모두 직각인 사각형

예 정사각형 모양의 액자에 그림을 걸었어요.

정사각형은 직사각형이라고 할 수 있지만, 직사각형은 정사각형이라고 할 수 없어요.

사다리꼴

마주보는 한 쌍의 변이 서로 평행한 사각형

- 사다리를 세워놓았을 때의 모양과 닮았어요.
- 사다리꼴에서 평행한 한 쌍의 변 중 한 변을 '윗변', 다른 한 변을 '아랫변'으로 두었을 때, 그 사이의 거리가 '높이'예요.
- 한 쌍이라도 평행한 변이 있는 사각형이라면 모두 사다리꼴이 될 수 있기 때문에 모양이 일정하지 않고 다양해요.

쓰임 알기

교과서 속
- 사다리꼴의 넓이는 '(윗변+아랫변)×높이÷2'로 구할 수 있어요.
- 평행사변형, 마름모, 직사각형, 정사각형은 모두 사다리꼴이 될 수 있어요.

일상 속
- 사다리꼴로 모래성을 쌓으면 쉽게 부서지지 않고 튼튼해요.
- 사다리꼴의 책꽂이는 보기에는 예쁘지만 칸의 크기가 일정하지 않아서 책을 많이 꽂을 수 없어요.

확장하기

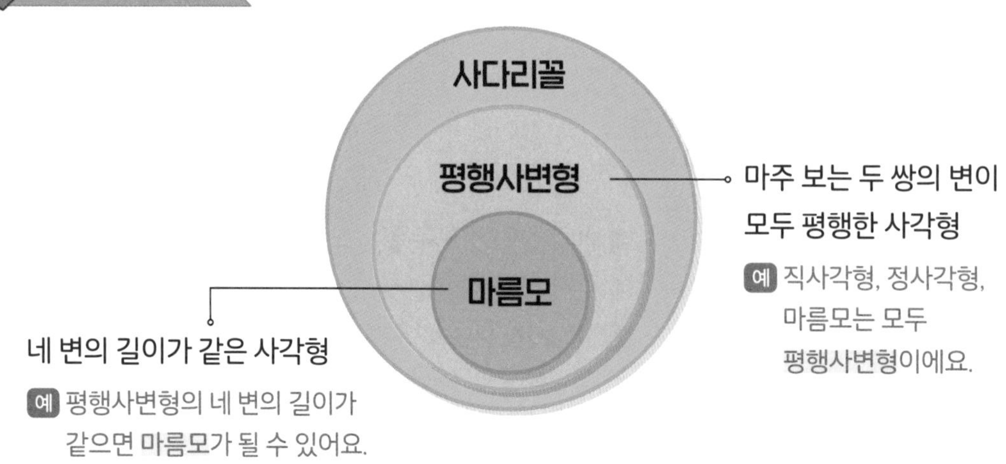

원주 圓周 둥글 원, 두루 주

원의 둘레

- 곡선인 원주는 자로 잴 수 없기 때문에 줄자나 실 등을 사용해요.
- 원주는 지름의 약 3배예요.
- 아무리 큰 원이라도 지름이나 반지름의 길이를 알면 원주를 구할 수 있어요.

쓰임 알기

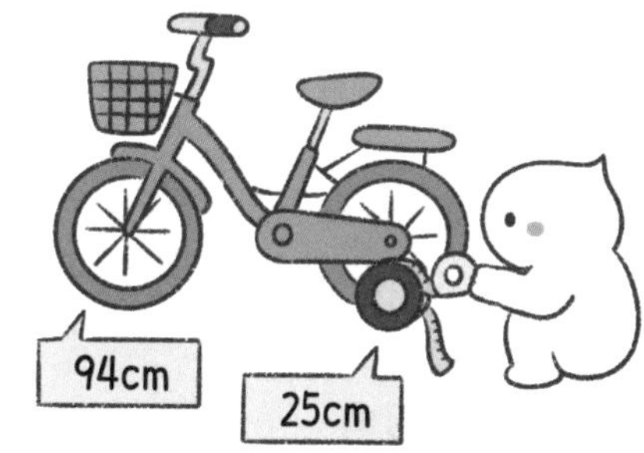

교과서 속
- 원의 크기가 커지면 원주도 커져요.
- 원주를 구하려면 지름을 알아야 해요.

일상 속
- 제 자전거 바퀴의 원주는 50cm예요.
- 많은 사람이 나눠 먹을 수 있도록 피자와 케이크 모두 원주가 큰 것으로 골랐어요.

확장하기

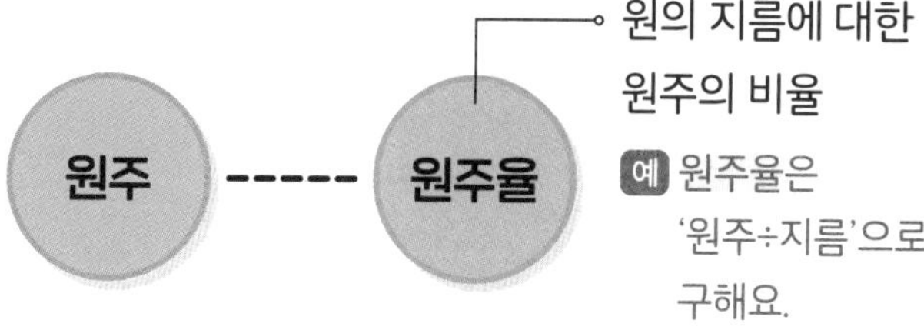

원주율을 나타낼 때는 파이(π)라는 기호를 써요. π는 3.14…로, 소수점 아래 자리의 숫자가 무한대로 이어져요.

합동 合同 합할 합, 한 가지 동

크기와 모양이 같아 완전히 겹치는 두 도형

- 합동인 도형은 서로 변의 길이와 각의 크기가 완전히 일치해야 해요.
- 합동인 도형에서 겹치는 점을 '대응점', 겹치는 변을 '대응변', 겹치는 각을 '대응각'이라고 해요.
- '합동'은 도형의 크기와 모양을 비교하고, '대칭'은 도형의 형태와 위치를 비교해요.

쓰임 알기

교과서 속
- 두 도형의 위치나 방향이 달라도 크기와 모양이 일치하면 합동이라고 해요.
- 직사각형을 다양한 방향으로 잘라보면서 합동인 도형을 만들 수 있어요.

일상 속
- 미술 시간에 합동인 삼각형을 여러 개 만들어 모양 꾸미기를 했어요.
- 내 공책과 친구의 공책이 서로 합동이에요.

확장하기

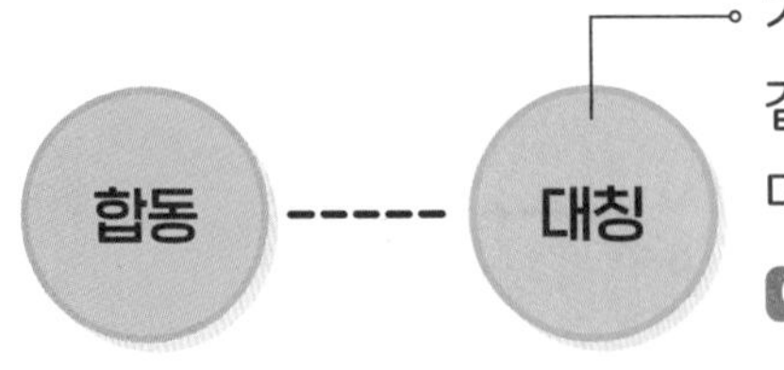

기준점이나 기준선에서 같은 거리만큼 떨어져 마주 보고 있는 것

예 대칭인 도형에는 선대칭도형과 점대칭도형이 있어요.

하나 더 알고 가기 선대칭도형에서 기준이 되는 선을 '대칭축'이라고 하고, 점대칭도형에서 기준이 되는 점을 '대칭의 중심'이라고 해요.

직육면체 直六面體 곧을 직, 여섯 육, 낯 면, 몸 체

여섯 개의 직사각형 면을 가진 입체도형

- 직육면체에서 선분으로 둘러싸인 부분을 '면', 면과 면이 만나는 선분을 '모서리', 모서리와 모서리가 만나는 점을 '꼭짓점'이라고 해요.
- 면의 수는 6개, 모서리의 수는 12개, 꼭짓점의 수는 8개예요.
- 모든 면이 직각을 이루고 있고 마주 보는 면은 서로 평행해요.

쓰임 알기

교과서 속

- 우리 주변에서는 다양한 직육면체를 찾을 수 있어요.
- 정육면체는 직육면체가 될 수 있지만, 직육면체는 정육면체가 될 수 없어요.

일상 속

- 교실의 뒤편에 있는 사물함은 직육면체 모양이에요.
- 친구들과 함께 직육면체 블록을 쌓는 보드게임을 했어요.

확장하기

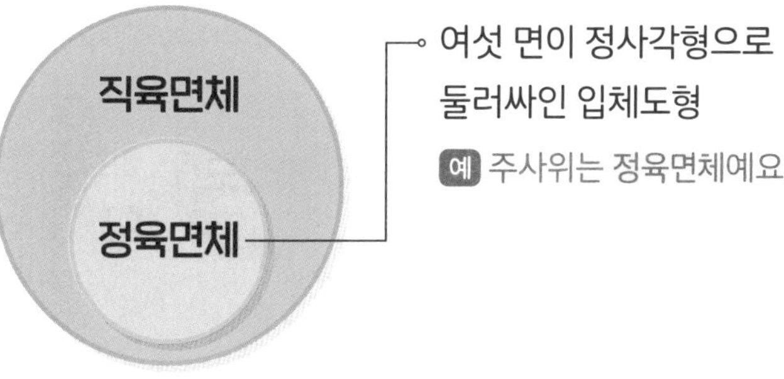

하나 더 알고 가기 정육면체는 직육면체와 동일한 개수의 면, 모서리, 꼭짓점을 가지고 있어요.

전개도 展開圖 펼 전, 열 개, 그림 도

입체도형을 평면에 펼쳐 놓은 모양

- 전개도를 보면 각 면의 모양이나 모서리의 길이 등을 쉽게 알 수 있어요.
- 전개도에서 잘린 모서리는 실선으로, 접히는 모서리는 점선으로 나타내요.

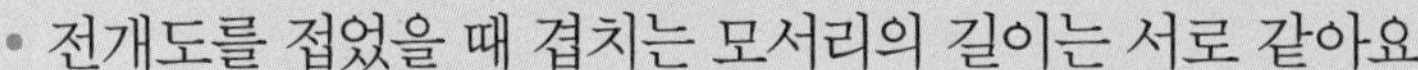

- 전개도를 접었을 때 겹치는 모서리의 길이는 서로 같아요.

쓰임 알기

교과서 속
- 직육면체의 전개도는 6개의 직사각형으로 이루어져 있어요.
- 입체도형의 모서리를 자르는 방법에 따라 전개도의 모양이 달라져요.

일상 속
- 전개도를 보고 어떤 도형인지 맞히는 문제가 어려웠어요.
- 정육면체의 전개도를 오려 붙여서 종이 주사위를 만들었어요.

확장하기

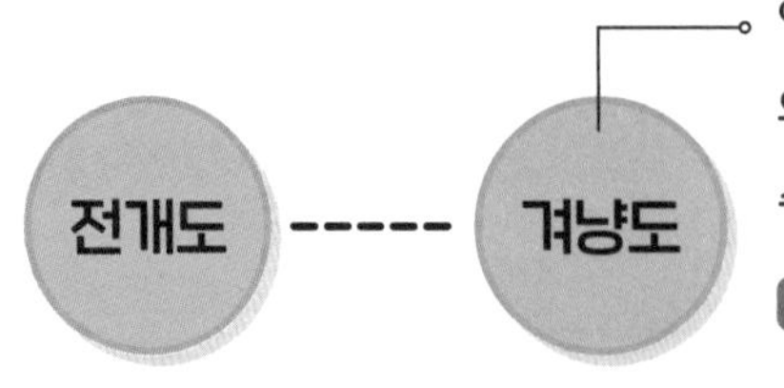

겨냥도: 입체도형의 면과 모서리의 위치를 모두 표시하여 구조를 쉽게 이해할 수 있도록 그린 그림

예 겨냥도를 보고 입체도형의 모서리 개수를 알 수 있어요.

하나 더 알고 가기 '전개'에는 펼친다는 뜻이 있어요. 그래서 어떤 책의 이야기가 흥미로울 때 '이야기의 전개가 흥미롭다'고 표현할 수 있지요.

뿔

하나의 점에서 시작하여 아래쪽으로 넓게 퍼지는 입체도형

- 밑에 놓인 면이 다각형일 때는 '각뿔', 원일 때는 '원뿔'이라고 해요.
- 각뿔은 옆면이 모두 삼각형이고, 원뿔은 옆을 굽은 면이 둘러싸고 있어요.
- 뿔의 꼭짓점에서 밑면에 수직으로 내린 선분의 길이를 '높이'라고 해요.

쓰임 알기

교과서 속

- 각뿔의 옆면의 수는 밑면의 변의 수와 같아요.
- 원뿔에는 면과 면이 만나서 생기는 모서리가 없어요.

일상 속

- 이탈리아에는 원뿔형 지붕이 가득한 마을이 있어요.
- 교통정리를 위해 세워 두는 트래픽 콘은 쉽게 쓰러지지 않도록 원뿔 모양으로 만들었어요.

확장하기

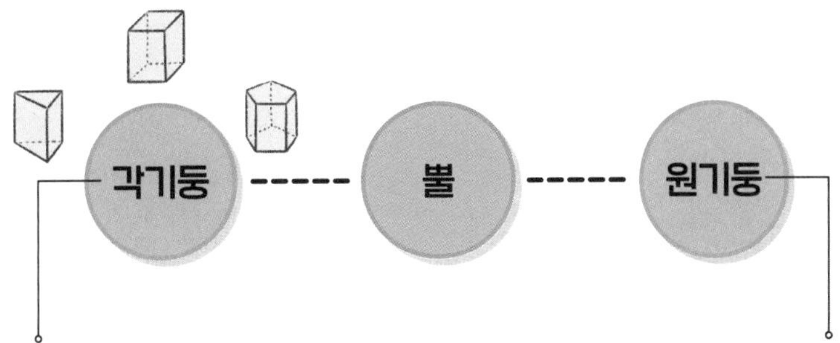

각기둥: 위아래의 면이 서로 평행하면서 합동인 다각형으로 이루어진 입체도형

예 각기둥의 모서리는 몇 개인가요?

원기둥: 위아래의 면이 서로 평행하면서 합동인 원으로 이루어진 입체도형

예 건물 입구에 큰 원기둥이 있어요.

지켜라, 맞춤법!

 은경쌤과의 대화에서 맞춤법을 지키지 않은 사람을 찾아보세요!

은경쌤

쌤이 베개를 하나 새로 사려고 해.
분홍색이 좋을까? 하늘색이 좋을까?

소희

배게는 아무래도 포근해 보이는 분홍색이 제일이죠.

한울

여름인데 시원한 하늘색이 더 낫지 않을까요?

은경쌤

흠. 고민되네~
그런데 소희야, '배게'가 아니라 '베개'라고 써야 해.

소희

앗! 

한울

그럴 수 있어. '배게'랑 '베개'는 잘못 쓰기 쉽상이지.

은경쌤

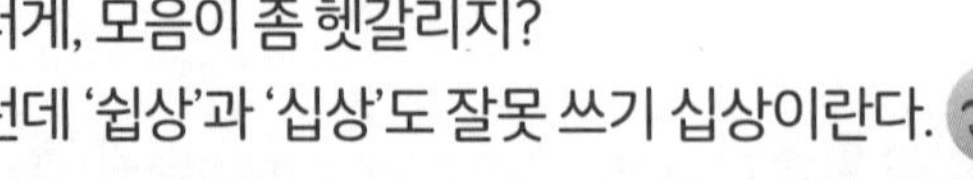

그러게, 모음이 좀 헷갈리지?
그런데 '쉽상'과 '십상'도 잘못 쓰기 십상이란다.

배게 vs 베개

'베개'는 머리를 지지하거나 몸을 편안하게 눕히기 위해 사용하는 물건이에요. 발음도 생김새도 비슷해서 '베게', '배게', '배개' 등으로 착각하기 쉽지만, '누울 때 머리 아래를 받친다'는 뜻의 '베다'를 함께 떠올리면 좀 더 기억하기 쉬울 거예요.

쓰임 **집에서 베던 배게보다 딱딱해서 잠을 편히 못 잤어요.** X

집에서 베던 베개보다 딱딱해서 잠을 편히 못 잤어요. O

쉽상 vs 십상

'십상'은 열에 '여덟이나 아홉 정도로 거의 예외가 없다'는 의미로, 일이나 물건이 딱 맞아떨어질 때 사용해요. '~하기 쉽다'라는 말 때문인지 '쉽상'으로 잘못 쓰는 경우가 많지만 '십상'이 맞는 표현임을 기억하세요.

쓰임 **바지를 그렇게 길게 입으면 걸려서 넘어지기 쉽상이지.** X

바지를 그렇게 길게 입으면 걸려서 넘어지기 십상이지. O

“

이 책이 어느 정도 크기인지 말하고 싶은데
자가 없다면, 어떻게 설명할 수 있을까요?
아마도 손가락을 이용해서 ‘한 뼘, 두 뼘’ 하고
어림잡아 말할 수 있을 거예요.
자나 저울 등 측정 도구가 있다면 좀 더 정확하게
물건의 크기나 무게 등을 알 수 있겠지요.

이렇게 일상생활 속에서는 측정 도구로 정확하게 측정해야 할 일이 많답니다.

”

측정

교과연계표

시각	수학 2-2	넓이	수학 5-1
길이	수학 3-1	부피	수학 6-1
들이	수학 3-2	반올림	수학 5-2
무게		이상	

시각 時刻 때 시, 새길 각

특정 순간이나 특정 시점을 가리키는 말

- 시계에서 표현할 수 있으며, 일어난 사건이나 약속 시간 등의 특정 지점을 가리켜요.
- '몇 시 몇 분 몇 초'로 표현해요.
- '짧은 시간'을 나타낼 때도 써요.

쓰임 알기

교과서 속
- 시계가 나타내는 시각은 여러 가지 방법으로 읽을 수 있어요.
- 디지털 시계에서 시각은 00:00부터 23:59까지 나타낼 수 있어요.

일상 속
- 부산으로 가는 기차가 출발하는 시각은 10시 30분이에요.
- 응급실에는 시각을 다투는 환자들이 많아요.

확장하기

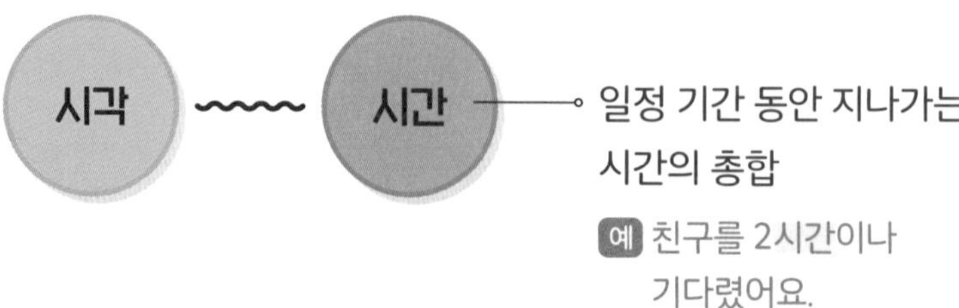

시간: 일정 기간 동안 지나가는 시간의 총합

예 친구를 2시간이나 기다렸어요.

하나 더 알고 가기 시간은 시각과 시각 사이의 변화를 측정하고 기록해요. 시간을 계산할 때는 시, 분, 초의 단위를 잘 구분해야 해요.

길이

물체나 도형의 한쪽 끝에서 다른 쪽 끝까지의 거리

- 자와 줄자 등의 도구로 측정할 수 있어요.
- 길이의 합과 차를 구할 때는 단위를 맞추어 계산해야 해요.
- 길이를 나타내는 단위로는 cm(센티미터), m(미터), km(킬로미터) 등이 있어요.

쓰임 알기

교과서 속
- 뼘, 손바닥, 지우개, 연필 등을 이용하여 책상의 길이를 잴 수 있어요.
- 길이의 단위를 바꾸어 보세요.

일상 속
- 누구의 팔이 더 긴지 누나와 팔 길이를 비교해 보았어요.
- 우리 학교 운동장 한 바퀴의 길이는 400m예요.

확장하기

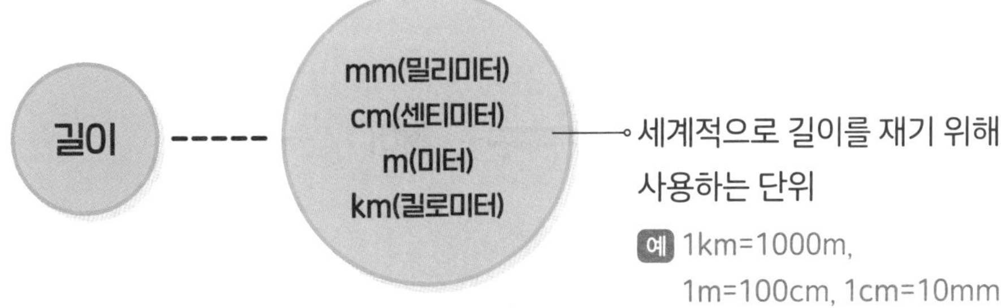

하나 더 알고 가기 텔레비전이나 모니터의 크기를 비교할 때 쓰는 '인치(inch)'도 길이를 나타내는 단위예요. 1inch는 2.54cm랍니다.

들이

그릇과 같이 무엇을 담을 수 있는 용기 안쪽 공간의 크기

- 크기가 비슷한 그릇이라도 더 두꺼운 쪽의 들이가 더 작아요.
- 들이의 합과 차를 구할 때는 같은 단위끼리 계산해야 해요.
- 들이를 나타내는 단위로는 mL(밀리리터), L(리터) 등이 있어요.

쓰임 알기

교과서 속
- 들이를 측정하는 활동을 하며 표준 단위의 필요성을 알 수 있어요.
- '되로 주고 말로 받는다'는 속담에서 '되'와 '말'도 들이의 단위예요.

일상 속
- 서로 다른 물병의 들이를 비교하기 위해 같은 크기의 비커를 준비했어요.
- 주전자에는 컵 4개만큼의 물이 들어가니까 컵보다 주전자의 들이가 더 커요.

확장하기

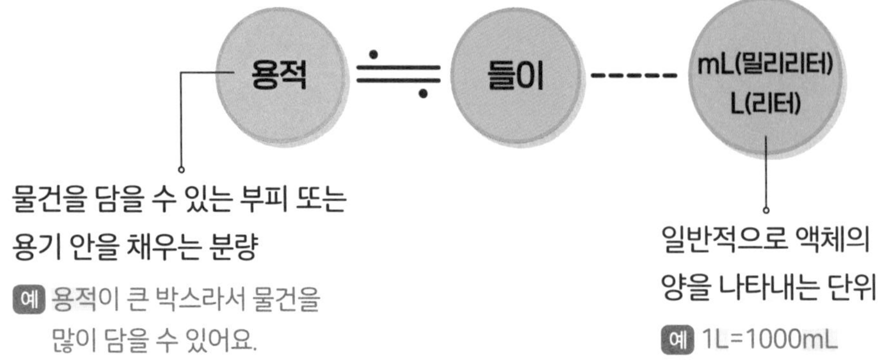

물건을 담을 수 있는 부피 또는 용기 안을 채우는 분량

예 용적이 큰 박스라서 물건을 많이 담을 수 있어요.

일반적으로 액체의 양을 나타내는 단위

예 1L=1000mL

무게

물체가 지구 중력에 의해 받는 힘의 크기

- 저울로 측정할 수 있어요.
- 무게의 합과 차를 구할 때는 단위를 맞추어 계산해야 해요.
- 무게를 나타내는 단위로는 g(그램), kg(킬로그램), t(톤) 등이 있어요.

쓰임 알기

교과서 속
- 1kg보다 500g 더 무거운 무게를 1kg 500g이라고 쓰고 1킬로그램 500그램이라고 읽어요.
- 양팔 저울은 무게를 비교하기 좋아요.

일상 속
- 달은 지구보다 물체를 끌어당기는 힘이 약해서 무게가 $\frac{1}{6}$이나 줄어들어요.
- 상품의 가격이 같다면 무게가 많이 나가는 묶음을 골라야 더 이득이에요.

확장하기

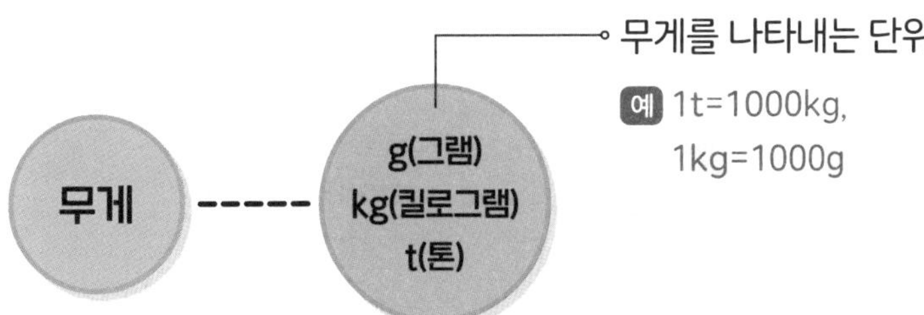

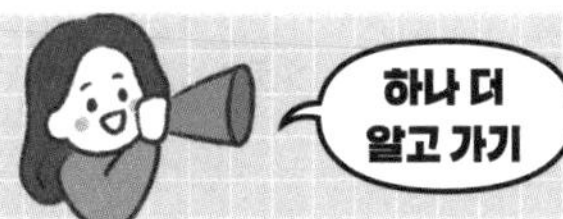

'천근만근'은 무게가 천 근이나 만 근이 될 정도로 아주 무겁다는 뜻이에요. 1근은 0.6kg이니 얼마나 무거운 정도인지 예상이 가죠?

넓이

평면상의 도형이 차지하는 공간의 크기

- 도형의 모양에 따라 넓이를 구하는 방법은 다양해요.
- 입체도형은 외부에서 보이는 부분의 넓이를 구할 수 있는데, 이를 '겉넓이'라고 해요.
- 넓이의 단위는 cm^2(제곱센티미터), m^2(제곱미터) 등이 있어요.

쓰임 알기

교과서 속
- 원의 넓이는 '반지름×반지름×원주율'로 구할 수 있어요.
- 넓이를 비교할 때는 '넓다', '좁다'라고 해요.

일상 속
- 강당의 넓이가 좁아서 어느 구역에서든 음악 소리가 잘 들려요.
- 우리 지역의 평야는 넓이가 무척 넓어서 농사를 짓는 사람이 많아요.

확장하기

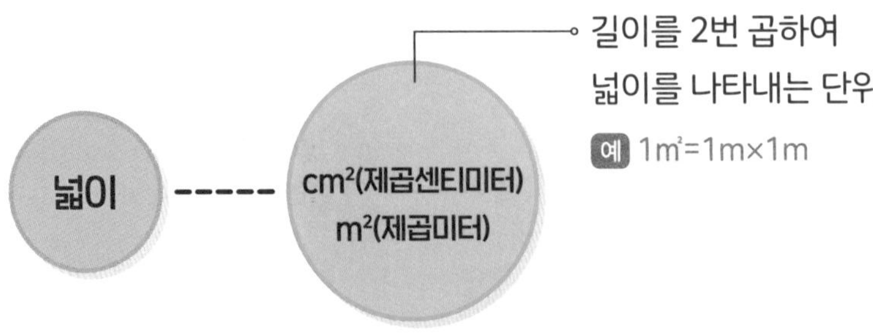

하나 더 알고 가기 '발이 넓다'라는 말을 많이 들어봤죠? 아는 사람이 많아 활동하는 범위가 넓은 것을 비유적으로 이르는 말이에요.

부피

공간 내에서 물체가 차지하는 공간의 크기

- 들이가 그릇 안쪽의 부피라면, 부피는 입체적인 그릇이 차지하는 공간의 크기예요.
- 초등학교 과정에서는 직육면체와 정육면체의 부피를 구하는 방법을 배워요.
- 부피의 단위는 cm^3(세제곱센티미터), m^3(세제곱미터) 등이 있어요.

쓰임 알기

교과서 속
- 직육면체의 부피는 '가로×세로×높이'로 구할 수 있어요.
- 부피가 같아도 무게는 다를 수 있어요.

일상 속
- 이렇게 많은 물건들을 다 담으려면 부피가 큰 상자가 필요해요.
- 옷장의 부피가 너무 커서 방이 더 좁아 보여요.

확장하기

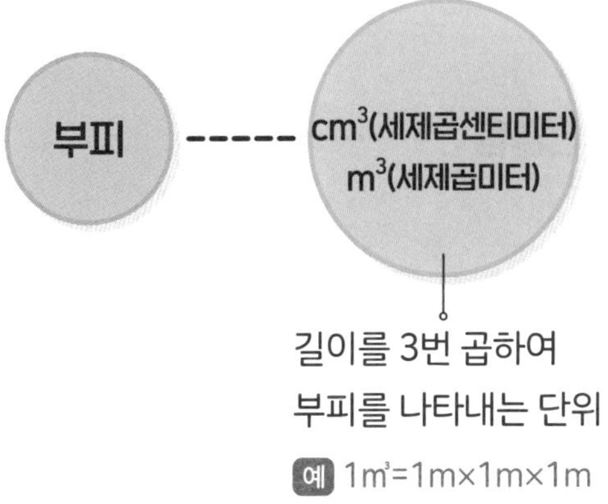

부피와 들이가 헷갈린다면 똑같은 크기(부피)지만 두께가 다른 컵 2개를 떠올려 보세요. 두께가 두꺼운 컵에는 물이 적게 들어가고, 두께가 얇은 컵에는 물이 많이 들어가겠죠? 이처럼 어떤 그릇에 들어갈 수 있는 양이 들이예요.

반올림

구하려는 자리의 아랫자리에 있는 수가
0, 1, 2, 3, 4면 버리고 5, 6, 7, 8, 9면 올려 주는 방법

- 반올림은 숫자를 보다 간단히 하여 계산 등을 편리하게 해요.
- 예를 들어, 146을 십의 자리까지 나타낸다면 일의 자리의 6을 올려 150이 돼요.
- 수학에서 수가 나누어떨어지지 않을 때는 정확한 값 대신 반올림하여 소수 몇째 자리까지만 구하라는 문제가 많이 나와요.

쓰임 알기

교과서 속
- 3.347을 반올림하여 소수 첫째 자리까지 나타내면 3.3이에요.
- 반올림을 한 수가 처음 수보다 작아지기도 해요.

일상 속
- 수학 점수가 88점이니까 반올림하면 90점이나 마찬가지예요.
- 제 키는 150.5cm인데 소수를 반올림해서 151cm이라고 적었어요.

확장하기

올림: 구하려는 자리의 숫자를 1만큼 크게 하고 그 아랫자리는 모두 버리는 방법

예 255를 십의 자리까지 올림하면 260이에요.

버림: 구하려는 자리의 아래를 모두 버리고 0으로 나타내는 방법

예 255를 십의 자리까지 버림하면 250이에요.

이상 以上 써 이, 위 상

어떤 수보다 크거나 같음을 나타내는 말

- 예를 들어, '10 이상'은 10보다 크거나 같은 모든 수를 의미해요.
- 수직선에서 이상을 나타내려면 ●을 그린 후에 오른쪽으로 선을 그어요.
- 이상, 이하, 초과, 미만을 잘 구분해서 사용해야 해요.

쓰임 알기

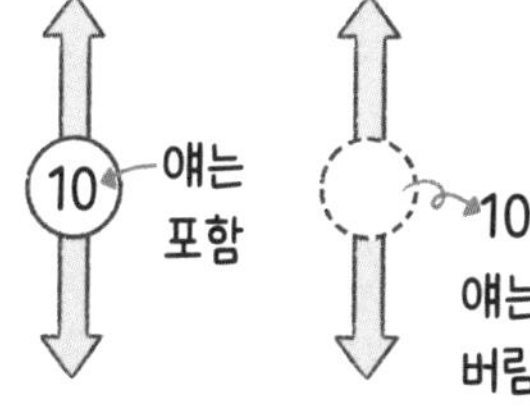

교과서 속
- 이상을 수직선에 표시할 때는 기호를 사용해요.
- 이상은 기준이 되는 수도 포함해요.

일상 속
- 이 놀이기구는 120cm 이상인 사람만 탈 수 있어서 119cm인 동생은 못 타요.
- 90점 이상은 상장을 준다고 해서 90점인 저도 상장을 받았어요.

확장하기

이상 ----- 초과
↕ ↕
이하 ----- 미만

- **초과**: 어떤 수보다 큰 수
  - 예 엘리베이터의 정원이 초과되어서 경고음이 울렸어요.
- **이하**: 어떤 수보다 작거나 같은 수
  - 예 기대 이하의 성적을 거두었어요.
- **미만**: 어떤 수보다 작은 수
  - 예 결석 횟수가 3회 미만이에요.

지켜라, 맞춤법!

은경쌤과의 대화에서 맞춤법을 지키지 않은 사람을 찾아보세요!

은경쌤

얘들아, 내일 방과 후에 뭐 하니?
오랜만에 맛있는 거 먹으면서 보드게임 할까?

소희

좋아요! 오랫만에 하는 보드게임이라 무척 기대돼요.

한울

저도 오랫동안 기다린 시간이에요!

쌤은 너희가 기대하는 만큼 실망하지
않도록 맛있는 간식을 준비해야겠네.

소희

저도 제가 만든 쿠키를 챙겨 갈래요.

한울

그럼 저는 새로 나온 보드게임 가져갈게요.
친구들이랑 오랜만에 즐거운 시간을 보낼
생각을 하니까 설레기까지 해요.

은경쌤

너희가 즐거워하는 모습을 상상하니 쌤도 설레네.

오랜만 vs 오랫만

'오랜만'은 '오래간만'의 줄임말로, '어떤 일이 있은 때로부터 긴 시간이 지난 뒤'라는 뜻이에요. 따라서 '오래간만'과 '오랜만' 모두 쓸 수 있지만 '오랫만'은 틀린 표현이에요.

쓰임 **오랜만**에 가족들이 모여 여행을 다녀왔어요. ○
오랫만에 가족들이 모여 여행을 다녀왔어요. X

오랫동안 vs 오랜동안

'오랫동안'은 '매우 긴 시간 동안'을 뜻해요. '오랫'은 '오래'라는 뜻을 가지고 있고, '동안'은 '시간이 지속되는 기간'을 나타내지요. 위에서 배운 '오랜만'과 헷갈려서 '오랜동안'으로 잘못 쓰지 않게 주의해야 해요.

쓰임 여름방학이 **오랫동안** 계속되기를 바라고 있어요. ○
여름방학이 **오랜동안** 계속되기를 바라고 있어요. X

“

일기 예보를 보면, 내일 비가 올지 안 올지를 알 수 있어요.
비가 올 확률이 50% 이상이라면 외출할 때 우산을 챙기지요.

또, 선거가 끝나면 각 언론 매체에서는
누가 당선이 될지를 예측하고,
지역별, 성별, 나이대별로 정리한 투표 결과를 발표해요.

우리는 확률과 통계를 통해 더 편리한 생활을 누리고,
많은 현상을 체계적으로 분석할 수 있어요.

”

4장

확률과 통계 & 규칙

교과연계표

분류	수학 2-1	확률	수학 5-2
평균	수학 5-2	비	수학 6-2
그래프	수학 6-1	대응	수학 5-1
규칙	수학 4-1	백분율	수학 6-1

분류 分流 나눌 분, 흐를 류

기준을 정하여 비슷한 것들끼리 모아 놓는 것

- 예를 들어, 다양한 도형이 섞여 있을 때 '삼각형, 사각형, 원' 등의 기준으로 나누어 묶는 것이에요.
- 도서관에서도 분류기호를 정해 많은 양의 책을 구분하고 진열해요.
- 물건을 잘 분류해 놓으면 언제든 빠르게 찾을 수 있어요.

쓰임 알기

7F 식당가 / 문화센터
6F 남성패션 / 아웃도어
5F 골프 / 스포츠
4F 영화관
3F 여성패션
2F 아동·유아
1F 패션잡화 / 명품

층별 안내판을 보면 길을 헤매지 않아.

교과서 속
- 분류의 기준을 분명히 해두면 여럿이 작업하더라도 같은 결과를 얻을 수 있어요.
- 분류를 잘하면 눈으로 보기에도 깔끔해요.

일상 속
- 우리 집은 계절에 따라 옷을 분류하여 정리해요.
- 백화점의 층별 안내판에는 상품별 코너가 잘 분류되어 있어요.

확장하기

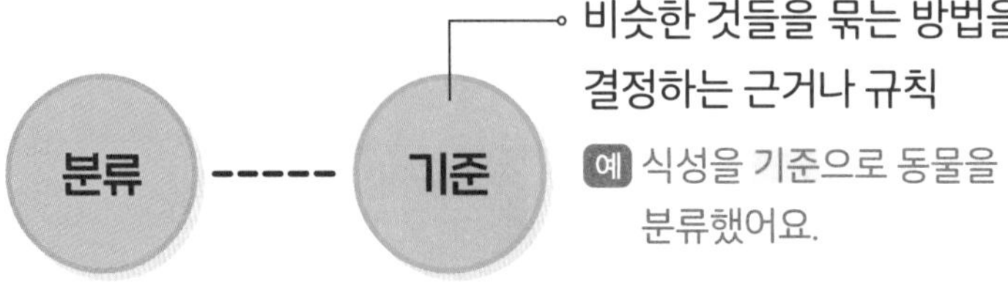

기준: 비슷한 것들을 묶는 방법을 결정하는 근거나 규칙

예 식성을 기준으로 동물을 분류했어요.

하나 더 알고 가기 어떤 것을 분류할 때 기준이 꼭 하나인 것은 아니에요. 예를 들어, 과일을 분류할 때는 색깔, 크기 등 다양한 기준을 세울 수 있지요.

평균 平均 평평할 평, 고를 균

여러 자료의 값들을 모두 더한 후에 그 개수로 나누어서 구한 값

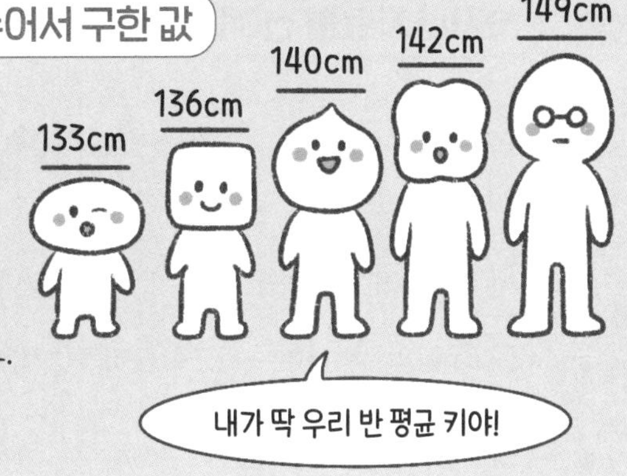

- 예를 들어, 세 친구의 키가 각각 130cm, 140cm, 150cm일 때, 이들의 평균 키는 (130+140+150)÷3=140(cm)예요.
- 성적, 온도 등 다양한 상황에서 유용하게 활용해요.
- 어떤 자료의 평균은 그 자료를 대표하는 값이라고 할 수 있어요.

쓰임 알기

교과서 속
- 평균은 '(자료 전체의 합)÷(자료의 개수)'로 구할 수 있어요.
- 평균을 알면 자료를 해석하는 데 도움이 돼요.

일상 속
- 보고 싶었던 영화의 관객 평균 별점이 높아서 더욱더 기대가 돼요.
- 아빠는 하루에 평균 10,000보를 걸어요.

확장하기

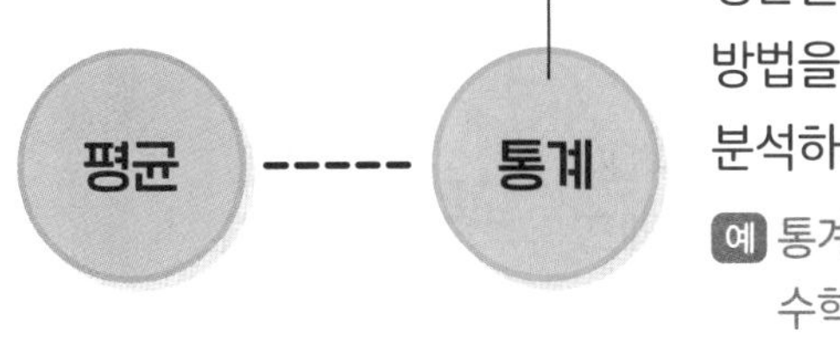

평균을 포함하여 다양한 방법을 사용해 데이터를 분석하고 해석하는 과정

예 통계에 따르면 우리 반에는 수학을 좋아하는 친구들이 가장 많아요.

하나 더 알고 가기 통계는 다양한 분야에서 사용돼요. 스포츠 기록, 경제 상황, 건강 검진 수치의 변화 등을 일정한 기준에 따라 숫자로 기록하지요.

그래프 graph

숫자나 자료를 선이나 막대 등으로 표현한 그림

- 그래프는 자료를 시각적으로 나타내기 때문에 값을 비교하거나 추세를 분석할 때 유용해요.
- 예를 들어, 학생의 시험 성적을 그래프로 그려 보면 변화를 한눈에 볼 수 있지요.
- 그래프의 종류에는 그림그래프, 막대그래프, 꺾은선그래프, 띠그래프, 원그래프 등이 있어요.

쓰임 알기

교과서 속
- 자료를 그림으로 나타낸 그래프를 그림그래프라고 해요.
- 띠그래프 전체를 100으로 두고 각 자료가 차지하는 정도를 표시해요.

일상 속
- 기상청에서 연도별 최고 기온을 꺾은선그래프로 정리했어요.
- 우리 반 친구들이 좋아하는 음식을 조사하여 그래프로 정리하니 모두가 결과를 빠르게 확인하기 좋았어요.

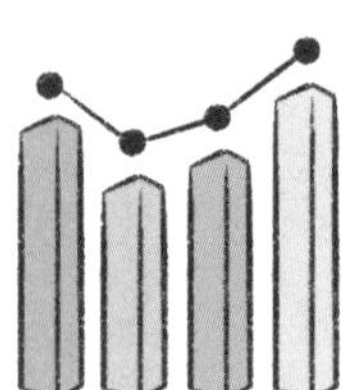

확장하기

자료를 막대 모양으로 표현한 그래프

예 막대그래프로 판매량을 점검했어요.

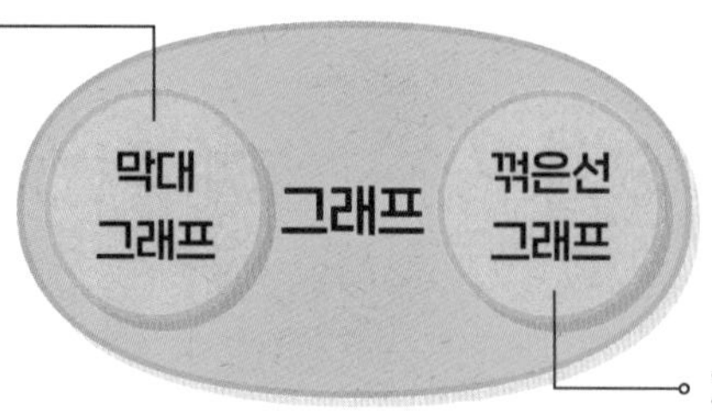

자료의 값을 점으로 찍고 그 점들을 이은 그래프

예 기온의 변화를 꺾은선그래프로 나타냈어요.

규칙 規則 법 규, 법 칙

어떠한 요소가 일정하게 변하는 질서나 법칙

- 일정하게 반복되는 규칙, 일정하게 늘어나거나 줄어드는 규칙 등 규칙의 종류는 다양해요.
- 규칙을 파악하면 다음에 뭐가 나올 것인지 예측할 수 있어요.
- 예를 들어, '2, 4, 6, 8, 10'에서는 2씩 늘어나는 규칙을 발견할 수 있어요.

쓰임 알기

교과서 속
- 달력에도 다양한 규칙이 있어요.
- 1÷3=0.33333…과 같이 계산 결과에서도 규칙을 발견할 수 있어요.

일상 속
- 369 게임은 1부터 차례로 숫자를 외치다가 3, 6, 9가 포함된 숫자에서는 박수를 치는 규칙이 있어요.
- 거미는 규칙적인 거리를 유지하며 거미줄을 완성해요.

확장하기

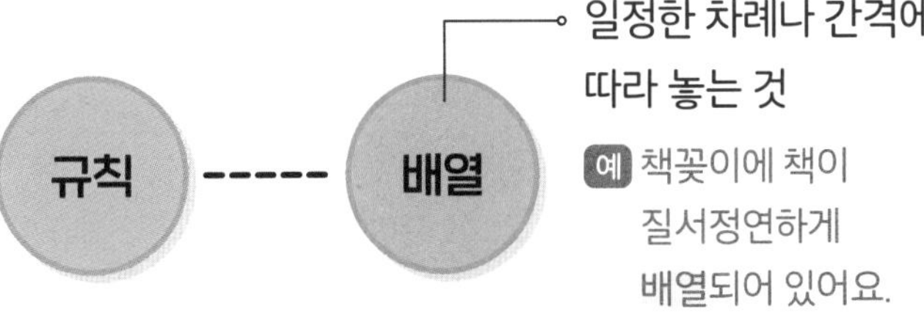

일정한 차례나 간격에 따라 놓는 것

예 책꽂이에 책이 질서정연하게 배열되어 있어요.

하나 더 알고 가기 규칙은 여러 사람이 다 같이 지키기로 약속한 법칙을 말하기도 해요. 우리 사회에는 지켜야 할 규칙이 많아요.

확률 確率 굳을 확, 비율 률

어떤 일이 일어날 가능성

- 확률은 0에서 1 사이의 숫자로 표시할 수 있어요.
- 예를 들어, 동전을 던졌을 때 앞면이 나올 확률은 반반, 즉 $\frac{1}{2}$이지요.
- 사건이 일어날 가능성은 1에 가까울수록 높고, 0에 가까울수록 낮아요.

쓰임 알기

교과서 속
- 확률이 0이면 불가능, $\frac{1}{2}$이면 반반, 1이면 확실하다고 표현할 수 있어요.
- 시도하는 횟수가 많아질수록 확률도 높아져요.

일상 속
- 확률이 높다고 꼭 일이 일어나는 것은 아니기 때문에 현재는 무엇도 확신할 수 없어요.
- 가위바위보는 이기거나 지거나, 비기기 때문에 이길 확률은 $\frac{1}{3}$이에요.

확장하기

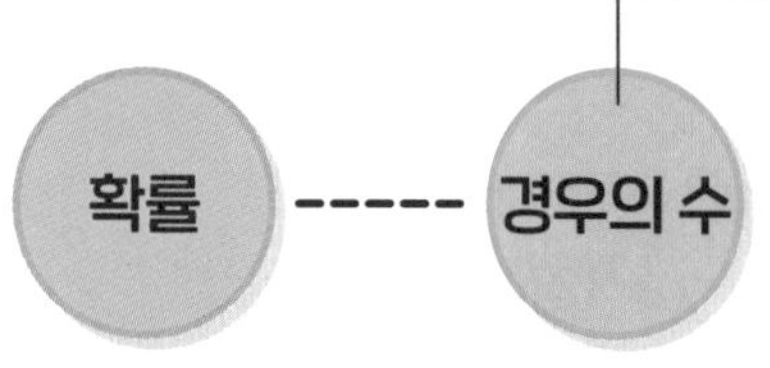

가능한 선택이나 일어날 수 있는 결과의 모든 종류를 세는 것

예 주사위를 던져서 나올 수 있는 숫자의 경우의 수는 6이에요.

하나 더 알고 가기 확률은 특정 사건이 일어날 가능성이므로 확률을 구하려면 먼저 경우의 수를 알아야 해요.

비 比 견줄 비

두 수의 크기를 비교하여 나타낸 관계

- 비에서 앞에 있는 수는 '비교하는 양', 뒤에 있는 수는 '기준량'이에요.
- 비에서 기호(:) 앞에 있는 수를 '전항', 뒤에 있는 수를 '후항'이라고 해요.
- 전항과 후항에 0이 아닌 같은 수를 곱하거나 나누어도 비는 변함이 없어요.

쓰임 알기

교과서 속
- 1:2의 비는 '1 대 2, 1과 2의 비, 1의 2에 대한 비, 2에 대한 1의 비'라고 읽어요.
- 비의 성질은 분수와 비슷해요.

일상 속
- 월드컵에서 우리나라가 3:2의 비로 상대 팀을 이겼어요.
- 우리 할아버지는 항상 앞머리를 2:8의 비로 나누어 빗어 넘겨요.

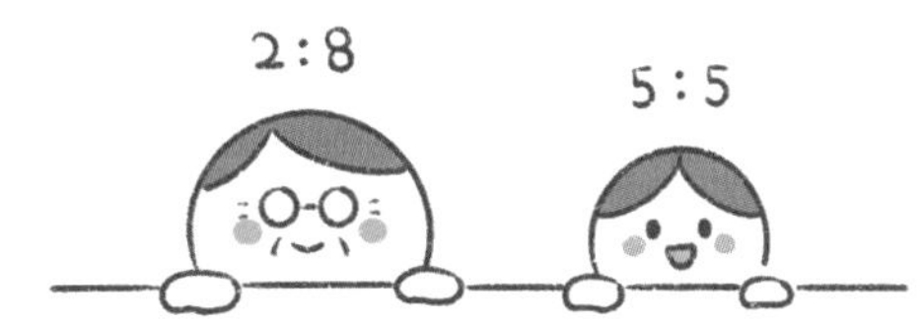

확장하기

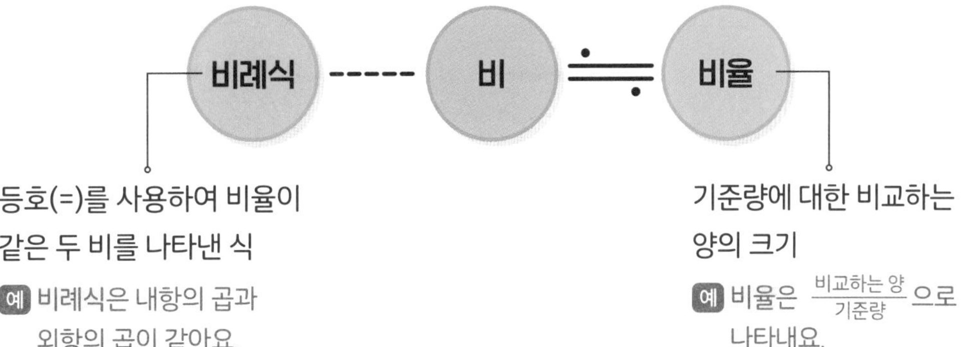

대응 對應 대답할 대, 응할 응

두 그룹에서 어떤 관계에 의해 각각 하나씩 짝을 맺는 것

- 한 양이 변할 때 다른 양이 그에 따라 일정하게 규칙적으로 변하는 관계를 대응 관계라고 해요.
- 예를 들어, 나이와 학년은 대응 관계예요. 보통 8살이 1학년, 9살이 2학년, 10살이 3학년이지요.
- 어떤 일이나 사건이 일어났을 때 알맞은 태도나 행동을 하는 것을 뜻하기도 해요.

쓰임 알기

교과서 속
- 두 양의 대응 관계를 찾아 ○, △ 등을 사용하여 식으로 나타내요.
- 표로 정리하면 두 양 사이의 대응 관계를 쉽게 알 수 있어요.

일상 속
- 국어와 영어의 문장 성분은 일대일로 대응하지 않아요.
- 지진 등의 재난 상황에 대응하기 위한 훈련을 실시해요.

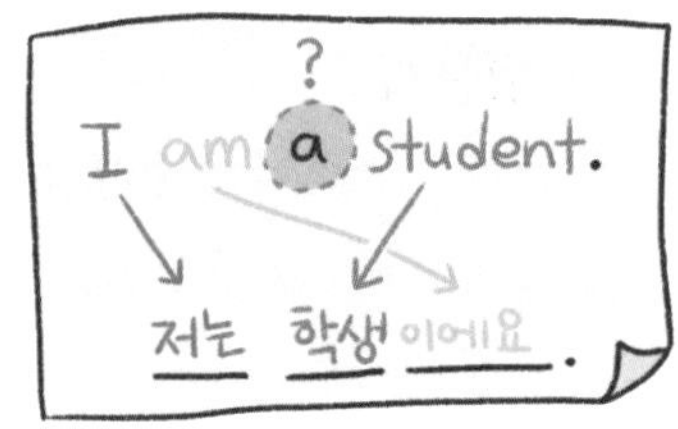

확장하기

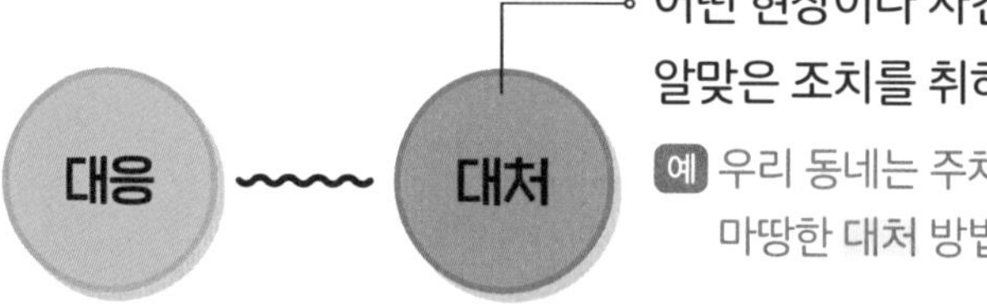

대처: 어떤 현상이나 사건에 대해서 알맞은 조치를 취하는 것

예 우리 동네는 주차난이 심하지만 마땅한 대처 방법이 없어요.

하나 더 알고 가기 사다리 타기도 대응을 이용한 게임이에요. 선택과 결과가 일대일로 대응하기 때문에 절대로 겹치지 않아서 상품이나 벌칙을 고를 때 많이 이용해요.

백분율 百分率 일백 백, 나눌 분, 비율 율

비율($\frac{\text{비교하는 양}}{\text{기준량}}$)에서 기준량이 100일 때의 값

- 백분율 기호는 %이며, '퍼센트'라고 읽어요.
- 백분율은 주어진 비를 분수나 소수로 고친 뒤 100을 곱하여 구할 수 있어요.
- 예를 들어, 비율이 $\frac{25}{100}$라면 백분율은 25%가 되지요.

쓰임 알기

교과서 속

- $\frac{1}{100}$을 백분율로 나타내면 1%예요.
- 백분율로 나타낸 비율을 분수나 소수로 바꾸려면 100으로 나누면 돼요.

일상 속

- 회장 선거에서 득표율을 비교하기 위해 백분율을 활용했어요.
- 우리 반 친구들이 좋아하는 과목을 조사하여 백분율로 나타냈어요.

확장하기

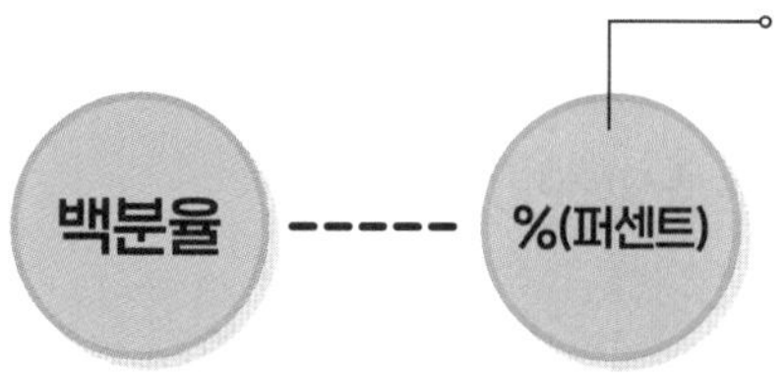

백분율을 뜻하는 기호로, 퍼센트(percent)라고 읽어요.

예 우리 반 친구들의 40%가 같은 아파트에 살아요.

백분율 기호는 이탈리아어 cento의 약자인 %에서 따왔어요.

지켜라, 맞춤법!

은경쌤과의 대화에서 맞춤법을 지키지 않은 사람을 찾아보세요!

소희

쌤~ 오늘 주신 사탕 맛있게 잘 먹었습니다!

은경쌤

다른 친구들도 모두 맛있게 먹었니?

한울

네. 그런데 지수가 한 웅큼을 집어 가서 좀 어의없었어요.

소희

어이없는 것까진 아니었지만 신경이 쓰이긴
했어요. 혼자서 한 움큼이나 가져가는 건
다른 친구들을 배려하지 않은 행동이잖아요.

은경쌤

그런 일이 있었구나. 너무 속상해하지 마.
쌤이 다음에 더 맛있는 간식을 많이 준비할게.

소희

그렇다면 지수를 용서해야겠네요.

은경쌤

소희가 마음이 참 넓구나.

웅큼 vs 움큼

'움큼'은 손으로 움켜쥐는 단위로, '한 움큼, 두 움큼'으로 양을 셀 수 있어요. [웅큼]으로 잘못 발음하고, 표기도 '웅큼'으로 잘못하는 경우가 있어요. 하지만 '손가락을 오므려 손안에 꽉 잡고 놓지 않는다'는 뜻인 '움켜쥐다'라는 의미와 연결하면 '움큼'을 기억하기가 좀 더 쉽겠죠?

쓰임 모래를 한 웅큼 집어 장난감 트럭에 담았어요. X

모래를 한 움큼 집어 장난감 트럭에 담았어요. O

어의없다 vs 어이없다

'어이없다'는 '일이 너무 뜻밖이라 놀라움이나 의아함을 느낀다'는 뜻이에요. 무언가 예상치 못한 상황이 생겼거나 사람의 행동을 이해할 수 없을 때 사용하지요. '어의없다'라고 잘못 사용하는 경우가 있으나 '어이없다'가 옳은 표현이에요.

쓰임 내가 먹으려고 산 아이스크림을 동생이 말도 없이 먹어버리다니, 어의가 없어요. X

내가 먹으려고 산 아이스크림을 동생이 말도 없이 먹어버리다니, 어이가 없어요. O

흥미진진 어휘 퀴즈 1

숨겨진 어휘를 찾아요!

○ 안에 들어갈 적절한 어휘를 퍼즐 속에서 찾아보세요.

1 ○○○는 숫자나 데이터를 선이나 막대 등으로 표현한 그림이에요.

2 분수를 분자와 분모의 공약수로 나누어 가장 간단히 나타내는 것을 ○○이라고 해요.

3 ○○은 두 점 사이를 곧게 이은 선이에요.

4 ○○○○이란 마주보는 한 쌍의 변이 평행인 사각형이에요.

5 평면상의 도형이 차지하는 공간의 크기를 ○○라고 해요.

연	수	보	트	측	둥
만	약	주	의	그	입
선	분	형	성	래	례
논	피	각	기	프	고
해	삼	리	쩔	식	넓
사	다	리	꼴	확	이

정답 1 그래프 2 약분 3 선분 4 사다리꼴 5 넓이

흥미진진 어휘 퀴즈 ②

어휘로 문장을 완성해요!

( ) 안에 들어갈 적절한 어휘를 골라 아래의 문장을 완성해 보세요.

백분율	원주율	수평	무게	전개도
부피	확률	분수	최대공약수	몫

1 (　　　　)는 분자와 분모로 이루어져 있어요.

2 원의 지름에 대한 원주의 비율을 (　　　　)이라고 해요.

3 수가 나누어떨어질 때, (　　　　)과 나누는 수를 곱하면 나누어지는 수가 돼요.

4 공간을 차지하는 (　　　　)가 같은 물체라도 무게는 다를 수 있어요.

5 (　　　　)의 기호는 %이며, 퍼센트라고 읽어요.

6 저울로 측정한 (　　　　)는 g, kg, t 등의 단위로 나타내요.

7 (　　　　)의 반대말은 수직이에요.

8 어떤 일이 일어날 가능성을 뜻하는 (　　　　)은 0부터 1 사이의 숫자로 표시할 수 있어요.

9 (　　　　)는 공약수 중 가장 큰 값이에요.

10 입체도형의 (　　　　)는 어떤 모서리를 자르냐에 따라 모양이 달라져요.

정답 1 분수 2 원주율 3 몫 4 부피 5 백분율 6 무게 7 수평 8 확률 9 최대공약수 10 전개도

흥미진진 어휘 퀴즈 ③

초성 퀴즈왕이 될 거야!

✔ 초성 힌트를 보고 다음 대화의 빈칸에 어울리는 단어를 써 보세요.

상영 0은 [ㅉ][ㅅ] 일까? [ㅎ][ㅅ] 일까?

예은 0은 [ㅈ][ㅇ][ㅅ] 가 아니야.

소희 동생과 함께 크기와 모양이 똑같은 [ㄷ][ㅎ] 찾기 놀이를 했어.

지수 누가 더 빠르게 [ㅎ][ㄷ] 인 도형을 많이 찾는지 겨루는 시간이었겠네!

선생님 지금 [ㅅ][ㄱ] 이 몇 시 몇 분인지 알려 줄래?

정욱 [ㅂ][ㅇ][ㄹ] 해서 12시쯤 되었어요. 정확히는 11시 57분이네요.

선우 이번 시험에서 [ㅍ][ㄱ] 점수가 다시 떨어졌어.

민서 넌 성적이 참 [ㄱ][ㅊ] 적으로 올라갔다 내려갔다 하네.

혜리 우리 반은 남자가 10명이고, 여자가 15명이야.

지수 우리 반은 여자의 [ㅂ][ㅇ] 이 더 높네.

정답 짝수, 홀수, 자연수 도형, 합동 시각, 반올림 평균, 규칙 비율

흥미진진 어휘 퀴즈 ④

맞춤법은 내가 최고!

정확한 맞춤법이 사용된 문장을 골라 동그라미 쳐 보세요.

1 (1) 오늘은 왠지 짜장면이 먹고 싶네요. (　)

(2) 오늘은 웬지 짜장면이 먹고 싶네요. (　)

2 (1) 반찬으로 김치를 한 움큼 담아 와서 남기지 않고 먹었어요. (　)

(2) 반찬으로 김치를 한 웅큼 담아 와서 남기지 않고 먹었어요. (　)

3 (1) 방학 동안 못 봤던 친구들을 오랜만에 보니 반가웠어요. (　)

(2) 방학 동안 못 봤던 친구들을 오랫만에 보니 반가웠어요. (　)

4 (1) 졸음을 참지 못하고 엄마의 무릎을 배게 삼아서 누웠어요. (　)

(2) 졸음을 참지 못하고 엄마의 무릎을 베개 삼아서 누웠어요. (　)

5 (1) 내 지갑을 훔쳐 놓고 오히려 화를 내니까 어의없네요. (　)

(2) 내 지갑을 훔쳐 놓고 오히려 화를 내니까 어이없네요. (　)

6 (1) 아빠가 해외 출장을 가셔서 오랜동안 떨어져 지내야 해요. (　)

(2) 아빠가 해외 출장을 가셔서 오랫동안 떨어져 지내야 해요. (　)

정답 1 (1) 2 (1) 3 (1) 4 (2) 5 (2) 6 (2)

사람들이 모여 더불어 사는 세상에서
바람직한 사회인이 되기 위해 노력해야 해요.

PART 3

사회

우리를 둘러싼 세상

1장
지리

2장
법과 정치

3장
경제

4장
사회와 문화

5장
역사

“

지금 여러분이 발을 딛고 서 있는 곳은 어디인가요?
여러분이 살고 있는 곳은 어떤 곳인가요?

지리는 우리가 딛고 있는 이 땅, 즉 자연이 어떠한 곳이며
우리가 어떤 모습으로 살아가는지,
또 앞으로 어떻게 살아가야 하는지를 생각하는 학문이에요.

우리는 자연과 더불어 잘 살아가기 위해
더 넓은 눈으로 세상을 바라보아야 해요.

”

지리

교과연계표

<table>
<tr><td>고장</td><td>사회 3-1</td><td>자연환경</td><td>사회 4-2</td></tr>
<tr><td>지도</td><td rowspan="2">사회 4-1</td><td>강수량</td><td>사회 5-1</td></tr>
<tr><td>등고선</td><td>대륙</td><td rowspan="2">사회 6-2</td></tr>
<tr><td>위도</td><td>사회 6-2</td><td>기후</td></tr>
<tr><td>국토</td><td>사회 5-1</td><td>촌락</td><td>사회 4-2</td></tr>
</table>

고장

사람들이 모여 사는 지역

- 고장에는 산, 강, 공원, 학교, 경찰서, 소방서 등 사람이 살기 위한 다양한 장소가 있어요.
- 각 고장의 특색이 나타나는 장소나 물건이 있어요.
- 옛날부터 전해 내려오는 옛이야기와 문화유산이 있기도 해요.

쓰임 알기

교과서 속
- 고장에는 사람들이 살아가며 이용하는 다양한 장소가 있어요.
- 고장에 관한 생각이나 느낌은 각자의 경험에 따라 달라질 수 있어요.

일상 속
- 뒷산에 올라가니 고장이 한눈에 내려다보였어요.
- 할머니가 해 주시는 우리 고장의 옛이야기를 듣고 있으면 잠이 솔솔 와요.

확장하기

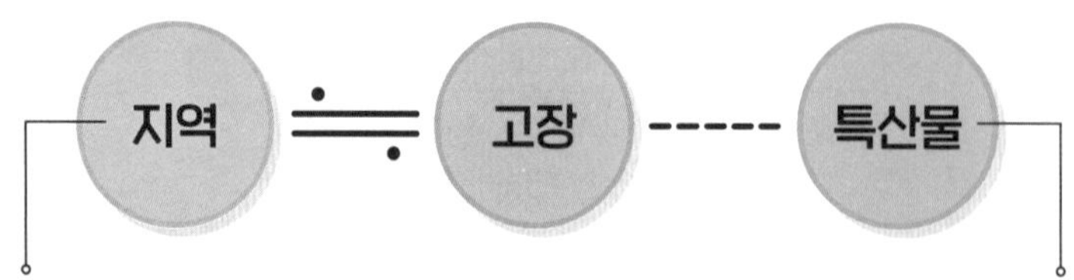

지역: 어떤 특징이나 일정한 기준에 따라 범위를 나눈 땅

예 불이 나면 지역 번호 없이 119로 전화를 걸어 신고해요.

특산물: 어떤 지역에서 특히 잘 자라거나 만들어지는 물건

예 나주의 특산물인 배는 시원하고 달콤해요.

지도 地圖 땅 지, 그림 도

지구나 특정 지역을 일정한 비율로 줄여 평면에 나타낸 그림

- 약속된 기호나 문자를 사용하여 위치, 방향 등을 나타내요.
- 도로, 건물, 주요 특징 등이 표시되어 있어 길 찾기에 유용해요.
- 동서남북을 나타내는 방위가 표시되어 있어요.

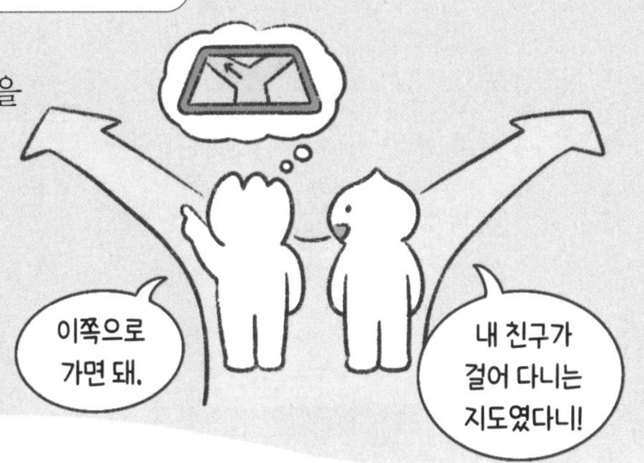

쓰임 알기

교과서 속

- 지도는 하늘에서 내려다본 땅의 모습을 일정하게 줄여 평면에 나타낸 그림이에요.
- 지도에서 기호를 살펴보면 그 지역의 주요 장소를 파악할 수 있어요.

일상 속

- 스마트폰의 지도 앱을 사용하면 어디든 갈 수 있어요.
- 여행가는 세계 지도를 펼쳐 자신이 다녀 온 나라를 표시하기 시작했어요.

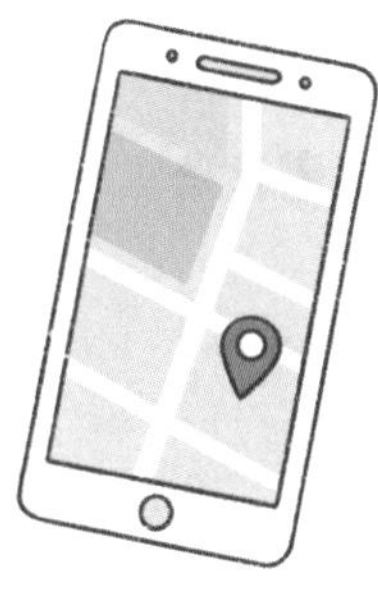

확장하기

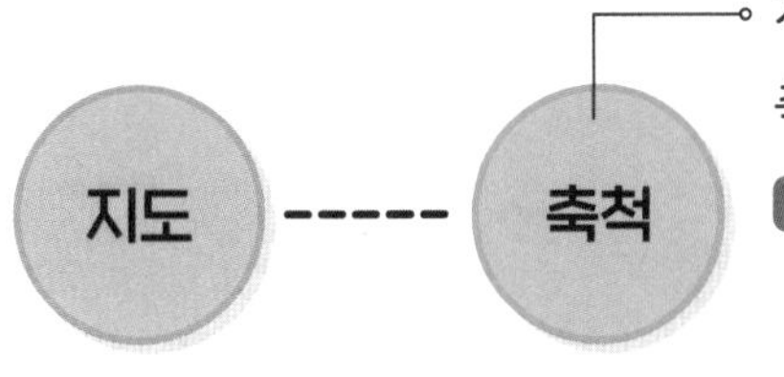

지구 표면의 실제 거리를 축소하여 지도 위에 나타낸 비율

예 축척이 1:10,000인 지도는 10,000cm인 거리를 1cm로 줄인 것이에요.

하나 더 알고 가기 지하철이나 버스의 노선도도 지도의 한 종류예요. 출발지와 도착지가 한눈에 보여서 처음 가는 곳이라도 어떤 교통 수단을 이용할지 결정할 수 있지요.

등고선 等高線 같을 등, 높을 고, 줄 선

지도에서 같은 높이에 있는 곳들을 연결한 것

- 높은 곳일수록 진한 색으로 나타내어 지도에서도 땅의 높고 낮음을 쉽게 알아볼 수 있어요.
- 등고선의 간격은 경사가 급할수록 좁게, 경사가 완만할수록 넓게 표시되어 있어요.
- 지형의 특성을 이해하고 지리적 정보를 시각적으로 전달하고 확인하는 데 유용해요.

쓰임 알기

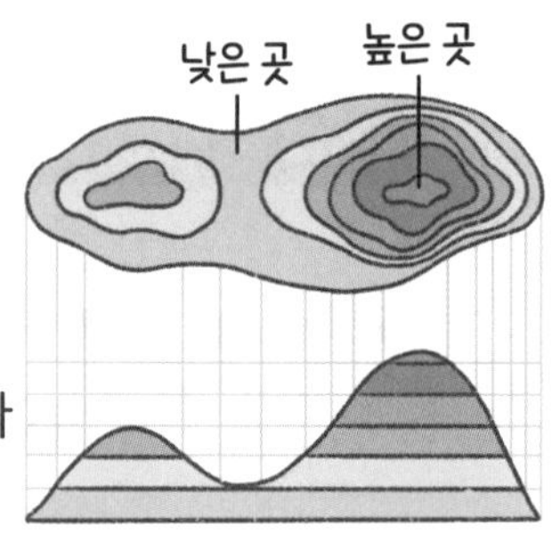

교과서 속
- 지도에서 땅의 높낮이는 등고선을 이용해 나타내요.
- 등고선은 낮은 곳에는 연두색을 칠하고 높아질수록 갈색이나 고동색을 칠해요.

일상 속
- 뒷산의 등고선을 보니 높지 않아서 매일 산책을 할 수 있을 것 같아요.
- 등산을 하기 전에 등고선을 보면서 올라가는 길과 내려가는 길을 정했어요.

확장하기

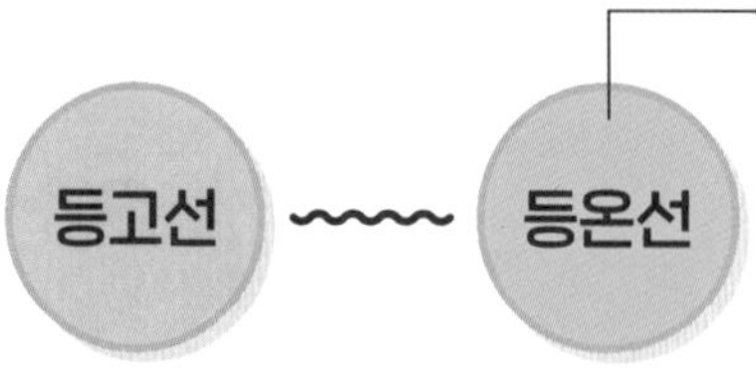

등온선: 지도상에서 같은 기온을 가진 지역을 연결한 선

예 등온선을 그리면 여름과 겨울의 기온 차이를 시각적으로 비교할 수 있어요.

하나 더 알고 가기 혹시 캠핑을 계획하고 있다면 출발하기 전에 등고선을 잘 확인해 보세요. 예상치 못한 경사를 만나 캠핑을 시작하기도 전에 지칠지도 모르니까요!

위도 緯度 씨 위, 법도 도

지구의 특정 지점이 적도에서 얼마나 떨어져 있는지를 나타내는 수치

- 적도를 기준으로 북쪽과 남쪽 방향으로 나누어 북위, 남위로 구분해요.
- 적도를 '위도 0도'로 두고, 각도 단위로 표시해요.
- 지역의 위도에 따라 낮과 밤의 길이가 달라져요.

쓰임 알기

교과서 속
- 위도 0도인 적도를 기준으로 북쪽으로 갈수록 북위가, 남쪽으로 갈수록 남위가 증가해요.
- 위도는 지리적 특성을 이해하는 데 중요한 개념이에요.

일상 속
- 비행기의 항로를 파악하기 위해 위도를 먼저 확인했어요.
- 남극과 북극의 위도는 각각 남위 90도, 북위 90도래요.

확장하기

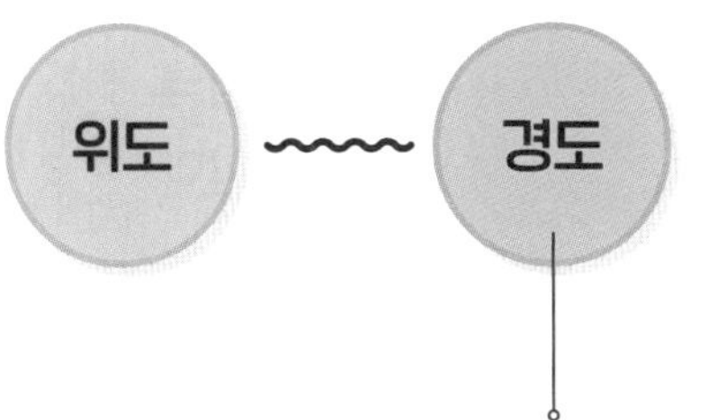

지구의 동서 방향을 나타내는 수치

예 위도와 경도를 함께 사용하면 지구의 모든 위치를 정확하게 표시할 수 있어요.

적도(赤道 붉을 적, 길 도)는 지구의 북극과 남극을 기준으로 정확히 중간에 위치한 선이에요. 지구의 중심에서 가장 멀리 떨어져 있으며 지구를 반으로 나누는 선이지요.

국토 國土 나라 국, 흙 토

한 나라가 소유하거나 통치하는 땅 전체

- 국토로 규정된 땅 위의 자연적 자원과 경제적 자원을 모두 포함해요.
- 국제적인 경계 문제와 자원 분쟁의 원인이 될 수 있기 때문에 국제법과 협정을 통해 규정해요.
- 영토, 영공, 영해의 영역으로 이루어져요.

쓰임 알기

교과서 속
- 우리 국토의 자연환경을 보호하기 위해 노력해야 해요.
- 국토의 다양한 자원을 활용하여 우리의 삶이 더욱 편리해지고 있어요.

일상 속
- 내가 살고 있는 고장도 우리 국토의 일부예요.
- 형이 국토 대장정을 떠나겠다며 배낭을 꼼꼼히 싸고 있어요.

영공
영토
영해

확장하기

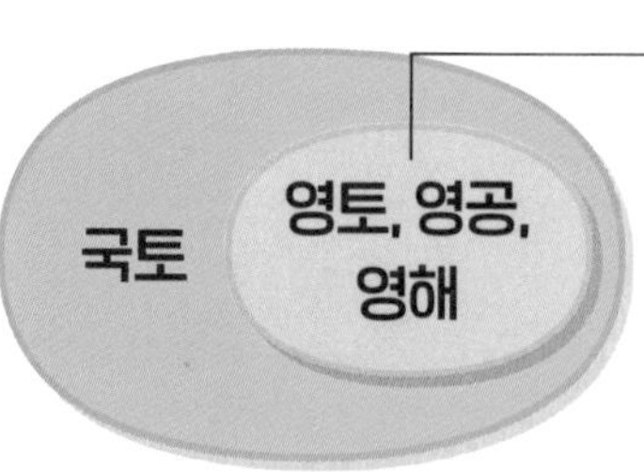

'영토'는 땅으로 구성된 국가의 영역
'영공'은 하늘의 영역
'영해'는 바다의 영역

예 영토, 영공, 영해를 지나가려면 그 나라의 허락을 받아야 해요.

하나 더 알고 가기 국적(國籍 나라 국, 서적 적)은 특정 국가에 법적으로 소속된 자격을 뜻해요. 국적을 가진 사람은 그 국가의 시민권을 가지고, 해당 국가의 권리와 의무를 지니지요.

자연환경 自然環境 스스로 자, 그러할 연, 고리 환, 지경 경

지구의 자연적 요소들로 이루어진 환경

- 산, 강, 호수, 숲, 동물, 식물 등 인간의 개입 없이 자연적으로 발생한 모든 것이 자연환경이에요.
- 지구의 생태계와 자원을 포함해요.
- 보존과 지속 가능한 관리가 중요시되며, 생태계의 균형을 유지하는 데 필수적이에요.

쓰임 알기

교과서 속
- 환경은 자연환경과 인문 환경으로 나눌 수 있어요.
- 인간은 자연환경에 따라 생활 모습이 달라져요.

일상 속
- 자연환경을 보호하기 위해 쓰레기를 올바르게 분리배출 해야 해요.
- 우리나라는 자연환경이 아름다워서 어느 지역을 가도 볼거리가 많아요.

확장하기

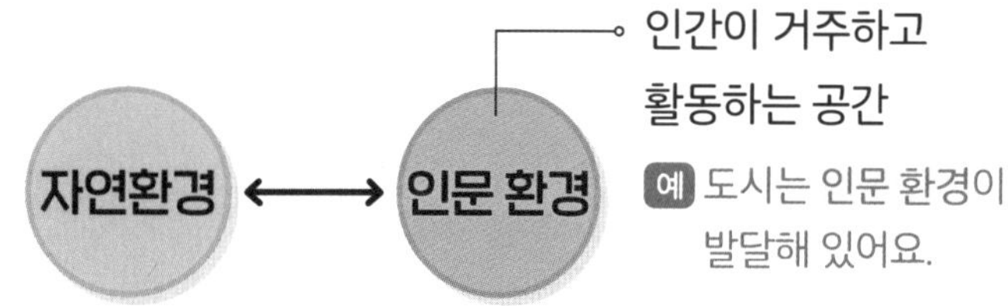

과수원은 과일 수확을 위해 인위적으로 심은 나무들로 이루어져 있기 때문에 인문 환경이에요. 벼를 수확하기 위해 인간이 만든 논 역시 인문 환경이지요.

강수량 降水量 내릴 강, 물 수, 헤아릴 량

일정 지역에서 일정 기간 동안 받는 물의 양

- 비뿐만 아니라 눈, 우박, 서리, 안개, 이슬 등 땅에 내리는 모든 물을 포함해요.
- 일반적으로 밀리미터(mm) 단위로 측정하며, 다양한 기상 관측 장비를 사용해요.
- 우리나라는 여름철에 강수량이 많기 때문에 피해가 생기지 않도록 주의해야 해요.

쓰임 알기

교과서 속
- 지역에 따라 강수량의 차이가 있어요.
- 강수량은 농작물의 성장에 크게 영향을 미쳐요.

일상 속
- 기상청은 강수량을 예측하기 위해 많은 양의 데이터를 분석해요.
- 올봄에는 강수량이 부족해서 농사에 어려움을 겪었어요.

확장하기

강설량: 일정 지역에, 일정 기간 동안 내린 눈의 양

예 올해는 이상 기온으로 강설량이 크게 증가했어요.

강우량: 일정 지역에, 일정 기간 동안 내린 비의 양

예 강우량은 오로지 비의 양만을 말해요.

대륙 大陸 큰 대, 뭍 륙

큰 덩어리의 땅

북극해
유럽
아시아
북아메리카
태평양
대서양
아프리카
남아메리카
인도양
오세아니아
남극해
남극
7개 대륙을 모두 여행할 거야!

- 지구는 아시아, 유럽, 아프리카, 남아메리카, 북아메리카, 오세아니아의 6대륙으로 분류해요.
- 대륙에는 산, 강, 평원, 호수 등의 다양한 지형이 있어요.
- 각 대륙마다 사람들이 사용하는 언어나 문화가 다를 수 있어요.

쓰임 알기

교과서 속
- 아시아는 6개의 대륙 중 가장 큰 대륙이에요.
- 아프리카 대륙은 두 번째로 큰 대륙으로, 사하라 사막과 다양한 지형을 볼 수 있어요.

일상 속
- 저는 오랜 역사와 다양한 문화를 자랑하는 아시아 대륙에 살고 있어요.
- 독특한 동식물과 자연 경관으로 유명한 오세아니아 대륙의 일부인 호주로 여행을 갈 거예요.

확장하기

하나 더 알고 가기 하나의 대륙에는 여러 나라가 이웃해 있어요. 아시아 대륙에는 대한민국 외에도 인도, 파키스탄, 중국, 우즈베키스탄 등이 속해 있답니다.

기후 氣候 기운 기, 기후 후

일정한 지역에서 오랜 기간에 걸쳐 관찰되는 평균적인 날씨

- 기온, 강수량, 습도, 바람, 기압 등 다양한 기상 요소가 오랫동안 어떻게 변하는지를 나타내요.
- 기후의 종류에는 온대 기후, 열대 기후, 한대 기후, 건조 기후, 냉대 기후, 고산 기후 등이 있어요.
- 기후는 약 30년간의 날씨 통계를 기준으로 분석해요.

쓰임 알기

교과서 속
- 기후는 주로 기온과 강수량을 기준으로 구분해요.
- 기후에 따라 사람들의 생활 모습이 달라져요.

일상 속
- 최근 기후 변화로 해수면의 높이가 상승하고 있대요.
- 언니는 일년 내내 덥고 습한 날씨가 이어지는 열대 기후 지역으로 의료 봉사 활동을 떠났어요.

열대 기후

건조 기후

한대 기후

고산 기후

확장하기

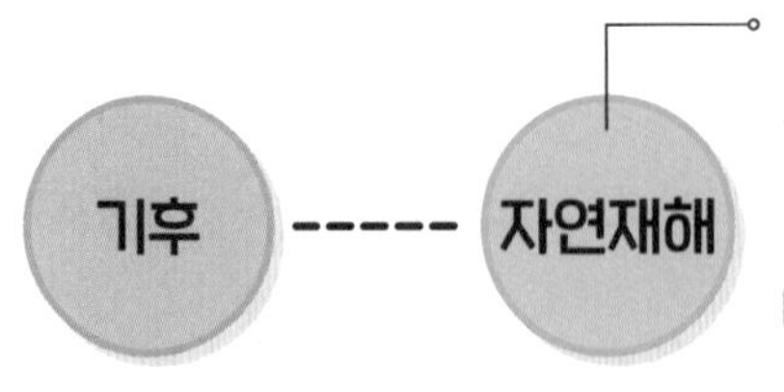

지진, 화산 폭발, 해일, 가뭄, 홍수 등 자연환경에서 일어나는 재해

예 기후의 변화가 자연재해의 빈도를 증가시킬 수 있어요.

하나 더 알고 가기 '기상청'은 날씨를 관찰하고 예측하여 일기 예보를 하는 국가 기관이에요. 기후 변화를 감시하고 지진이나 황사의 발생 가능성을 연구하지요.

촌락 村落 마을 촌, 떨어질 락

주로 농촌 지역이나 전통적인 소규모 마을을 의미하는 말

- 대체로 인구가 적고, 좁은 지역에 위치하여 주민들 간에 친밀함이 형성되어 있어요.
- 보통 농업 활동이 중심이 되고 상업적 활동은 비교적 제한적이에요.
- 지역의 자연환경과 밀접하게 연결되어 자연 자원에 의존하는 경우가 많아요.

쓰임 알기

교과서 속
- 촌락은 일손 부족이라는 문제를 안고 있어요.
- 촌락은 그 지역의 자연환경과 사람들이 하는 일에 따라 농촌, 어촌, 산촌으로 구분할 수 있어요.

일상 속
- 역사적인 유물과 전통 건축물이 많이 남아 있는 오래된 촌락으로 견학을 다녀왔어요.
- 도시와 달리 인구가 적은 촌락은 조용하고 평화로운 분위기를 자랑해요.

확장하기

한 나라의 수도와 그 주변 지역을 포함하는 말

예 경제적 중심지인 수도권은 인구가 많고, 교통이 편리해요.

하나 더 알고 가기 농(農 농사 농)촌은 주로 농사를 짓고, 어(漁 물고기 잡을 어)촌은 주로 물고기를 잡거나 양식을 하며, 산(山 메 산)촌은 약초나 버섯을 재배하며 살아가요.

지켜라, 맞춤법!

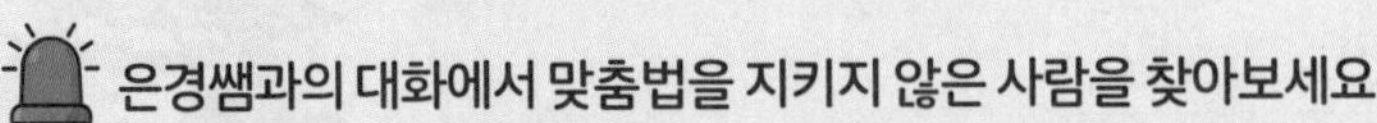

은경쌤과의 대화에서 맞춤법을 지키지 않은 사람을 찾아보세요!

은경쌤

한울이랑 소희네 모둠은 모둠별 과제 잘 되어 가니?

한울

제가 맡은 부분은 다 했어요. 소희, 너는?

소희

나는 아직 안 했어. 오늘 하려고.

한울

아직도 안 했어?
모둠별 과제인데 서둘러서 해야지.

소희

집에 일이 좀 생겨서 과제를 할 시간이 없었어.
미안해. 얼른 마무리할게.

은경쌤

그래, 소희가 사정이 있었겠지.
너무 닦달하지 말고 좀 기다려 보자.

한울

그럼 다 하고 나서 알려 줘.
닥달한 건 미안해. 사과할게.

안 vs 않

'안 하다'는 '하다'의 반대 의미예요. 이 경우에는 '아니'의 준말인 '안'을 앞에 붙여 '안 하다'라고 표현해야 하지요.
'않다'는 앞말을 부정하는 말이기 때문에 '하지 않다'라고 표현할 수 있어요. '않 하다'는 틀린 표현이랍니다.

쓰임 방 청소를 안 하고 있다가 엄마한테 꾸중을 들었어요. ○

방 청소를 않 하고 있다가 엄마한테 꾸중을 들었어요. X

방 청소를 하지 않고 있다가 엄마한테 꾸중을 들었어요. ○

닥달 vs 닦달

'닦달'은 '누군가에게 자꾸 요구하거나 간섭하여 피곤하게 만들거나 귀찮게 하는 행동'을 뜻해요. 즉, 끈질기게 요구하거나 끝없이 지적하여 상대방을 불편하게 하는 상황에서 사용해요.

쓰임 엄마는 누워서 텔레비전을 보는 아빠에게 운동 좀 하라고 닥달하셨어요. X

엄마는 누워서 텔레비전을 보는 아빠에게 운동 좀 하라고 닦달하셨어요. ○

“

친구들이 모여 생활하는 우리 반 교실에서도 다툼이 생기곤 하는데
수백, 수천만 명이 모여 사는 곳에서 법이 없다면 어떤 일이 생길까요?
다툼과 문제가 생길 수밖에 없겠지요.

그런 문제들이 정해진 질서와 규칙 안에서 해결될 때
우리는 안정감을 느끼며 평화로워질 수 있을 거예요.

법과 정치는 생각의 차이, 힘의 차이로 발생할 수 있는 다툼을
가장 좋은 방법으로 해결해 나가는 방법이에요.

”

법과 정치

교과연계표

다수결	사회 6-1	정책	사회 4-2
민주주의		공공 기관	
국회		헌법	사회 5-1
행정부		권리	
법원		시민 단체	
지방 자치	사회 4-2	국제기구	

다수결 多數決 많을 다, 셀 수, 결정할 결

여러 사람이 의사 결정을 할 때, 많은 사람의 의견을 따르는 방식

- 모든 참여자에게 한 표씩 주어지는 것을 원칙으로 해요.
- 다수결은 결정을 빠르게 내릴 수 있고, 이는 다수의 생각이 합리적일 것이라는 의미를 담고 있어요.
- 소수의 의견이 무시될 수도 있다는 단점이 있어요.

쓰임 알기

교과서 속
- 다수결은 민주적 의사 결정 원리 중 하나예요.
- 다수결 원칙을 따르되 소수의 의견도 존중해야 해요.

일상 속
- 우리 집의 저녁 메뉴는 다수결로 결정할 때가 많아요.
- 현장 학습 장소는 다수결에 따라 생태 공원으로 결정되었어요.

확장하기

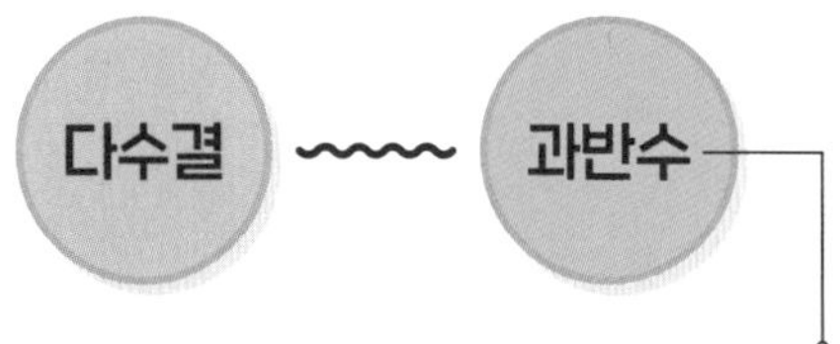

전체 인원의 절반을 넘는 수

예 100명 중 51명이 동의하면 과반수예요.

하나 더 알고 가기

다수결의 원칙으로 늘 옳은 결과만 선택하게 되는 것은 아니에요. 단순히 많은 사람이 찬성하는 의견만 따르기보다는 다양한 의견에 귀를 기울이는 것이 좋아요.

민주주의 民主主義 백성 민, 주인 주, 주인 주, 옳을 의

국가의 주요 의사 결정 과정에 국민이 참여하여 권력을 행사하는 제도

- 국민은 선거를 통해 대표를 뽑거나, 정책에 대한 의견을 직접 제시하는 방식으로 정치에 참여해요.
- 기본적인 인권을 보장하고, 개개인의 자유와 권리를 보호해요.
- 법의 지배를 원칙으로 하며, 모든 사람은 법 앞에서 평등함을 주장해요.

쓰임 알기

교과서 속

- 민주주의는 모든 국민이 국가의 주인이라는 권리를 가지는 것이에요.
- 민주주의의 기본 정신은 인간의 존엄성, 자유, 평등이라고 할 수 있어요.

일상 속

- 반장이 되면 우리 반을 민주주의의 방식으로 운영하며 친구들의 말에 귀를 기울일 거예요.
- 저는 대부분의 결정을 다수결의 원칙에 따르는 민주주의 국가의 국민이에요.

확장하기

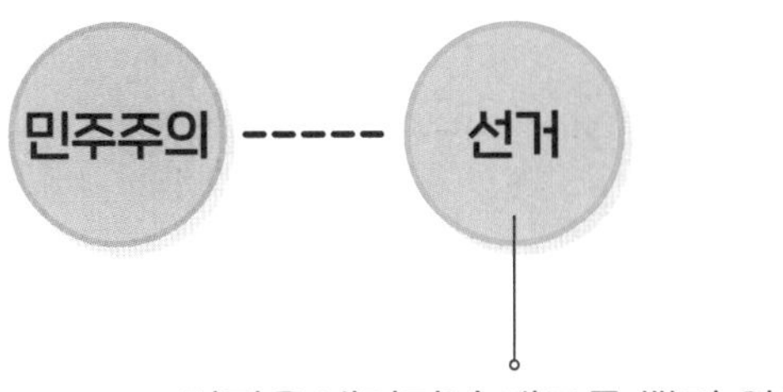

결정을 내리거나 대표를 뽑기 위해 투표를 하는 과정

예 학생자치회장 선거를 실시했어요.

'투표'와 '선거'는 같은 말일까요? 투표는 대표를 뽑거나 정책을 결정하는 선거에 실제로 참여하는 행동이에요. 즉, 선거는 투표라는 과정을 거쳐 이루어지는 것이지요.

국회 國會 나라 국, 모일 회

법을 만들고 변경하며 국가 정책을 결정하는 국가의 입법 기관

- 4년마다 실시하는 선거에서 뽑힌 국회 의원들이 국회에 모여 국가의 주요 일을 처리해요.
- 행정부가 나라의 예산을 잘 계획하여 사용하고 있는지, 맡은 일을 잘하고 있는지 감시해요.
- 정기 국회와 임시 국회로 구분되며, 정기 국회는 매년 1회, 9월 1일에 개회해요.

쓰임 알기

교과서 속
- 국가 기관은 국회, 행정부, 법원으로 나뉘어요.
- 국회 의원으로 구성된 국회는 법을 만들고, 행정부를 견제하며, 국가 예산을 의결해요.

일상 속
- 법안이 국회를 통과했다는 속보가 떴어요.
- 국회 의사당에서 국회가 열렸어요.

확장하기

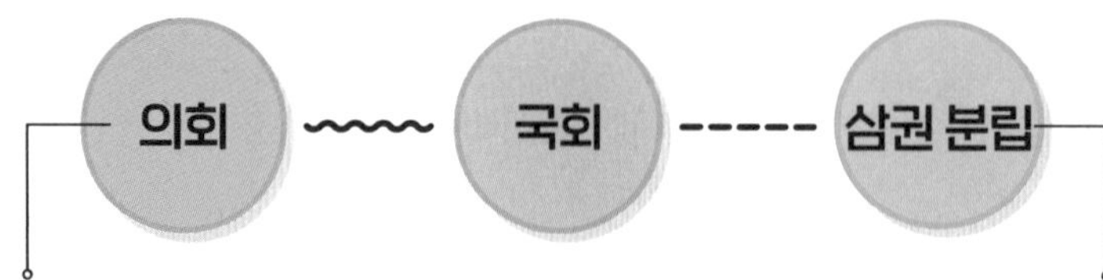

의회: 의원들이 법을 제정하거나 중요한 일을 논의하고 의사를 결정하는 기관

예 국가 기관의 의회를 국회라고 해요.

삼권 분립: 국가의 권력을 국회, 행정부, 법원으로 나누어 서로를 견제하며 균형을 이루게 하는 제도

예 삼권 분립의 균형이 깨지면 독재나 부정부패가 나타날 수 있어요.

행정부 行政府 다닐 행, 정사 정, 마을 부

국가의 정책을 실행하고 법률을 집행하며, 국가의 살림살이를 맡아보는 국가 주요 기관

- 행정부의 우두머리는 대통령이며, 대통령이 없을 때는 국무총리가 대통령의 역할을 대신해요.
- 교육부, 보건복지부, 외교부 등의 각 부처로 구성되어 있으며, 각 담당 분야의 정책을 실행해요.
- 도로, 교통, 보건 서비스 등 공공시설을 건설하고 운영해요.

쓰임 알기

교과서 속
- 행정부는 국가의 살림을 맡아서 하는 곳이에요.
- 행정부는 대통령, 국무총리, 행정 각부 등으로 구성되어 있어요.

일상 속
- 행정부의 정책 변경으로 공공 도서관의 운영 시간이 변경되었어요.
- 최근 우리 지역의 도로가 새로 포장된 것은 행정부의 결정 덕분이에요.

확장하기

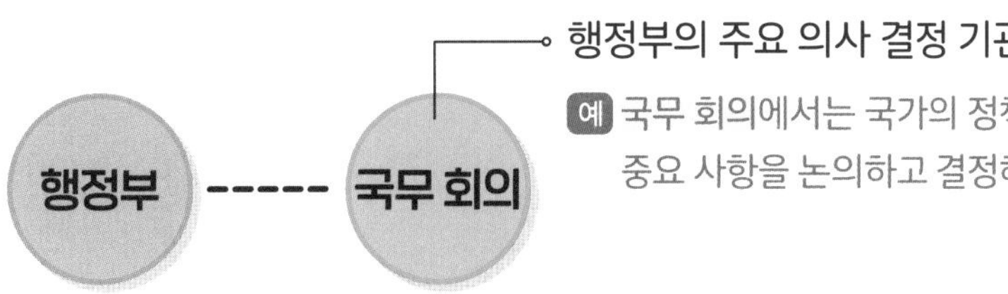

행정부의 주요 의사 결정 기관

예 국무 회의에서는 국가의 정책과 중요 사항을 논의하고 결정해요.

'감사원'은 행정부가 국민의 세금을 부정부패 없이 잘 사용하고 있는지 감시하는 기관이에요. 조선 시대에 지방의 관리들을 감시하던 암행어사와 같은 역할을 해요.

법원 法院 법도 법, 집 원

법에 따라 사건을 해결하고 공정한 판단을 내리는 곳

- 제정된 법률을 해석하고 적용하여 사건에 대한 판결을 내려요.
- 정부나 공공 기관의 행위가 법에 맞는지 검토하고, 법을 위반했을 때는 그 행위를 무효화하거나 수정할 수 있어요.
- 법원의 잘못된 판결로 억울한 일이 생기지 않도록 다시 재판을 받을 수 있는 삼심 제도를 시행해요.

쓰임 알기

교과서 속
- 법원은 법을 수호하고, 사회 정의를 유지하며, 국민들이 법적 보호를 받을 수 있도록 도와요.
- 법원은 개인 간의 다툼뿐 아니라 개인과 국가 사이의 갈등도 해결해요.

일상 속
- 중고 거래 중에 생긴 문제를 해결하기 위해 법원에 다녀왔어요.
- 법을 위반한 자는 법원의 판결을 따라야 해요.

확장하기

재판: 법적 문제를 해결하기 위해 법원에서 행하는 공식적인 절차

예 친구들과 모의 재판을 열었어요.

하나 더 알고 가기 법원의 종류에는 대법원, 고등 법원, 지방 법원 등이 있어요. 그중 대법원의 최고 직위인 대법원장은 행정부의 우두머리인 대통령이 임명해요.

지방 자치 地方 自治 땅 지, 모 방, 스스로 자, 다스릴 치

중앙 정부가 아닌 지방 정부가 지역 사회의 문제를 스스로 해결하고 관리하는 제도

- 각 지역이 자율적으로 행정을 운영하고 결정할 수 있는 권한을 가져요.
- 시청이나 구청은 지역 주민의 필요나 지역 특성에 맞는 정책을 직접 결정하고 시행하지요.
- 지방 자치 제도 덕분에 지역 주민들이 중앙 정부까지 가지 않고도 문제를 해결할 수 있어요.

쓰임 알기

교과서 속
- 지방 자치 단체는 주민들의 편리한 생활에 도움을 주기 위해 노력해요.
- 지방 자치 단체는 주민 생활에 필요한 공공 기관을 만들어요.

일상 속
- 우리 지역은 주민 참여가 활발해서 지방 자치 단체가 빠르게 발전했어요.
- 지방 자치 제도가 시행되어서 시장을 뽑기 위한 지방 선거가 열렸어요.

확장하기

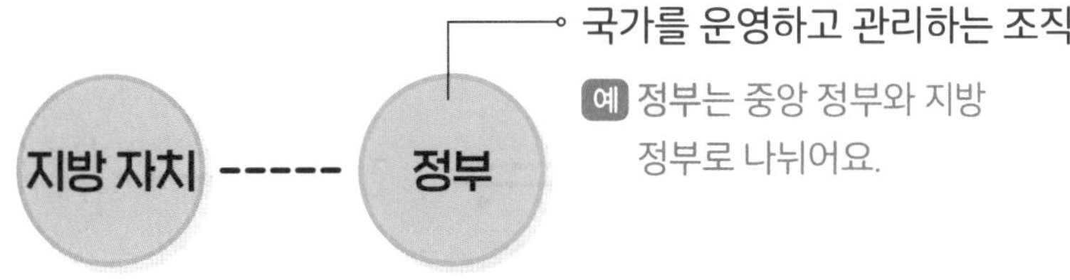

국가를 운영하고 관리하는 조직

예 정부는 중앙 정부와 지방 정부로 나뉘어요.

하나 더 알고 가기 지역 주민의 생활을 불편하게 하거나 지역 주민들 간에 생기는 갈등을 '지역 문제'라고 해요. 지역 문제는 대화와 타협으로 해결해야 해요.

정책 政策 정사 정, 꾀 책

문제를 해결하거나 목표를 달성하기 위해 세우는 계획과 규칙

- 주로 정부나 지방 자치 단체에서 수립하며, 공공의 이익을 위해 실행해요.
- 예를 들어, 정부에서 시행하는 '환경 보호 정책'은 공기와 물을 깨끗하게 유지하기 위한 규칙을 포함해요.
- 사람들이 어떤 일을 어떻게 해야 하는지를 정해 줘요.

쓰임 알기

교과서 속
- 국가는 다양한 정책을 통해 국민들의 더 나은 생활을 유지하고자 노력해요.
- 지방 자치 단체는 주민들의 의견을 반영한 정책을 만들어요.

일상 속
- 학교는 학생들의 건강을 위해 건강 증진 정책을 마련했어요.
- 경찰이 새로운 안전 정책을 시행하면서 시민들의 안전에 대한 기대감이 높아졌어요.

확장하기

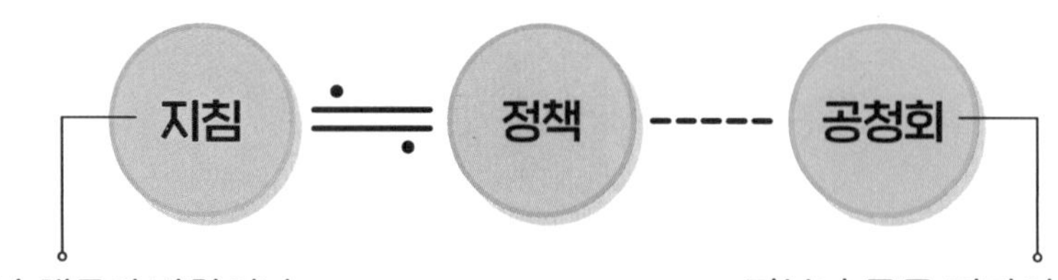

지침: 어떤 일이나 행동의 방향이나 방법을 알려 주는 규칙

예 재난 상황에서는 행동 지침을 잘 지켜 주세요.

공청회: 정부나 공공 기관이 발표한 새로운 정책이나 계획에 대한 시민들의 의견을 듣는 공개적인 회의

예 정책의 장단점을 논의하는 공청회가 열렸어요.

공공 기관 公共 機關 공변될 공, 함께 공, 틀 기, 빗장 관

개인이 아닌 국가에서 운영하며 공공의 이익을 위해 서비스를 제공하는 기관

- 경찰서, 교육청, 소방서, 우체국, 보건소 등이 공공 기관이에요.
- 국민들에게 필요한 다양한 서비스를 제공하고 공공의 안전과 복지를 책임져요.
- 대개 세금으로 운영되며, 개인의 이익이 아닌 전체의 이익을 우선시해요.

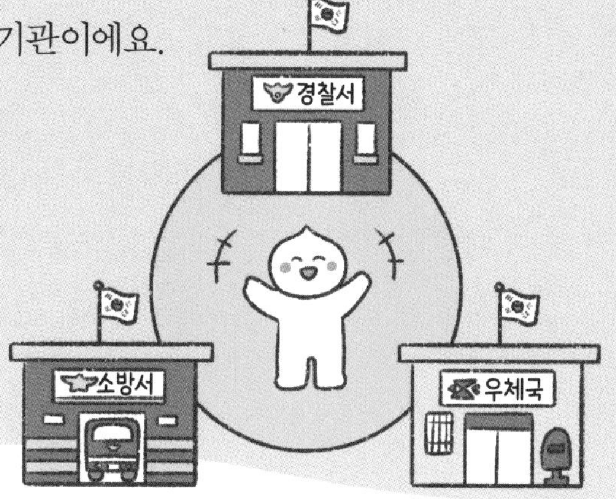

쓰임 알기

교과서 속
- 공공 기관은 국가나 지방 자치 단체가 세우거나 관리해요.
- 공공 기관은 개개인이 해결하기 어려운 문제를 처리해 줘요.

일상 속
- 도서관에 방문하기 전, 공공 기관에서 지켜야 할 예절을 떠올려 봤어요.
- 시청은 시민을 위해 만든 공공 기관이기 때문에 누구나 이용할 수 있어요.

확장하기

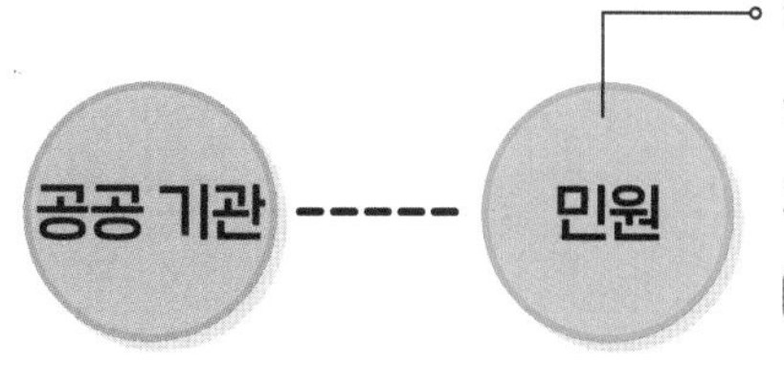

민원: 국민이 공공 기관이나 국가에 불만을 표시하거나 문제 해결을 요구하는 행동

예 불법 주정차 문제를 해결해 달라는 민원을 제기했어요.

하나 더 알고 가기 '공공장소'는 누구나 자유롭게 이용할 수 있는 장소예요. 공공 기관이 행정 업무를 수행하는 곳이라면, 공공장소는 많은 사람이 이용하는 모든 장소를 포함해요.

헌법 憲法 법 헌, 법 법

다른 법보다 위에 있는 우리나라 최상위 법

- 국가가 어떻게 운영되고 사람들의 권리와 의무가 어떻게 정해지는지를 규정하고 있어요.
- 모든 시민이 가져야 할 기본적인 권리를 보장해요.
- 최상위 법이기 때문에 법률, 조례, 규칙과 같은 하위법들은 헌법에 어긋나서는 안 돼요.

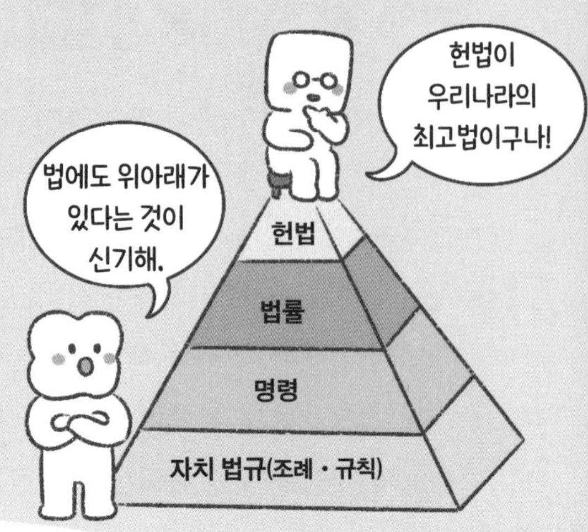

쓰임 알기

교과서 속
- 헌법은 법 중에 가장 기본이 되는 우리나라의 최고법이에요.
- 헌법에는 국민이 누려야 할 권리와 지켜야 할 의무가 들어 있어요.

일상 속
- 시민 단체는 새로 시행될 정책이 헌법을 거스른다고 주장했어요.
- 개인 정보 유출이 쉬운 정보화 시대에는 헌법이 사생활을 보호하고 있어요.

확장하기

헌법 재판소: 헌법과 관련된 다툼을 심판하는 기관

예 헌법 재판소는 헌법을 지키고, 국민의 권리를 보호해요.

기본권: 모든 인간의 자유와 평등을 보장하기 위해 헌법에서 규정한 권리

예 헌법은 인간의 존엄성을 추구할 수 있는 기본권을 보장해요.

권리 權利 권세 권, 이로울 리

사람들이 누릴 수 있는 자유나 특권

- 모든 사람은 자신이 원하는 대로 생각하고 말할 수 있는 자유와 선택의 권리가 있어요.
- 나이, 성별, 피부색에 상관없이 공평하게 대우받을 권리도 가지지요.
- 사람들은 위험으로부터 보호받을 권리가 있으며, 교육을 받을 권리도 가지고 있어요.

쓰임 알기

교과서 속
- 나의 권리가 다른 사람의 권리를 침해하거나 공동체에 피해를 끼치지 않도록 주의해야 해요.
- 평등권은 법을 공평하게 적용받아 차별받지 않을 권리를 말해요.

일상 속
- 모든 사람은 자신이 원하는 종교를 선택할 권리가 있으니 강요해서는 안 돼요.
- 사장이 기업 운영에 관한 모든 권리를 직원에게 내주었어요.

확장하기

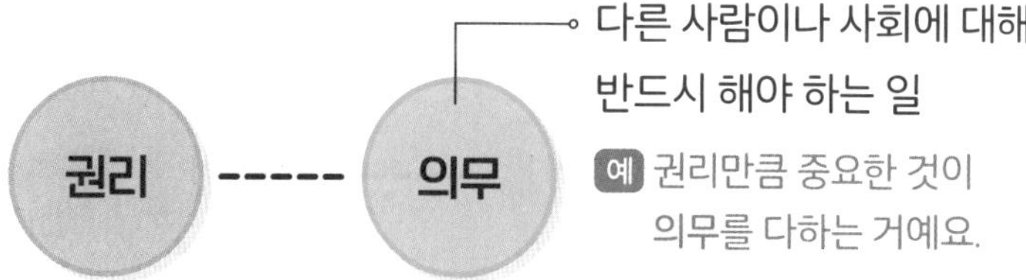

대한민국의 국민은 자녀가 교육을 받게 할 의무, 개인과 나라를 위해 일할 의무, 세금을 내야 할 의무, 나라를 지킬 의무, 환경을 보전해야 할 의무 등이 있어요.

시민 단체 市民 團體 시장 시, 백성 민, 둥글 단, 몸 체

사회적 문제나 관심사를 해결하기 위해 자발적으로 모인 사람들로 구성된 조직

- 환경 보호, 인권, 교육 지원 등 다양한 사회적 문제를 개선하기 위해 활용해요.
- 정부에 정책을 제안하고, 정책의 시행 과정을 감시해요.
- 활동에 필요한 비용은 기부금이나 후원금으로 마련해요.

쓰임 알기

교과서 속
- 주민 참여의 한 방법으로 시민 단체에 들어가 활동할 수 있어요.
- 시민 단체는 시민들 스스로 만든 비영리 단체예요.

일상 속
- 우리 지역의 환경 보호 시민 단체는 자연 보호 캠페인과 교육 프로그램을 운영해요.
- 시민 단체가 학교 앞에서 어린이 보호 구역 지키기 캠페인을 하고 있어요.

확장하기

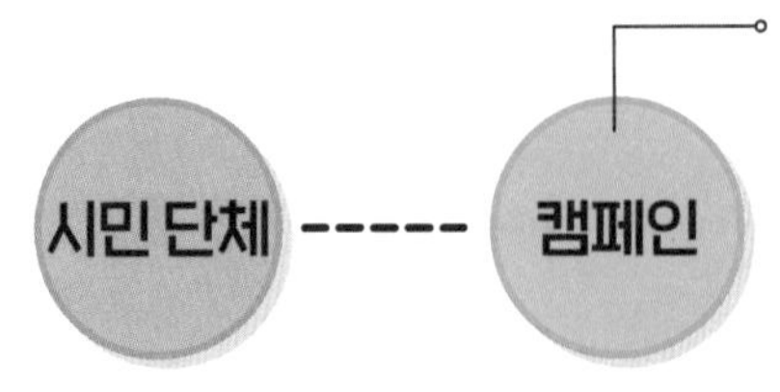

특정 목표를 달성하기 위해 계획적으로 하는 활동이나 운동

예 건강 캠페인으로 올바른 식습관의 중요성을 알려요.

하나 더 알고 가기 마음이 맞는 사람들이 모여 함께 자원봉사를 다니는 조직도 시민 단체예요. 특정 한 대상의 이익을 위하지 않고 모두가 함께 잘 살기 위해 노력하기 때문이죠.

국제기구 國際機構 나라 국, 가 제, 틀 기, 얽을 구

여러 국가가 협력하여 공동의 목표를 달성하기 위해 만든 조직

- 인권, 환경 보호, 경제 협력 등 여러 분야에서 목표를 설정하고 활동을 진행해요.
- 다양한 국가가 회원국으로 참여하며, 각국의 대표가 회의나 의사 결정 과정에 참여해요.
- 국가 간의 협력과 조정을 도와 국제적인 문제를 효과적으로 해결해요.

쓰임 알기

교과서 속

- 국제적 문제를 해결하고 협력하기 위해 설립한 조직을 국제기구라고 해요.
- 재난이나 갈등 지역에서 구호 활동을 수행하는 국제기구도 있어요.

일상 속

- 국제 올림픽 위원회(IOC)라는 국제기구가 하계 올림픽 경기를 진행할 국가를 선정했어요.
- 학교를 졸업하면 세계 평화를 지키는 국제기구인 국제 연합(UN)에서 일하고 싶어요.

확장하기

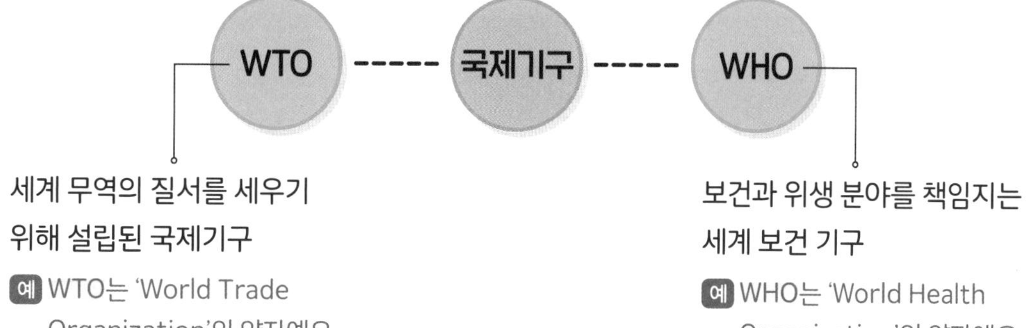

세계 무역의 질서를 세우기 위해 설립된 국제기구

예 WTO는 'World Trade Organization'의 약자예요.

보건과 위생 분야를 책임지는 세계 보건 기구

예 WHO는 'World Health Organization'의 약자예요.

지켜라, 맞춤법!

 은경쌤과의 대화에서 맞춤법을 지키지 않은 사람을 찾아보세요!

은경쌤

한울아, 요즘 컨디션이 안 좋아 보이던데….
무슨 일 있니?

소희

맞아. 너 요즘 얼굴이 너무 핼쓱해 보여.

한울

정말? 살이 빠졌나?

소희

오, 다이어트 중이었어?

은경쌤

한울

운동도 열심히 하긴 했는데요… ㅜㅜ
말썽쟁이 4살 동생 뒤치다꺼리를 하느라
너무 고생했더니 얼굴이 핼쑥해졌나 봐요.

소희

다음에 친구들이랑 만날 때 데리고 나와~
우리가 같이 놀아 줄게.

핼쓱하다 vs 핼쑥하다

'핼쑥하다'는 주로 사람의 얼굴이나 피부가 건강하지 않거나 피로해서 창백하고 쇠약해 보이는 상태를 설명하는 말이에요. 건강이 좋지 않거나 피곤해서 얼굴색이 좋지 않을 때, 기운이 없는 모습일 때 사용하는 표현이지요. '핼쓱하다'라고 잘못 사용하지 않게 바른 표현을 익혀두세요.

쓰임

오랜 기간 잠을 못 잤더니 얼굴이 **핼쓱해졌어요.** X

오랜 기간 잠을 못 잤더니 얼굴이 **핼쑥해졌어요.** O

뒤치닥거리 vs 뒤치다꺼리

'뒤치다꺼리'는 어떤 일이 끝난 후 남은 문제나 정리해야 할 일을 처리하는 것이에요. 일이 끝난 뒤에 남은 잡다한 일을 맡아 해결하는 것이지요. '거리'는 '일거리, 국거리, 이야깃거리' 등과 같이 단어의 뒤에 붙어 '어떠한 일의 재료'라는 의미로 사용되기도 해요. 하지만 일의 뒤처리를 뜻할 때는 '뒤치다꺼리'가 맞는 표현이에요.

쓰임

쿠키를 직접 만들 때는 즐겁지만 **뒤치닥거리**가 너무 힘들어요. X

쿠키를 직접 만들 때는 즐겁지만 **뒤치다꺼리**가 너무 힘들어요. O

“

한 달에 한 번씩 마트에 가서 식료품과 생활에 필요한 물건을 사요.
분명 지난달에 산 것과 같은 물건을 샀는데,
가격이 훌쩍 뛰어 놀란 적이 있나요?

물건이 만들어져 우리에게 오기까지 거치는 많은 과정 속에서
물건의 값은 오르기도 하고, 내리기도 해요.
그 모든 과정을 연구하고 분석하는 학문을 경제라고 부르지요.

”

경제

교과연계표

<table>
<tr><td>노동</td><td rowspan="3">사회 4-1</td><td>경제 활동</td><td>사회 4-1</td></tr>
<tr><td>생산</td><td>수입</td><td rowspan="3">사회 6-1</td></tr>
<tr><td>수요</td><td>산업</td></tr>
<tr><td>기업</td><td>사회 6-1</td><td>경공업</td></tr>
</table>

노동 勞動 일할 노, 움직일 동

몸을 움직여 일을 함

- 일반적으로 일과 연관되며, 경제적 보상이나 사회적 기여로 사람들의 생활을 풍요롭게 해요.
- 신체적 힘을 사용하는 신체 노동과 사고, 분석, 창의력 등이 필요한 정신 노동으로 나눌 수 있어요.
- 농부가 농사를 짓는 것, 선생님이 학생을 가르치는 것, 집에서 청소를 하고 공부를 하는 것 모두 노동이에요.

쓰임 알기

교과서 속
- 노동은 권리이면서 의무라고 할 수 있어요.
- 노동은 개인의 사회적 지위와 역할을 형성하는 중요한 요소예요.

일상 속
- 운동선수가 열심히 연습을 하는 것도 엄청난 노동이에요.
- 우리 집 대청소는 힘든 노동이지만 엄마와 함께하니 마냥 즐거워요.

확장하기

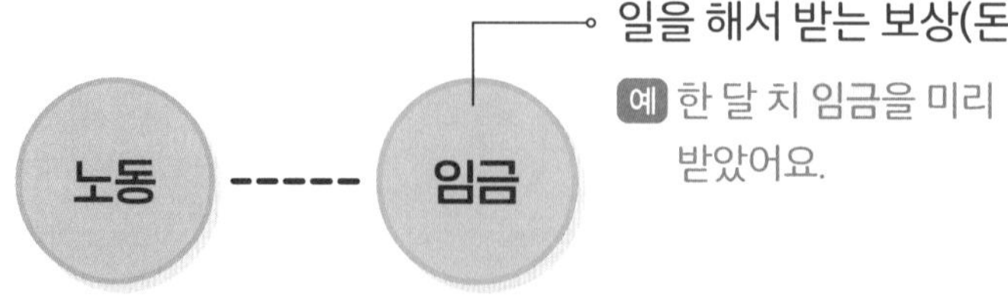

임금: 일을 해서 받는 보상(돈)

예 한 달 치 임금을 미리 받았어요.

하나 더 알고 가기 일정한 보수를 받고 노동을 하는 사람을 '근로자'라고 해요. 근로자는 계약에 따라 일하며, 계약서에는 근로 조건, 급여, 근로 시간 등이 명시되어 있어요.

생산 生産 날 생, 낳을 산

물건이나 서비스를 만드는 과정이나 결과

- 원재료나 자원을 활용하여 유용한 제품이나 서비스를 만들어 내는 활동이에요.
- 눈으로 볼 수 있는 제품을 만드는 물질적 생산과 서비스나 아이디어를 만드는 비물질적 생산이 있어요.
- 공장에서 연필을 만드는 것, 농장에서 채소를 기르는 것, 상담 서비스를 제공하는 것 등이 모두 생산이에요.

쓰임 알기

교과서 속
- 생산은 원자재, 노동, 기술, 자본 등 다양한 자원을 바탕으로 이루어져요.
- 생산된 상품이나 서비스는 시장에서 판매되며, 소비자가 사용해요.

일상 속
- 새로운 스마트폰을 생산하는 데 최신 기술을 사용했대요.
- 유기농으로 농사를 지어 건강한 식품을 생산해요.

확장하기

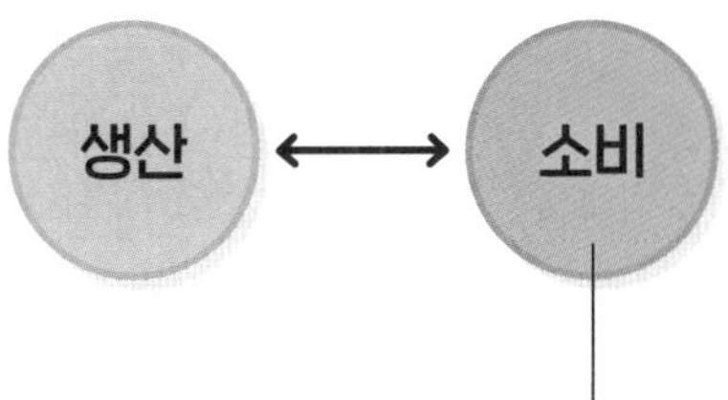

물건이나 서비스를 사용하거나 구매하는 행동

예 소비 습관을 고쳐야 해요.

'과소비(過消費 지나칠 과, 사라질 소, 쓸 비)'는 돈이나 물품을 지나치게 많이 사용하는 일을 뜻해요. 필요하지 않은 것을 사거나, 필요 이상으로 사용하는 것을 모두 포함하지요.

수요 需要 구할 수, 구할 요

사람들이 어떤 물건이나 서비스를 필요로 하거나 원하는 정도

- 수요에 따라 생산량이나 가격이 결정되기도 해요.
- 일반적으로 수요가 많으면 가격이 오르고, 수요가 적으면 가격이 내려가요.
- 수요는 소비자들이 원하는 것과 필요로 하는 것에 따라 변화해요.

쓰임 알기

가격 / 공급 / 가격 형성 / 수요 / 수량

교과서 속
- 가격이 오르면 수요가 줄어들고, 가격이 내리면 수요가 증가하는 경향이 있어요.
- 수요는 소비자의 소득, 취향, 상품 가격 등 다양한 요인의 영향을 받아요.

일상 속
- 여름이 되면 에어컨의 수요가 급격히 증가해요.
- 건강에 대한 관심이 높아지면서 건강 보조 식품에 대한 수요가 증가하고 있어요.

확장하기

공급: 제품이나 서비스를 제공하는 과정이나 그 양

예 공급과 수요의 균형은 시장 안정을 위해 중요해요.

하나 더 알고 가기 어떤 물건을 만드는 회사가 한 군데뿐이거나 손에 꼽을 만큼 적을 때, 그 회사는 물건의 가격을 마음대로 정할 수 있어요. 이런 현상을 '독점'이라고 해요.

기업 企業 꾀할 기, 업 업

상품이나 서비스를 생산하고 판매하여 이익을 추구하는 조직이나 회사

- 개인이 운영하거나 여러 명이 함께 운영할 수 있으며, 일자리를 만들어내요.
- 기업이 사업을 운영하기 위해서는 자본과 자원이 필요해요.
- 개인 사업자, 파트너십, 주식회사 등 여러 형태가 있어요.

쓰임 알기

작은 가게도
기업이에요.
또만나분식
떡볶이
오뎅
순대
계란

교과서 속
- 경제 활동에 참여하는 경제 주체에는 가계, 기업, 정부가 있어요.
- 기업은 가계에 일자리를 제공하고 일한 사람들에게 대가를 지급해요.

일상 속
- 스타트업 기업은 혁신적인 아이디어로 시장에 도전해요.
- 아빠가 일하는 기업의 이익이 늘어서 직원들에게 보너스를 지급했대요.

확장하기

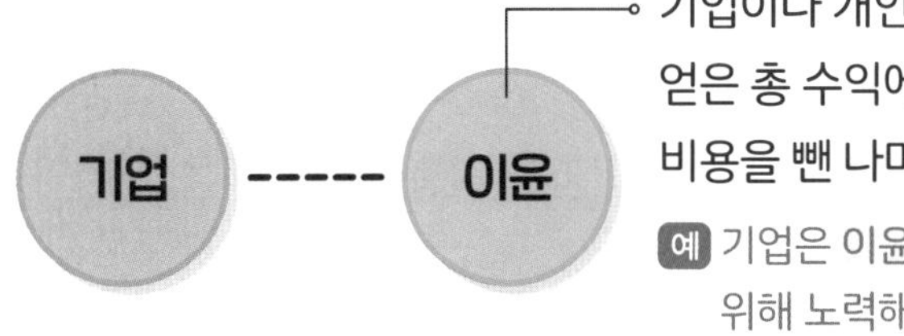

기업이나 개인이 사업으로 얻은 총 수익에서 들어간 비용을 뺀 나머지 금액

예 기업은 이윤을 최대화하기 위해 노력해요.

'가계(家計 집 가, 꾀할 계)'는 '가정'을 이르는 말로, 집에서 돈을 어떻게 벌고 쓰는지를 관리하는 것을 의미해요. 가계는 경제 활동의 기초가 되지요.

경제 활동 經濟 活動 경서 경, 건널 제, 살 활, 움직일 동

자원을 사용하여 상품이나 서비스를 생산, 유통, 소비하는 모든 행동

- 개인, 기업, 정부 등 다양한 경제 주체가 참여해요.
- 수요와 공급의 변화나 가격의 변동 등은 경제 활동에 영향을 미쳐요.
- 경제 성장의 원동력이기 때문에 효율적으로 이루어져야 해요.

쓰임 알기

교과서 속
- 개인이나 기업은 공정한 법의 테두리 안에서 자유로운 경제 활동을 해요.
- 정부는 불공정한 경제 활동을 감시해요.

일상 속
- 동네가 관광지로 개발되면서 경제 활동이 활발해지고 일자리와 소득도 증가했어요.
- 정부가 경제 활동을 촉진하기 위해 다양한 정책을 시행하고 있어요.

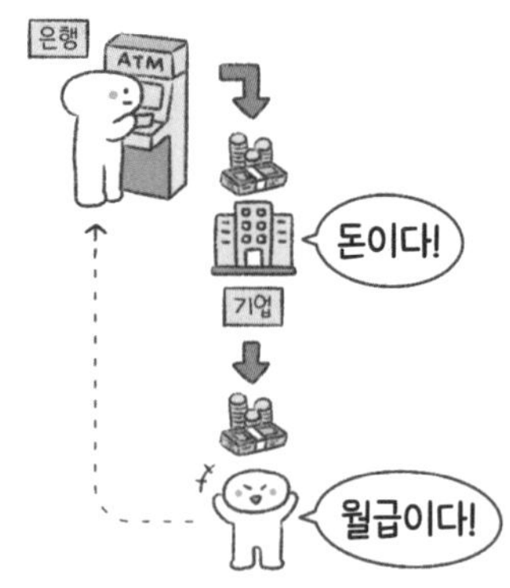

확장하기

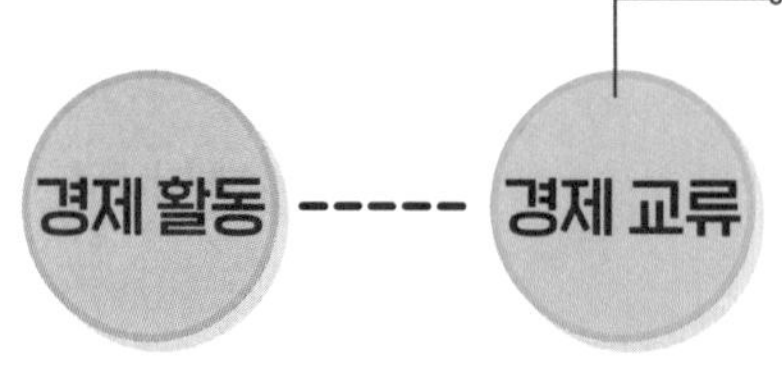

경제 교류: 국가, 지역, 기업, 개인 등이 경제적 자원, 상품, 서비스, 정보 등을 서로 교환하거나 협력하는 과정

예 나라마다 환경이나 자원, 기술 등의 차이가 있기 때문에 경제 교류를 해요.

하나 더 알고 가기 세계 각국의 경제 활동을 지원하고, 경제 성장을 위해 설립된 국제기구도 있어요. 바로 OECD이지요. 우리나라는 1996년에 회원국으로 가입했어요.

수입 輸入 나를 수, 들 입

외국에서 생산된 물건이나 서비스를 국내로 들여오는 과정

- 국내에서 생산하기 어려운 자원이나 제품은 수입으로 보충할 수 있어요.
- 다양한 외국 물건과 서비스를 들여와서 소비자의 선택권을 확대할 수 있어요.
- 수입한 물건이 우리나라 시장에 들어오면, 기존에 팔리던 물건에 영향을 끼쳐 가격 경쟁이 일어나요.

쓰임 알기

교과서 속
- 수입이란 다른 나라에서 물자나 서비스를 사 오는 것이에요.
- 나라와 나라 사이에 수입과 수출이 이루어지는 것을 '무역'이라고 해요.

일상 속
- 우리나라에서 나오지 않는 휘발유는 다른 나라에서 수입해요.
- 바나나가 처음 수입되었을 때는 굉장히 비싼 가격에 팔렸어요.

확장하기

돈을 받는 것을 의미하는 '수입(收入 거둘 수, 들 입)'도 있어요. 일해서 받는 월급, 저축한 돈에서 얻는 이자 등을 뜻하는 말이지요.

산업 産業 낳을 산, 업 업

물건이나 서비스를 생산하고, 이를 시장에 제공하는 모든 활동

- 1차 산업(농업, 임업 등), 2차 산업(제조업, 건설업 등), 3차 산업(금융, 의료 등), 4차 산업(IT, 연구 개발 등)으로 분류해요.
- 일자리를 창출하여 많은 사람들에게 소득을 제공해요.
- 산업의 발전은 사회의 생활 수준을 향상시키고 사회적 서비스를 개선해요.

1차 산업

2차 산업

3차 산업

4차 산업

쓰임 알기

교과서 속
- 1차 산업은 자연 자원을 직접 채취하거나 재배하는 산업이에요.
- 2차 산업은 원자재를 가공하여 제품을 만드는 산업이에요.

일상 속
- 문화 산업에 투자하는 기업이 늘어나면서 영화, 음반, 뮤지컬 등 시민들이 즐길 거리도 늘어났어요.
- 전국 일주를 하며 지역별로 다양하게 발달한 산업의 차이를 알아 보았어요.

확장하기

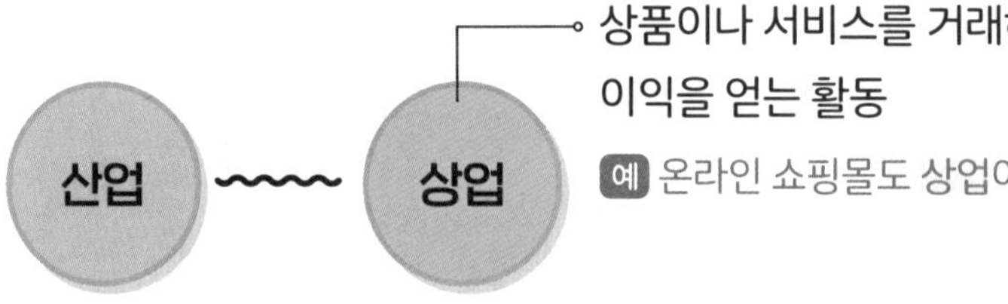

상업: 상품이나 서비스를 거래하여 이익을 얻는 활동

예 온라인 쇼핑몰도 상업이에요.

18세기에 영국에서 시작된 산업 혁명으로 생산 기술이 크게 발달했어요. 농업 중심이던 사회에서 대량 생산이 가능한 공업 중심 사회로 변화했지요.

경공업 輕工業 가벼울 경, 장인 공, 업 업

주로 가벼운 물건을 생산하는 산업 분야

- 적은 자본과 기술로 시작할 수 있고, 생산 과정에서 자원의 소모가 비교적 적어요.
- 대규모의 자본과 기술로 무겁고 복잡한 물건을 생산하는 '중공업'의 반대 개념이에요.
- 의류 산업, 가구 산업, 식품 가공 산업, 종이 제품 산업, 가전 제품 산업 등이 모두 경공업이에요.

쓰임 알기

교과서 속
- 경공업은 많은 노동력을 필요로 하는 산업으로, 다양한 일자리를 제공해요.
- 경공업은 자원과 원자재가 생산 비용에 영향을 미쳐요.

일상 속
- 우리나라는 1960년대에 섬유, 신발 등의 경공업 제품을 대량으로 만들어 수출하며 성장했어요.
- 우리 동네에는 저렴한 가격의 의류를 생산하는 경공업체가 있어요.

확장하기

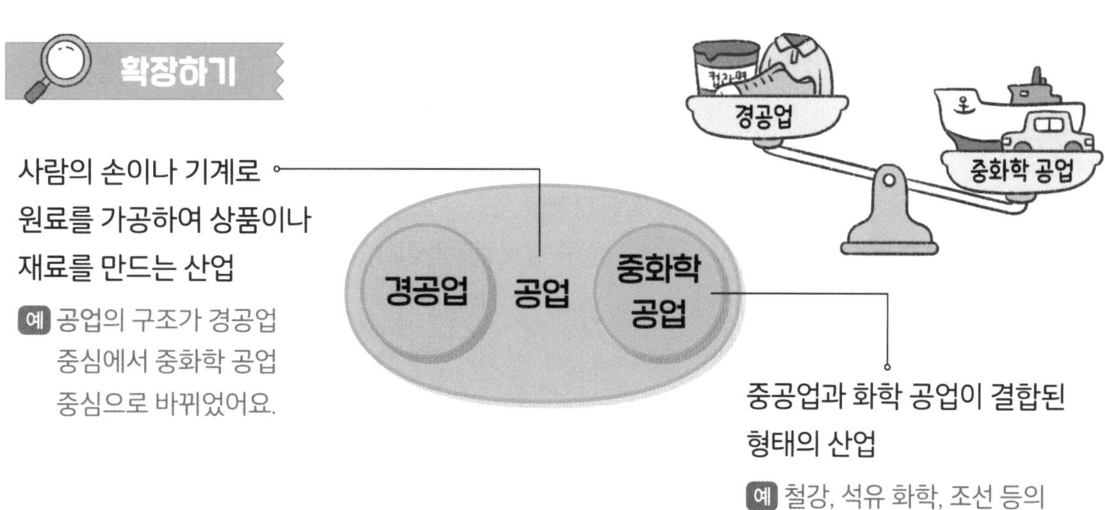

사람의 손이나 기계로 원료를 가공하여 상품이나 재료를 만드는 산업

예 공업의 구조가 경공업 중심에서 중화학 공업 중심으로 바뀌었어요.

중공업과 화학 공업이 결합된 형태의 산업

예 철강, 석유 화학, 조선 등의 중화학 공업이 발달했어요.

지켜라, 맞춤법!

 은경쌤과의 대화에서 맞춤법을 지키지 않은 사람을 찾아보세요!

한울

집 앞에 엄마 잃은 길고양이가 있는데,
아무것도 못 먹었는지 너무 갸날퍼요.

집에 데려와서 잘 키워 보고 싶은데 괜찮을지 모르겠어요.

소희

가여워라…. 애당초 잘 키울 자신이 없다면
보호소에 맡기는 건 어때?

한울

오! 그럼 보호소를 알아보거나
주변에 키울 사람이 없는지 살펴봐야겠어요.

갸날프다 vs 가냘프다

'가냘프다'는 '여리고 약하다'라는 의미예요. 몸이나 팔다리가 가늘고 연약하여 힘이 부족한 상태를 나타내지요. '갸날프다', '갸냘프다' 등으로 잘못 사용할 수 있으나 올바른 표현은 '가냘프다'예요.

쓰임

몹시 **갸날픈** 몸 때문에 어디가 아픈 건 아닌지 오해를 받을 때가 종종 있어요. X

몹시 **가냘픈** 몸 때문에 어디가 아픈 건 아닌지 오해를 받을 때가 종종 있어요. O

애시당초 vs 애당초

'애당초'는 '처음부터'라는 의미예요. 어떤 일이 시작된 시점이나 처음부터의 상황을 뜻하는 '당초'라는 말을 강조할 때 앞에 '애'를 붙여 '애당초'라고 표현해요. '애시당초'라고 잘못 사용하는 경우가 있지만 '애당초'만 표준어로 삼아요.

쓰임

애시당초 그 일은 누가 했더라도 성공할 가능성이 낮았어요. X

애당초 그 일은 누가 했더라도 성공할 가능성이 낮았어요. O

“

사람들은 혼자 할 수 없는 일들을 여럿이 함께 이루어 내면서
함께 사는 것의 가치를 깨달으며 ‘사회’라는 공동체를 이어 왔어요.
우리 모두는 옛사람들이 만들어 온 생활 방식을 익히면서
시대에 맞게 변화하며 살아가요.

앞으로 만나게 될 사회는 얼마나 더 크고 넓을까요?
그 사회를 이끌어 가는 주인공이 될 준비가 되었나요?

”

4장

사회와 문화

교과연계표

<table>
<tr><td>의식주</td><td>사회 6-2</td><td>세시 풍속</td><td>사회 5-2</td></tr>
<tr><td>문화유산</td><td>사회 5-2</td><td>기아</td><td rowspan="3">사회 6-2</td></tr>
<tr><td>교통수단</td><td>사회 3-2</td><td>분단</td></tr>
<tr><td>인권</td><td>사회 5-1</td><td>지구촌</td></tr>
<tr><td>언론</td><td>사회 3-2</td><td>고령화</td><td>사회 3-2</td></tr>
</table>

의식주 衣食住 옷 의, 밥 식, 살 주

사람들이 기본적인 생존과 생활을 하는 데 필요한 의복(옷), 식사(음식), 주거(집)

- '의'는 사람의 몸을 감싸고 보호하며, 사회적·문화적 표현의 역할을 해요.
- '식'은 신체에 필요한 에너지를 공급하고 건강을 유지하도록 도와요.
- '주'는 생활을 안정적으로 유지하고 안전하게 살아갈 수 있도록 보호하는 장소예요.

쓰임 알기

교과서 속

- 의식주는 인간의 기본적인 생활을 구성하는 요소로, 삶의 질과 안정을 결정해요.
- 의식주는 시대와 기술의 발전에 따라 변화하고 있어요.

일상 속

- 오랜 기간 여행을 떠나기 전에 의식주와 관련된 문제들을 점검했어요.
- 생활이 어려운 사람들의 의식주를 지역 사회에서 지원할 방법을 찾고 있어요.

확장하기

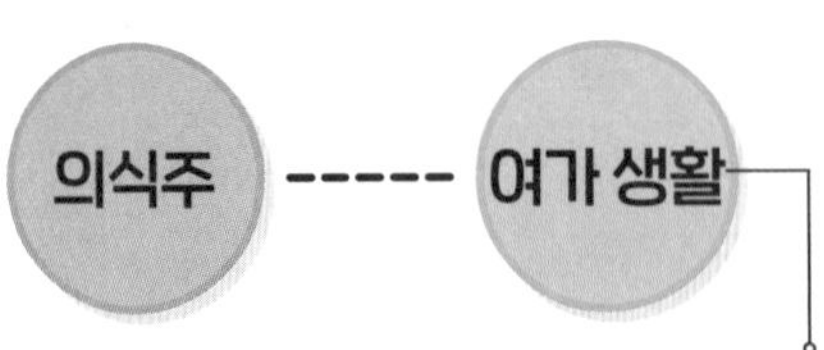

일이나 직장에서의 업무와는 관계없이 자유롭게 즐길 수 있는 시간과 활동

예 여가 생활을 충분히 즐기세요.

사막에서는 모래 바람을 막기 위해 긴 옷을 입고, 바다로 둘러싸인 지역에서는 생선이나 해산물을 이용한 음식이 많지요. 이처럼 의식주는 자연환경의 영향을 받아요.

문화유산 文化遺産 글월 문, 될 화, 남길 유, 낳을 산

한 지역이나 국가의 역사와 문화를 대표하는 가치 있는 것

- 오랜 시간 동안 사람들에 의해 만들어지고 보호되어 온 물건, 장소, 전통, 관습 등을 포함해요.
- '무형 문화유산'과 '유형 문화유산'으로 구분할 수 있어요.
- 과거를 이해하고 현재와 미래를 잇는 중요한 자산으로, 전 세계가 보존해야 할 책임이 있어요.

쓰임 알기

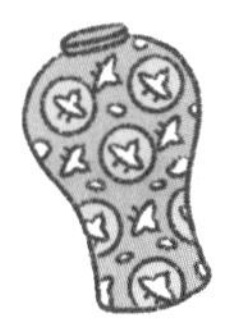

교과서 속
- '무형 문화유산'은 형태는 없지만 문화적 가치가 있는 지식, 기술, 관습 등의 문화유산이에요.
- '유형 문화유산'은 형태가 있는 유물이나 구조물로, 역사적 가치를 지니는 문화유산이에요.

일상 속
- 문화유산의 중요성을 몸소 체험하기 위해 역사 탐방을 다녀왔어요.
- 박물관에 다양한 문화유산이 전시되어 있어요.

확장하기

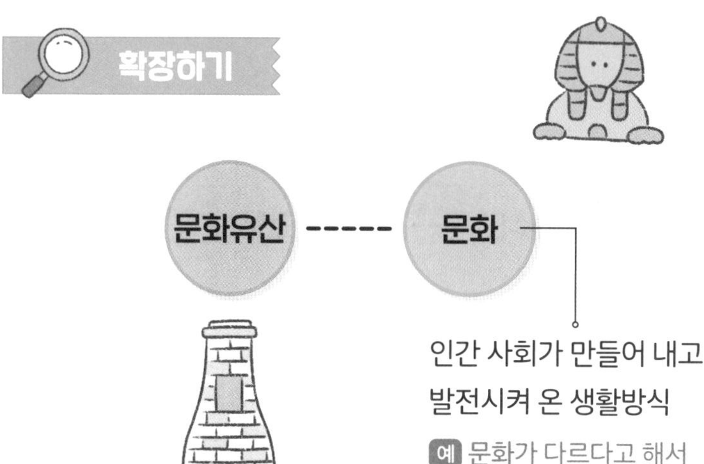

인간 사회가 만들어 내고 발전시켜 온 생활방식

예 문화가 다르다고 해서 편견을 가져서는 안 돼요.

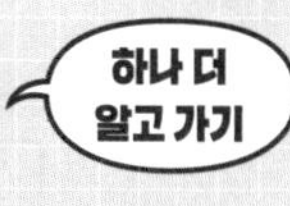

대표적인 세계문화유산에는 이탈리아의 피사의 사탑, 중국의 만리장성 등이 있어요. 우리나라의 수원 화성, 석굴암과 불국사 등도 세계문화유산으로 등록되어 있지요.

교통수단 交通手段 사귈 교, 통할 통, 손 수, 구분 단

사람이나 화물의 이동을 위해 사용하는 다양한 수단과 방법

- 땅에서 이동하는 육상 교통수단, 물에서 이동하는 수상 교통수단, 하늘에서 이동하는 항공 교통수단이 있어요.
- 기술 발전과 사회적 요구에 따라 지속적으로 변화하고 있어요.
- 현대에는 자율주행차, 전기차 등과 같이 새로운 기술을 요구하는 교통수단이 생겨나고 있어요.

쓰임 알기

교과서 속
- 항공 교통수단인 비행기는 빠른 속도로 장거리 이동을 할 수 있어요.
- 사람들이 가장 많이 이용하는 교통수단은 자동차예요.

일상 속
- 어떤 교통수단을 이용해 여행을 갈지 친구들과 의논했어요.
- 도로에서 말을 교통수단으로 타고 다니는 사람을 봤어요.

확장하기

통신 수단: 생각이나 정보를 전달하기 위해 사용하는 다양한 방법

예 통신 수단은 지속적으로 발전하고 있어요.

대중교통: 여러 사람이 이용하는 교통수단

예 버스와 같은 대중교통을 많이 이용해요.

인권 人權 사람 인, 권세 권

인권은 어떤 차별도 없이 누구나 당연하게 가지는 권리예요.

모든 인간이 태어날 때부터 가지는 기본적 권리

- 인간의 존엄성과 평등을 보장하며, 차별 없이 인간답게 살아갈 수 있도록 하기 위한 개념이에요.
- 자유롭게 생각하고 표현할 수 있는 권리이자 안전을 보장받을 권리예요.
- 인종, 성별, 종교, 출신 국가, 사회적 지위 등에 관계없이 평등한 대우를 받을 권리예요.

쓰임 알기

교과서 속
- 인권은 사람이라면 태어나면서부터 당연히 가지게 되는 권리예요.
- 사회적 약자들이 인권을 침해 받지 않도록 모두 노력해야 해요.

일상 속
- 범인은 경찰 조사 과정에서 자신의 인권이 침해 당했다고 주장했어요.
- 인권 보호를 위해 다양한 국제기구가 활동하고 있어요.

확장하기

'사람 위에 사람 없고 사람 밑에 사람 없다'는 속담이 있어요. 사람은 태어날 때부터 평등하다는 것을 이르는 속담이지요. 인권은 그만큼 소중하게 여겨야 해요.

언론 言論 말씀 언, 말할 론

정보나 의견을 사람들에게 전달하고 소통하는 활동

- 뉴스, 기사, 방송, 출판 등 다양한 형태로 사회와 사람들에게 정보를 제공해요.
- 다양한 매체에서 활동하는데, 대표적으로 신문, 잡지, 방송, 라디오, 인터넷 기사 등이 있어요.
- 정보 전달, 여론 형성, 감시 및 비판, 교육과 정보 제공, 문화 전파 등의 여러 가지 역할을 해요.

쓰임 알기

교과서 속
- 언론의 자유는 민주주의 사회에서 중요한 가치 중 하나예요.
- 언론은 신뢰성 있는 보도를 해야 해요.

일상 속
- 언론의 보도로 대기업의 비리가 드러났어요.
- 동네 식당이 언론에 소개된 뒤로 많은 손님이 몰려서 주위가 시끌시끌해요.

확장하기

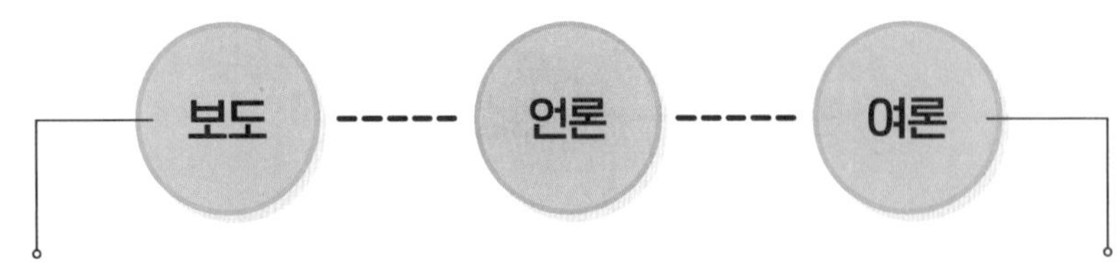

보도: 신문이나 방송 등의 매체로 소식을 알리는 행위

예 국민 영웅에 대한 새로운 소식이 보도되었어요.

여론: 한 사회나 집단의 대다수 사람이 가지는 의견이나 태도

예 새로운 정책에 관한 여론 조사를 실시해요.

세시 풍속 歲時 風俗 해 세, 때 시, 바람 풍, 풍속 속

특정 시기, 즉 계절이나 절기에 따라 행하는 전통적인 생활 관습

- 주로 농업 사회에서 자연의 변화에 따라 1년을 24절기로 나눠 행해져 왔어요.
- 지역이나 문화에 따라 다를 수 있으며 지역적 특성과 전통을 반영해요.
- 설날에 떡국을 먹고 세배하는 풍습, 추석에 송편을 만들어 먹고 성묘하는 풍습 등이 대표적인 세시 풍속이에요.

쓰임 알기

교과서 속

- 세시 풍속에는 농사가 잘되기를 바라는 마음과 건강과 복을 비는 마음 등이 담겨 있어요.
- 사람들의 생활 모습이 달라지면서 세시 풍속도 변해 가고 있어요.

일상 속

- 정월 대보름날에 세시 풍속에 따라 오곡밥을 먹었어요.
- 외국인들이 우리 민족의 세시 풍속을 즐길 수 있는 여행 프로그램을 개발했어요.

확장하기

한 해를 24개의 시기로 것

예 입춘은 봄의 시작을 알리는 절기예요.

특정 지역이나 문화의 전통적인 생활 방식

예 우리나라에는 수험생에게 찹쌀떡을 선물하는 풍습이 있어요.

기아 飢餓 주릴 기, 주릴 아

음식이 부족하여 극심한 배고픔을 겪는 상태

- 필요한 영양소와 칼로리가 부족하여 건강에 심각한 영향을 미치는 상태예요.
- 가뭄이나 홍수 등의 자연재해나 전쟁, 정치적 불안정 등 다양한 사회적 요인으로 발생해요.
- 체중 감소, 면역력 저하, 각종 질병의 발생, 심지어 사망까지도 이를 수 있는 문제예요.

쓰임 알기

교과서 속
- 빈곤 지역에서는 기아와 영양실조가 심각한 문제로 대두되어 있어요.
- 기아 문제를 해결하기 위해 국제 사회가 협력하고 있어요.

일상 속
- 전쟁과 자연재해가 겹쳐 기아 상황이 더욱 악화되었다는 뉴스를 봤어요.
- 기아로 생명의 위협을 느끼는 사람들을 위해 국제적인 모금이 시작되었어요.

확장하기

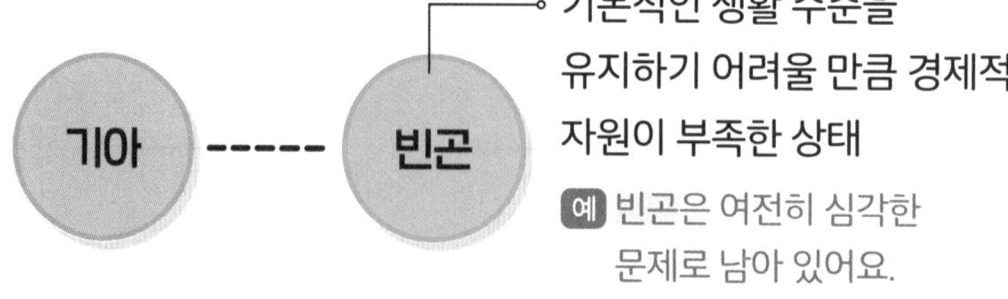

빈곤: 기본적인 생활 수준을 유지하기 어려울 만큼 경제적 자원이 부족한 상태

예 빈곤은 여전히 심각한 문제로 남아 있어요.

기아의 '아'를 兒(아이 아)로 잘못 알고, '굶주린 아이'로 이해하는 경우가 있어요. 헷갈리지 않도록 한자를 잘 익혀두세요!

분단 分斷 나눌 분, 끊을 단

특정 지역이나 국가가 정치적, 사회적, 군사적 이유로 두 개 이상의 독립된 부분으로 나뉘는 상태

- 복잡한 역사적 배경과 이념적 갈등을 동반하는 경우가 많아요.
- 한반도는 1948년 남한에 대한민국이, 북한에 조선민주주의인민공화국이 수립되면서 분단국가가 되었어요.
- 독일과 베트남 등의 나라도 분단국가였으나 현재는 모두 통일되었어요.

쓰임 알기

교과서 속
- 남북 분단으로 이산가족이 만나지 못하고 있으며 국방비가 증가하고 있어요.
- 독일은 1949년 동독과 서독으로 분단되었다가 1990년에 통합되었어요.

일상 속
- 이 작가의 작품에는 남북 분단으로 가족과 헤어진 슬픔이 담겨 있어요.
- 한반도의 분단은 남한과 북한의 언어에도 많은 영향을 주었어요.

확장하기

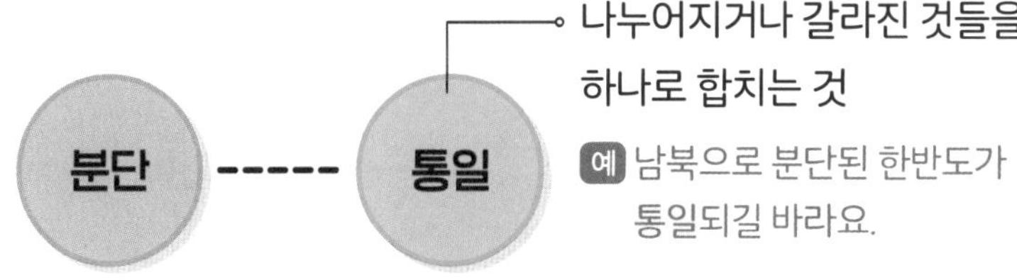

나누어지거나 갈라진 것들을 하나로 합치는 것

예 남북으로 분단된 한반도가 통일되길 바라요.

수업 시간에 조별 활동을 할 때 나누는 분단(分團)은 '나눌 분, 둥글 단'을 쓰는 동음이의어예요.

지구촌 地球村 땅 지, 공 구, 마을 촌

지구에 살고 있는 모든 사람들을 하나의 공동체로 여기는 개념

- 국가나 지역을 넘어 모든 인류가 서로 연결되어 있으며, 서로의 삶에 영향을 미친다고 보는 관점이에요.
- 사람들이 다양한 문화와 관습을 공유하고 서로의 차이를 이해하며 배우는 과정을 포함해요.
- 인터넷과 정보 통신 기술의 발전은 지구촌을 더 가까워지게 만들었어요.

쓰임 알기

교과서 속
- 지구촌은 다양한 원인 때문에 갈등이 발생하고 있어요.
- 지구촌의 평화를 위해 갈등의 원인을 파악하고 해결 방법에 관심을 가져야 해요.

일상 속
- 곧 지구촌 축제인 월드컵이 개최될 예정이라서 아주 기대하고 있어요.
- 매주 지구촌 주민의 다양한 모습을 소개하는 방송 프로그램을 보고 있어요.

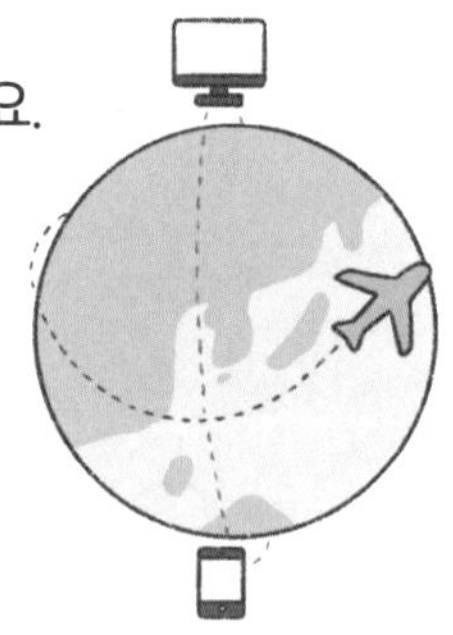

확장하기

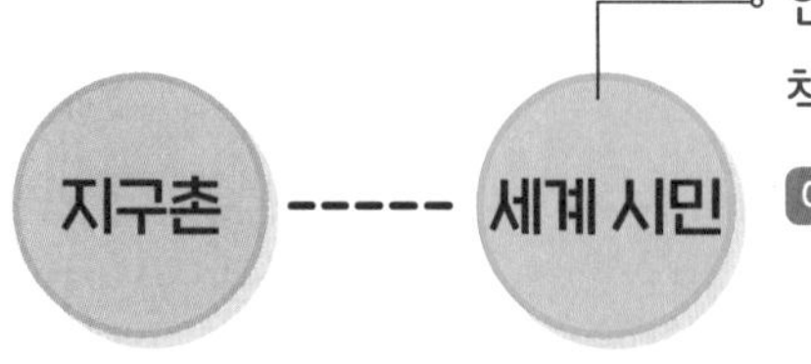

세계 시민: 인류와 지구 공동체에 대한 책임과 소속감을 느끼는 사람

예 세계 시민은 지구 환경을 보호해야 해요.

하나 더 알고 가기 올림픽이나 월드컵과 같이 국제적인 스포츠 경기를 두고 지구촌 축제라고 말하기도 해요. 세계 각국에서 동시에 즐길 수 있기 때문이죠!

고령화 高齡化 높을 고, 나이 령, 될 화

사회나 인구 집단에서 65세 이상 노인의 비율이 증가하는 현상

- 주로 출산율 저하와 평균 수명의 증가로 발생해요.
- 우리나라는 이미 고령화 사회에 진입하였으며, 그에 따른 다양한 대책이 필요한 상황이에요.
- 고령화가 진행되는 국가에서는 노인 관련 산업이 꾸준히 발달하고 있어요.

쓰임 알기

교과서 속
- 65세 이상인 노인의 비율이 총인구의 7% 이상일 때 고령화 사회라고 해요.
- 고령화에 대비하기 위하여 노인 일자리, 노인 돌봄 서비스 등에 관한 정책이 필요해요.

65세 이상 인구 비율

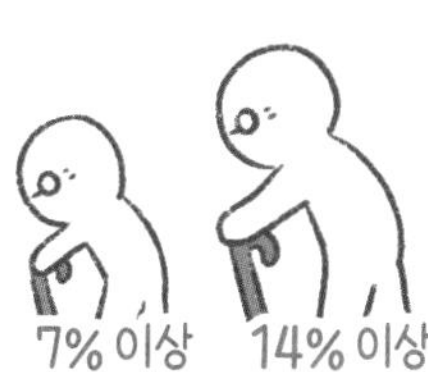

일상 속
- 고향 마을은 이미 젊은 사람들이 많이 떠나서 고령화가 진행되고 있어요.
- 고령화 사회에 잘 적응할 수 있도록 젊은 세대와 협력하는 행사를 준비하고 있어요.

확장하기

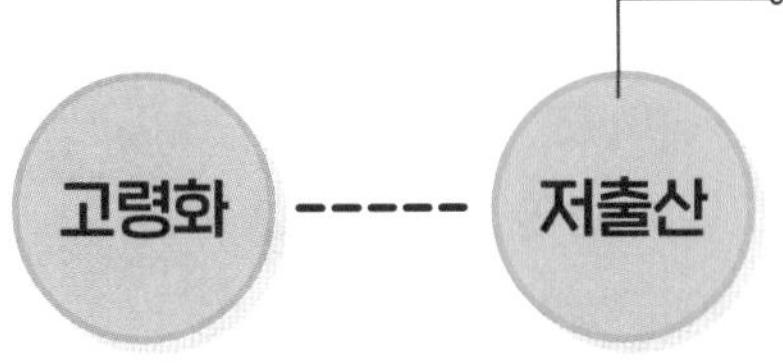

출생률이 낮아져 인구 증가율이 감소하는 현상

예 저출산 문제 해결을 위해 다양한 정책을 추진하고 있어요.

하나 더 알고 가기 '나라 상감님도 늙은이 대접은 한다'는 속담이 있어요. 임금님도 노인을 대접한다는 의미인 만큼, 누구든 노인에게 예의를 갖추어야 한다는 말이지요.

지켜라, 맞춤법!

은경쌤과의 대화에서 맞춤법을 지키지 않은 사람을 찾아보세요!

은경쌤

내일은 점심 시간에 모여서 숨바꼭질할까?

한울

좋아요! 오랜만에 무척 재미있을 것 같아요.

소희

그럼 제가 술래를 할게요.

한울

아니야, 소희야.
지난 번에 다른 놀이할 때도 네가 술래였잖아.
이번에는 내가 술래를 할께.

아닌데. 이번엔 쌤이 너희를 찾으러
다닐 거니까 다른 때보다 잘 숨어야 해. 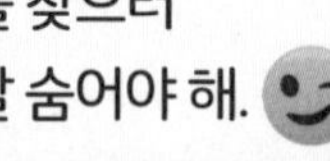

한울

그럼 더 재밌을 것 같아요.
어디에 숨을까 고민해 봐야겠네요. 

소희

제가 다른 친구들한테도 같이 하자고 얘기해 볼게요!

숨박꼭질 vs 숨바꼭질

'숨바꼭질'은 어린이들 사이의 놀이로, 술래를 뺀 여러 명이 숨고 나면 술래는 숨은 사람들을 찾는 방식이에요. 숨바꼭질을 [숨박꼭찔]이라고 세게 발음하여 '숨박꼭질'로 쓰는 경우가 있으나, '숨바꼭질'이 바른 표기이며 [숨바꼭찔]이라고 읽어야 해요.

쓰임 숨박꼭질은 숨을 곳이 많은 장소에서 해야 더 재미있어요. X

숨바꼭질은 숨을 곳이 많은 장소에서 해야 더 재미있어요. O

할께 vs 할게

'할게'는 '하다'라는 어휘를 활용한 표현이에요. '하다'는 '행동이나 작업을 수행하다, 어떤 상태가 되게 하다, 어떤 행동을 요구하다' 등 다양한 의미로 사용해요. 일상 대화에서는 [할께]라고 세게 발음하기도 하지만 '할게'라고 표기하는 것이 옳아요.

쓰임 지금은 조금 바쁘니 하던 일을 다 마무리하고 전화할께요. X

지금은 조금 바쁘니 하던 일을 다 마무리하고 전화할게요. O

“

우리나라의 시작은 언제인지 알고 있나요?
기원전 2333년, 단군왕검이 세운 고조선이 우리의 시작이지요.
고조선에서 지금의 대한민국이 되기까지, 어려움도 많았지만
우리 조상들의 굳은 의지와 노력으로 우리나라는 역사를 이어왔어요.

‘역사를 잊은 민족에게 미래는 없다’는 말처럼
우리는 우리의 역사를 기억하며
더욱 찬란하게 빛날 미래를 그려 나가야 해요.

”

역사

교과연계표

<table>
<tr><td>외교</td><td>사회 6-2</td><td>이산가족</td><td>사회 6-2</td></tr>
<tr><td>강화</td><td rowspan="3">사회 5-2</td><td>근대화</td><td rowspan="3">사회 5-2</td></tr>
<tr><td>개혁</td><td>독립</td></tr>
<tr><td>실화</td><td>신탁 통치</td></tr>
</table>

건국 建國 세울 건, 나라 국

새로운 국가를 세우는 행위

- 국가가 새롭게 조직되고 설립되는 과정으로, 독립, 정권 수립, 법과 제도의 정비 등을 포함하기도 해요.
- 우리나라의 건국일인 10월 3일 개천절은 국가 기념일로 지정되어 있어요.
- 우리 민족 최초의 국가는 고조선으로, 기원전 2333년에 건국되었어요.

쓰임 알기

교과서 속
- 고조선 건국에는 하늘의 자손임을 나타내는 환웅의 이야기가 전해져요.
- 고조선이 멸망한 후 한반도에는 고구려, 백제, 신라가 건국되었어요.

일상 속
- 나라마다 신비로운 건국 설화가 있어요.
- 새로운 정부가 건국되면서 많은 사회적 변화가 생겨 국민이 혼란에 빠졌어요.

확장하기

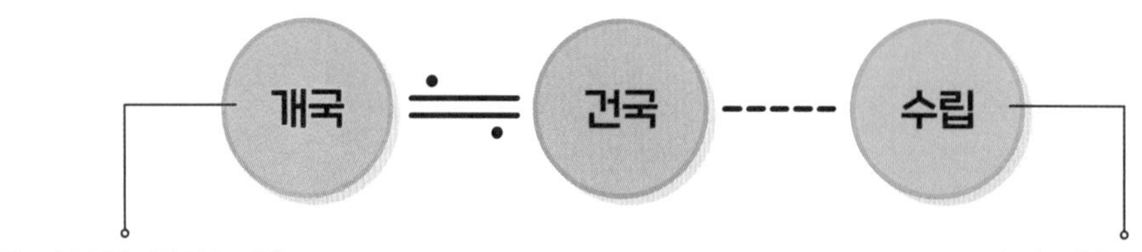

개국: 새로 나라를 세우는 것
예 이성계는 조선을 개국했어요.

수립: 어떤 것을 세우거나 정착시키는 행위
예 대한민국 임시 정부를 수립했어요.

전성기 全盛期 온전할 전, 성할 성, 기약할 기

어떤 개인, 조직, 국가 등이 가장 강력하고 뛰어난 시기

- 가장 높은 성과를 달성하거나, 최고의 상태를 유지하고 있는 시기예요.
- 국가의 전성기는 주로 영토가 가장 넓고, 경제와 군사력이 강했던 시기를 뜻해요.
- 전성기와 비슷한 어휘로 '절정기', '황금기' 등이 있어요.

쓰임 알기

교과서 속
- 광개토 대왕은 고구려의 영토를 확장하며 전성기를 누렸어요.
- 백제의 전성기를 이끈 왕은 근초고왕이에요.

일상 속
- 전성기에 여러 국제 대회에서 금메달을 획득한 선수를 길에서 마주쳤어요.
- 내가 좋아하는 배우의 전성기는 바로 지금인 것 같아요.

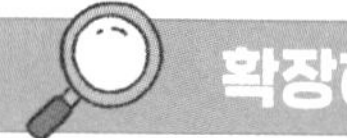

확장하기

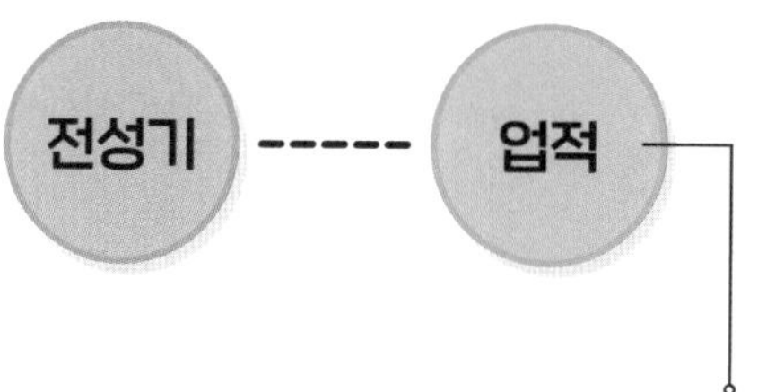

어떤 사람이나 집단이 특정 분야에서 이룬 중요한 성과나 결과

예 세종 대왕은 많은 업적을 남겼어요.

'달도 차면 기운다'는 속담이 있어요. 과거의 나라들, 위인들을 살펴보면, 전성기를 지나고 나서 천천히 약하고 쇠락해지는 모습을 보이지요. 세상의 당연한 이치랍니다.

외교 外交 밖 외, 사귈 교

나라와 나라가 서로 잘 지내기 위해 대화하고 협력하는 것

- 국가 간에 생긴 문제는 외교로 해결해요.
- 자국의 이익을 보호하고 증진시키기 위한 전략적 활동으로 국가의 안전과 경제적 이익을 보장해요.
- 국가를 대표하여 외국에서 외교 업무를 수행하는 사람을 '외교관'이라고 해요.

쓰임 알기

교과서 속
- 거란의 침입에 서희가 외교 담판을 벌여 강동 6주를 확보했어요.
- 나라 사이에 문제가 발생하면 외교를 통해 해결해요.

일상 속
- 원활한 외교를 위해 각 나라의 대사관을 운영하고 있어요.
- 대한민국에서 개최된 국가 정상 회담에서 외교 문제를 논의했어요.

확장하기

동맹: 여러 나라나 집단이 서로 협력하고 도움을 주기로 약속하는 관계

예 고구려와 백제는 신라에 대응하기 위해 동맹을 맺었어요.

하나 더 알고 가기 '외교관'은 국가를 대표하여 다른 나라와의 관계를 관리하고 조정하는 사람이에요. 외교 협상을 하고, 자국민이 해외에 있을 때 필요한 지원을 하지요.

강화 强化 굳셀 강, 될 화

어떤 것의 세기나 힘을 더 강력하게 만드는 행위

- 효율성, 효과성, 저항력 등을 높이는 것을 목표로 해요.
- 성능을 향상시키거나 문제가 발생하지 않도록 막는 데 중점을 두지요.
- 어떤 일을 더 강하고 효과적으로 만들기 위해 다양한 방법을 사용하기 때문에 더 나은 결과를 얻을 수 있어요.

쓰임 알기

교과서 속

- 세종 대왕은 신기전 등의 새로운 무기를 만들고 4군 6진을 설치하여 조선의 국방을 강화했어요.
- 왕들은 왕권 강화를 위해 다양한 제도 개혁을 실시했어요.

일상 속

- 운동을 통해 체력을 강화하여 더 건강해지고 싶어요.
- 학생들의 안전을 위해 보안 시스템을 강화했어요.

확장하기

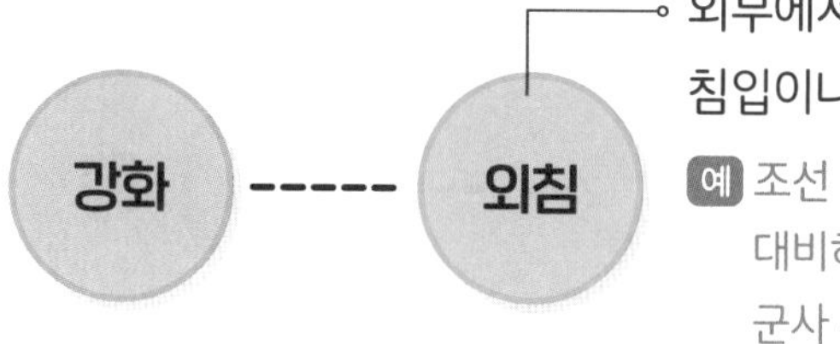

외침: 외부에서 들어오는 적의 침입이나 공격

예 조선 시대에는 외침에 대비하여 성벽을 강화하고 군사 훈련에 집중하였어요.

하나 더 알고 가기

강화의 반대말은 '약화(弱化 약할 약, 될 화)'예요. 어떤 것의 세기나 힘이 약해진다는 뜻이지요. 국력도, 체력도 약화가 아닌 강화가 되도록 힘써야겠어요.

개혁 改革 고칠 개, 가죽 혁

제가 학급의 회장이 되면!
지각하는 친구들이 청소를 담당하도록 당번제를 개혁하겠습니다.
오~
우와!

어떤 것이 더 나아지도록 바꾸는 것

- 주로 정치, 사회, 경제 등의 분야에서 사용되며, 기존의 제도 등을 근본적으로 변화시키려는 노력을 의미해요.
- 개혁 과정에는 기존의 권력을 가진 집단의 저항이 있을 수 있어요.
- 성공적인 개혁을 이루기 위해서는 충분한 준비와 협의가 필요해요.

쓰임 알기

교과서 속
- 영조는 탕평책 실시, 신문고 설치 등의 개혁 정치를 펼쳤어요.
- 정조는 규장각 설치, 일부 상인들의 특권 제한, 수원 화성 건설 등 다양한 개혁 정치를 이어나갔어요.

일상 속
- 정부는 건강 보험 제도를 개혁하여 더 나은 의료 서비스를 준비했어요.
- 법률 개혁이 이루어져서 범죄에 대한 처벌이 더 공정해졌어요.

확장하기

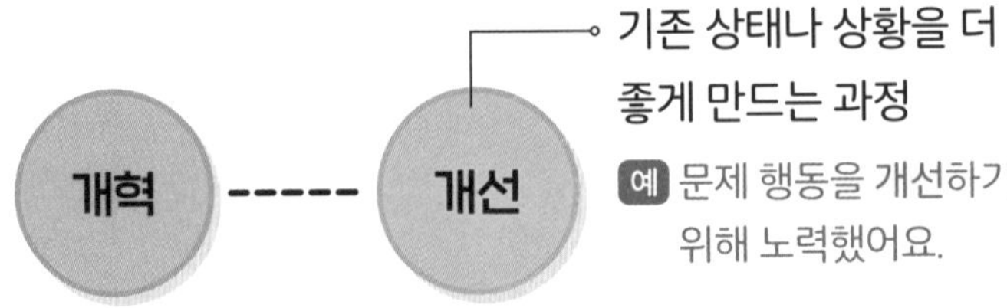

하나 더 알고 가기 영조는 붕당 정치로 어지러웠던 조선을 바로잡기 위해 각 당파에서 고르게 인재를 등용하는 정책인 '탕평책'을 실시하여 정치를 개혁하고자 했어요.

실학 實學 열매 실, 배울 학

실제로 도움이 되는 지식을 배우는 것

- 책으로 배우는 지식보다 실제로 삶에 도움이 되는 지식을 중요하게 생각하는 학문이에요.
- 실학자들은 사람들에게 직접 도움을 주고자 농업이나 의학 등 실용적인 분야를 연구했어요.
- 조선 시대에 발전했으며, 실생활에서 발생하는 문제들을 해결하기 위한 방법을 제시했어요.

쓰임 알기

교과서 속
- 임진왜란과 병자호란 이후 어려워진 백성의 생활을 도울 수 있는 실학이 등장했어요.
- 실학자들은 정치, 경제, 사회 등 여러 분야에서 다양한 연구를 했어요.

일상 속
- 훈장님은 실학을 실천하기 위해 여전히 끊임없는 연구를 해요.
- 백성들에게 도움을 주고자 지도를 만든 실학자 김정호를 가장 존경해요.

확장하기

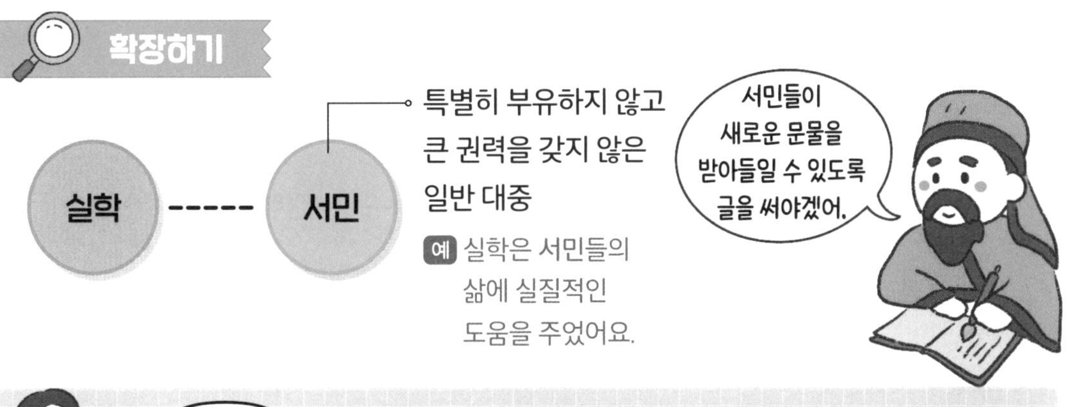

하나 더 알고 가기 실학자 정약용은 정치, 경제, 농업 등 다양한 분야에서 연구를 했어요. 거중기를 개발하여 수원 화성 건설에 힘썼고, 『경세유표』, 『목민심서』 등 많은 책을 썼답니다.

이산가족 離散家族 떼놓을 이, 흩을 산, 집 가, 겨레 족

국가 분단 등의 이유로 서로 떨어져서 소식을 모르는 가족

- 한국 전쟁 이후 남한과 북한으로 나누어진 한반도에는 많은 이산가족이 생겼어요.
- 이산가족은 서로를 다시 만날 날을 기다리며, 그리움을 느끼며 살아가요.
- 정부나 국제기구에서 이산가족 상봉 프로그램을 운영하기도 해요.

쓰임 알기

교과서 속
- 전쟁과 정치의 대립으로 생기는 이산가족은 세계 곳곳에서 볼 수 있어요.
- 분단 상태가 길어지면서 이산가족이 서로 만나지 못하는 기간도 길어져요.

일상 속
- 우리 할아버지는 전쟁 중에 이산가족이 되어 오랜 세월 가족과 떨어져 지내셨어요.
- 몇 년 전, 이산가족 상봉 행사가 열려 오랜만에 가족들이 재회했어요.

확장하기

상봉: 오랫동안 떨어져 있던 사람이나 가족이 다시 만나는 것

예 전쟁 후 만나지 못했던 이산가족이 상봉했어요.

재회: 다시 만나거나 두 번째로 만나는 것

예 40년 만에 재회한 이산가족은 기쁨의 눈물을 흘렸어요.

근대화 近代化 가까울 근, 대신할 대, 될 화

오래된 방식이나 도구를 새롭고 더 좋은 방법으로 바꾸는 것

- 전통적인 사회 구조를 현대 사회의 요구에 맞게 변화시키는 과정이에요.
- 농업 중심의 전통 사회가 공업과 기술의 발전으로 변화하는 과정인 산업화를 포함해요.
- 전통적 가치관과 관습에서 벗어나서 보다 현대적 가치관을 수용하는 문화적 변화이기도 해요.

쓰임 알기

교과서 속
- 고종은 대한 제국을 수립하고 근대화를 위해 노력했어요.
- 대한 제국은 교통과 통신 시설을 설치하고, 공장과 회사 설립을 지원하는 등 근대화에 힘썼어요.

일상 속
- 근대화된 의료 시설 덕분에 병원을 더 편리하게 이용할 수 있게 되었어요.
- 근대화의 영향을 받은 전통 마을에 다양한 편의 시설이 생겨서 옛스러우면서도 현대적인 분위기가 느껴져요.

확장하기

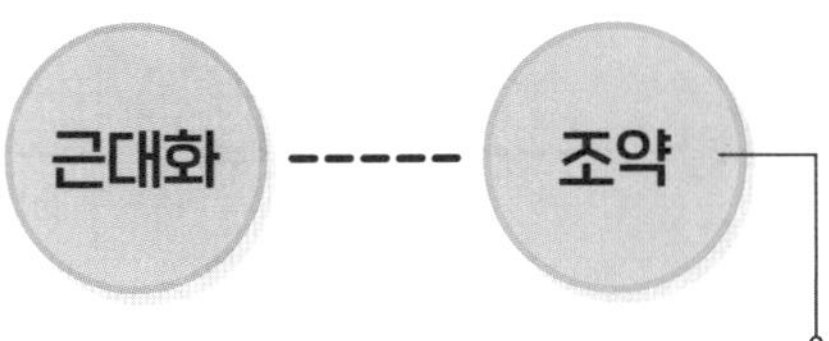

국가 간에 서로의 권리와 의무를 정하여 체결한 공식적 계약

예 을사늑약은 일본이 한국의 외교권을 박탈한 불평등 조약이에요.

'강화도 조약'은 일본이 강화도를 침입하여 조선에 통상을 요구하여 맺게 된 조약이에요. 조선이 외국과 맺은 최초의 근대적 조약이지만 조선에 불리한 불평등 조약이었지요.

독립 獨立 홀로 독, 설 립

어떤 것에 의존하지 않고 스스로의 힘으로 존재하거나 활동할 수 있는 상태

- 다른 사람이나 다른 국가의 도움 없이 스스로 결정하고 행동할 수 있는 상태예요.
- 외국의 지배나 간섭 없이 스스로 국가를 운영하고 법을 제정하는 것을 '정치적 독립'이라고 해요.
- 국가가 외부의 간섭 없이 스스로 통치할 수 있는 주권을 가졌을 때 독립을 이루었다고 할 수 있어요.

쓰임 알기

교과서 속
- 만주와 연해주 지역에서 많은 독립군 부대가 조직되어 독립 운동을 했어요.
- 3·1 운동은 우리 민족의 독립에 대한 열의를 세계에 알리는 계기가 되었어요.

일상 속
- 그는 부모님으로부터 경제적으로 독립하기 위해 아르바이트를 시작했어요.
- 독립 서점에는 대형 서점에서 볼 수 없는 특별한 책이 많아서 구경하기에 좋아요.

확장하기

해방: 자유로이 행동하지 못하도록 억누르던 것으로부터 벗어나는 것

예 시험이 끝나서 해방감을 느꼈어요.

시위: 많은 사람들이 특정 문제나 요구를 드러내기 위해 의견을 표현하는 활동

예 유관순은 천안 아우내 장터에서 만세 시위를 했어요.

신탁 통치 信託 統治 믿을 신, 부탁할 탁, 거느릴 통, 다스릴 치

다른 국가나 국제기구가 한 지역이나 나라를 일시적으로 관리하고 통치하는 것

- 독립적인 정부가 설립되기 전후의 기간에 볼 수 있는 통치 형태예요.
- 국제 연합(UN)이라는 국제기구의 감독 아래 이루어졌어요.
- 제2차 세계 대전 후, 미군과 소련군은 한반도를 신탁 통치 지역으로 설정했어요.

쓰임 알기

교과서 속
- 모스크바 3국 외상 회의에서 한반도의 신탁 통치를 결정했어요.
- 우리나라에서는 신탁 통치를 반대하는 사람들과 찬성하는 사람들 간의 갈등이 일어났어요.

일상 속
- 역사책에 신탁 통치를 반대한 인물들의 사진이 실려 있어요.
- 독립을 해서 기뻤던 마음이 신탁 통치 결정으로 서글퍼졌어요.

UN: 국제 연합으로, 국제 평화 유지를 위해 만들어진 세계기구

예 UN은 'United Nations'의 줄임말이에요.

총선거: 국가나 지방 정부의 대표를 선출하기 위해 실시하는 선거

예 대한민국의 첫 번째 총선거는 1948년 5월 10일에 실시되었어요.

지켜라, 맞춤법!

 은경쌤과의 대화에서 맞춤법을 지키지 않은 사람을 찾아보세요!

은경쌤

다음 주에 할 역할극 준비는 잘 진행되고 있니?

한울

제가 맡은 역할인 토끼의 대사는 거의 다 외웠어요.

소희

우리 모둠에서 토끼 역활은 정민이가 하기로 했어!
난 호랑이 역활을 맡았고.

한울

소희 너랑 나랑 맡은 역할이 다르네?

은경쌤

둘이 다른 역할을 맡았으니까
서로 상대 역할을 하며 연습할 수 있겠구나.

한울

앗, 그러네요!
소희야, 주말에 만나서 연습할까?

소희

좋아. 연습 끝나고 떡볶이도 사 먹자~

다르다 vs 틀리다

'다르다'는 두 가지 이상의 사물이 서로 다른 특성이나 상태를 지니고 있을 때 사용해요. '같다'의 반대말로, 차이를 비교할 때 쓰지요.
'틀리다'는 어떤 것이 정확하지 않거나 맞지 않을 때 사용해요. 즉, '맞다'의 반대말로, 정답이나 사실이 아닐 때 '틀리다'라고 해요.

쓰임

친구가 입은 옷과 내가 입은 옷은 색깔이 달라요. ○

친구가 입은 옷과 내가 입은 옷은 색깔이 틀려요. X

맞춤법을 틀리게 사용하는 사람들이 많이 있어요. ○

역활 vs 역할

'역할'은 어떤 일이나 상황에서 맡아서 해야 하는 일이에요. 특히 영화나 연극에서 배우가 맡아서 연기하는 배역을 역할이라고 하지요. '역할'은 '役割(부릴 **역**, 나눌 **할**)'이라는 한자어를 사용하므로 '역활'은 틀린 표현이에요.

쓰임

축구팀의 골키퍼, 수비수, 공격수 등은 각자의 역활이 있으며 최선을 다해야 해요. X

축구팀의 골키퍼, 수비수, 공격수 등은 각자의 역할이 있으며 최선을 다해야 해요. ○

흥미진진 어휘 퀴즈 1

숨겨진 어휘를 찾아요!

○ 안에 들어갈 적절한 어휘를 퍼즐 속에서 찾아보세요.

1 ○○○○는 국가의 주요 결정 과정에 국민이 참여하여 권력을 행사하는 제도예요.

2 산, 강, 호수, 숲, 동물, 식물 등 지구의 자연적 요소들로 이루어진 환경을 ○○○○이라고 해요.

3 자원을 활용하여 물건이나 서비스를 만드는 과정을 ○○이라고 해요.

4 ○○○○이란 한 지역이나 국가의 역사와 문화를 대표하는 가치 있는 것이에요.

5 의복, 식사, 주거를 통틀어 말하는 ○○○는 인간의 기본적인 생활을 구성하는 요소예요.

고	의	수	휘	경	문
판	식	애	종	넘	화
민	주	주	의	일	유
도	충	이	분	생	산
리	고	성	틈	기	효
수	자	연	환	경	풍

정답 1 민주주의 2 자연환경 3 생산 4 문화유산 5 의식주

흥미진진 어휘 퀴즈 ②

어휘로 문장을 완성해요!

( ) 안에 들어갈 적절한 어휘를 골라 아래의 문장을 완성해 보세요.

세시 풍속	지도	건국	독립	정책
권리	국토	다수결	기후	지방 자치

1 모든 사람은 자신이 원하는 대로 행동하거나 선택할 수 있는 (   )를 가져요.

2 (   ) 제도가 시행되면서 각 지역의 특성에 맞게 행정을 운영할 수 있게 되었어요.

3 국가가 새롭게 조직되고 설립되는 과정인 (   )은 국가적인 기념일로 지정해요.

4 민주적 의사 결정 방법인 (   )의 원칙을 따르되 소수의 의견도 존중해야 해요.

5 국가가 소유하거나 통치하는 땅 전체인 (   )는 영토, 영공, 영해로 이루어져 있어요.

6 (   )는 땅의 모습을 일정한 비율로 줄여 평면에 나타낸 그림으로, 길을 찾을 때 아주 유용해요.

7 주로 정부나 지방 자치 단체에서 공공의 이익을 위해 다양한 (   )을 만들어요.

8 3·1 운동은 우리 민족의 (   )에 대한 열의를 세계에 알리는 계기가 되었어요.

9 (   )에 따라 사람들의 옷차림, 식생활 등의 생활 모습이 달라져요.

10 계절의 변화에 따라 행하는 생활 관습인 (   )에는 농사가 잘되기를 바라는 마음과 건강과 복을 비는 마음이 담겨 있어요.

정답 1 권리 2 지방 자치 3 건국 4 다수결 5 국토 6 지도 7 정책 8 독립 9 기후 10 세시 풍속

흥미진진 어휘 퀴즈 ③

초성 퀴즈왕이 될 거야!

✔ 초성 힌트를 보고 다음 대화의 빈칸에 어울리는 단어를 써 보세요.

영민 우리 [ㄱ][ㅈ]의 특산물이 무엇인 줄 아니?

한별 포도 아니야? 다음 주부터 포도 축제가 열린다던데.

원우 노인 인구가 많아지는 [ㄱ][ㄹ][ㅎ]가 빨라지고 있대요.

아빠 [ㄱ][ㅈ][ㅎ][ㄷ]이 가능한 인구가 줄어들겠구나.

선생님 우리나라가 [ㅂ][ㄷ] 되지 않았다면 어땠을까요?

은석 [ㅇ][ㅅ][ㄱ][ㅈ]들이 슬퍼하는 일이 생기지 않았을 거예요.

정빈 세계 곳곳에 [ㄱ][ㅇ]로 고통 받는 어린이들이 많이 있대요.

엄마 맞아. 이제는 [ㅈ][ㄱ][ㅊ] 전체의 문제가 됐지.

수지 나는 아시아나 유럽뿐만 아니라 지구의 모든 [ㄷ][ㄹ]을 가 보고 싶어.

준혁 멋지다! 그 꿈 꼭 이루길 바라.

정답 고장 고령화, 경제 활동 분단, 이산가족 기아, 지구촌 대륙

흥미진진 어휘 퀴즈 ④

맞춤법은 내가 최고!

정확한 맞춤법이 사용된 문장을 골라 동그라미 쳐 보세요.

1 (1) 손님의 닦달에 요리사가 서두르기 시작했어요. ( )

(2) 손님의 닥달에 요리사가 서두르기 시작했어요. ( )

2 (1) 독감에 걸려 열흘이나 고생했다더니 얼굴이 핼쓱해요. ( )

(2) 독감에 걸려 열흘이나 고생했다더니 얼굴이 핼쑥해요. ( )

3 (1) 숨박꼭질은 여러 명이 함께 해야 더 재미있어요. ( )

(2) 숨바꼭질은 여러 명이 함께 해야 더 재미있어요. ( )

4 (1) 가냘파 보이는 친구를 도와 무거운 짐을 함께 옮겼어요. ( )

(2) 갸날파 보이는 친구를 도와 무거운 짐을 함께 옮겼어요. ( )

5 (1) 호랑이 역활을 맡은 친구가 연기를 실감나게 잘했어요. ( )

(2) 호랑이 역할을 맡은 친구가 연기를 실감나게 잘했어요. ( )

6 (1) 말썽꾸러기 동생의 뒤치닥거리에 하루가 피곤해요. ( )

(2) 말썽꾸러기 동생의 뒤치다꺼리에 하루가 피곤해요. ( )

정답 1(1) 2(2) 3(2) 4(1) 5(2) 6(2)

우리는 과학자처럼 주변을 살피며,
매일 과학을 경험하며 살아가요.

PART 4

과학

세상이 움직이는 원리와 법칙

1장 운동과 에너지

2장 물질

3장 생명

4장 지구와 우주

“

우리는 밥을 먹고 건강해지기 위해 운동을 해요.
과학에서는 아주 작은 먼지의 움직임도 운동이라고 하지요.

땅 위에 두 발을 딛고 서 있는 것,
자동차가 고속도로에서 달리다가 차가 막히면 멈춰 서는 것,
나무에서 사과가 떨어지는 것.
이 모든 일은 ‘에너지’를 필요로 하는 일이면서
‘운동’이라고 부를 수 있답니다.

”

운동과 에너지

 교과연계표

가설	과학 6-2	굴절	과학 6-1
자석	과학 4-1	중력	과학 6-1
진동	과학 3-2	속력	과학 5-2
반사	과학 6-1	전도	과학 5-1
에너지	과학 6-2	볼록 렌즈	과학 6-1

가설 假說 거짓 가, 말씀 설

무슨 일이 일어날지 예측하여 가정하는 것

- 일반적으로 이론을 증명하거나 새로운 현상을 설명하기 위해 설정해요.
- 과학적 연구에서 가설은 실험을 설계하고 결과를 해석하는 데 중요한 역할을 해요.
- 예를 들어, '화분에 물을 많이 주면 꽃이 더 잘 자랄 것이다'라는 가설을 세우고 실험 결과를 확인해 볼 수 있어요.

쓰임 알기

교과서 속
- 내가 세운 가설이 맞았는지 틀렸는지 실험을 통해 알 수 있어요.
- 실험 결과를 보고 가설이 맞는지 아닌지를 알 수 있어요.

일상 속
- '자전거를 타면 건강해질 것이다'라는 가설을 세우고 운동을 시작했어요.
- 노벨상을 받은 그 과학자는 자신의 가설을 증명하기 위해 놀라운 실험을 했어요.

확장하기

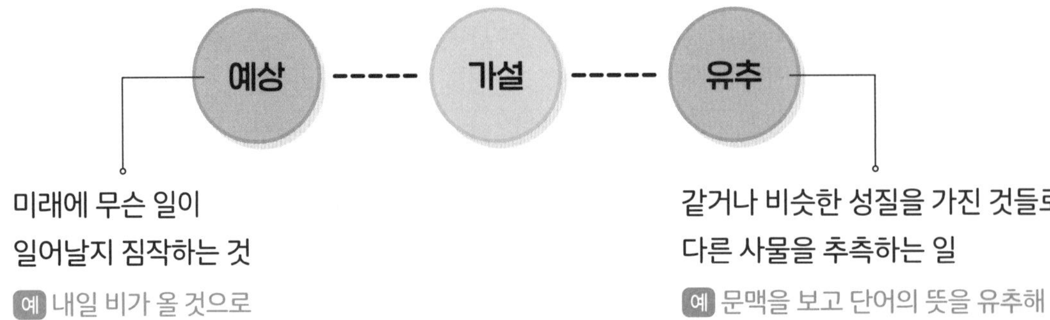

예상: 미래에 무슨 일이 일어날지 짐작하는 것

예 내일 비가 올 것으로 예상해요.

유추: 같거나 비슷한 성질을 가진 것들로 다른 사물을 추측하는 일

예 문맥을 보고 단어의 뜻을 유추해 보세요.

자석 磁石 자석 자, 돌 석

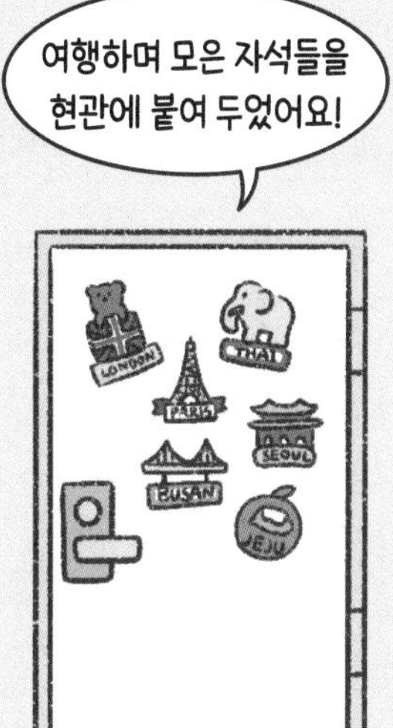

철과 같은 금속 물질을 끌어당기는 힘이 있는 도구

- 양 끝부분의 힘이 가장 세기 때문에 물체가 양 끝에 가장 많이 붙어요.
- 두 개의 극을 가지고 있으며 같은 극끼리는 밀어내고, 다른 극끼리는 잡아당기는 성질이 있어요.
- 얇은 종이나 플라스틱 등을 통과해 힘을 작용해요.

쓰임 알기

교과서 속
- 자석은 막대자석, 말굽자석, 원형자석 등 다양한 모양이 있어요.
- 클립은 자석의 양 끝에 가장 많이 붙어요.

일상 속
- 메모지 뒤에 자석이 있어서 냉장고에 붙여 두고 쓸 수 있어요.
- 자석을 이용해서 잃어버린 바늘을 쉽게 찾았어요.

확장하기

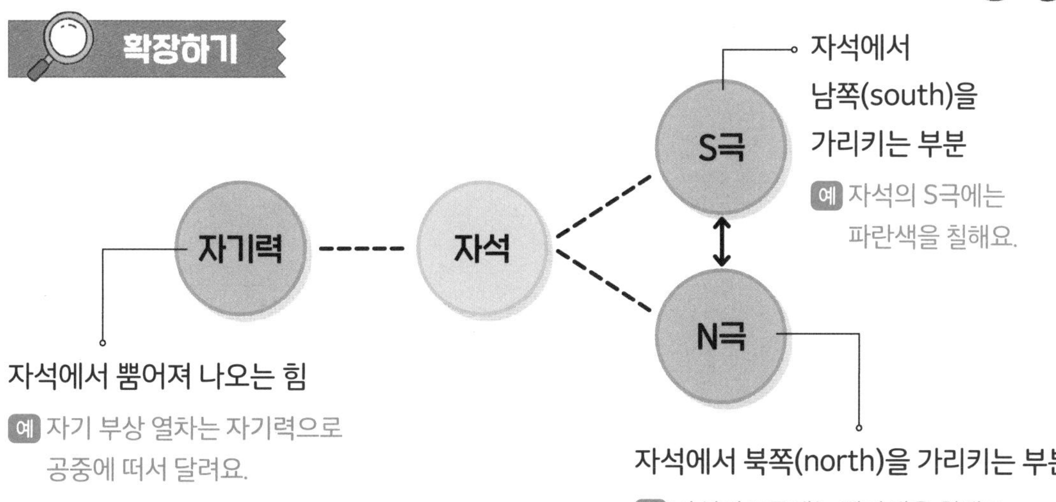

진동 振動 떨칠 진, 움직일 동

물체가 앞뒤나 위아래로 빠르게 움직이며 떨리는 것

- 악기 소리, 전화벨 소리, 심지어 우리 몸속에서 나는 소리도 진동으로 발생해요.
- 진동 횟수가 많으면 높은 소리가 나고, 진동 횟수가 적으면 낮은 소리가 나요.
- 진동의 폭이 크면 큰 소리, 진동의 폭이 작으면 작은 소리예요.

쓰임 알기

교과서 속
- 큰 소리는 물체가 크게 진동하는 것이에요.
- 소리는 고체, 액체, 기체 등을 진동시켜 우리에게 전달돼요.

일상 속
- 도서관에서는 벨소리가 울리지 않게 진동으로 바꿔야 해요.
- 공연장 스피커에서 나오는 큰 음악 소리 때문에 심장이 쿵쿵대는 진동을 느꼈어요.

확장하기

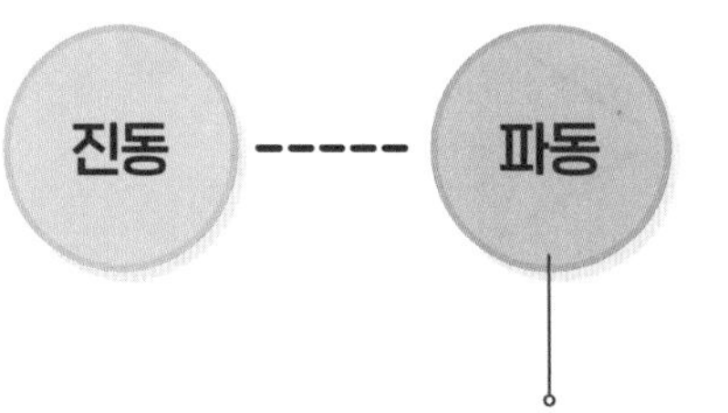

에너지가 전달되는 방법이자 일종의 진동

예 파동에는 횡파와 종파가 있어요.

하나 더 알고 가기

'파동'은 어떤 현상이 퍼져 사회적으로 큰 영향을 미치는 것을 뜻하기도 해요. 1970년대에 일어난 석유 파동은 석유 가격이 급격하게 올라 세계 경제가 크게 어려움에 처했던 일이에요.

반사 反射 돌이킬 반, 쏠 사

빛이나 다른 에너지가 특정 표면에 부딪혀 돌아오는 현상

- 거울이나 유리창에 물체를 비추면 빛이 반사되어 앞에 놓인 물체의 모습이 그대로 나타나요.
- 거울처럼 매끄러운 표면에서는 들어온 빛의 각도와 반사된 빛의 각도가 같아요.
- 빛이 표면으로 들어오는 각도를 '입사각', 표면에서 반사되어 나가는 각도를 '반사각'이라고 해요.

쓰임 알기

교과서 속
- 거울에 비친 빛이 방향을 바꾸어 나아가는 것을 빛의 반사라고 해요.
- 빛은 직진하는 성질과 반사하는 성질이 있어요.

일상 속
- 햇빛이 차 유리에 반사되어 눈이 부셨어요.
- 더 환한 얼굴로 사진을 찍기 위해 빛이 반사된 흰 종이를 준비했어요.

확장하기

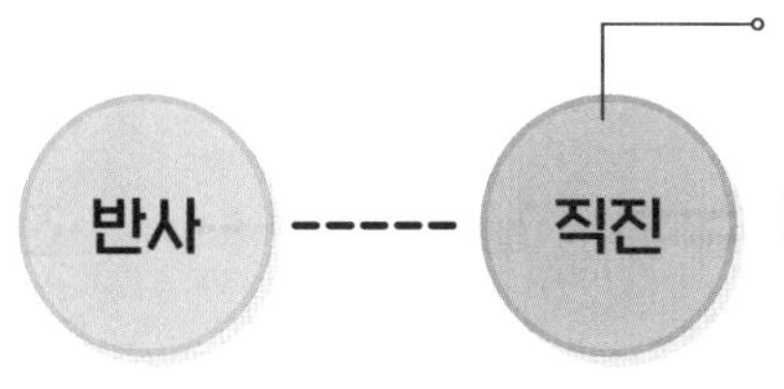

직진: 일정한 방향으로 계속해서 나아가는 것

예 빛은 빠른 속도로 직진하는 성질이 있어요.

상대방과 의견이 다를 때, '반대하다'라는 말을 하죠? '어떤 의견에 대해 따르지 않고 맞서다'는 의미를 가진 '반대'도 反(돌이킬 반)을 써요.

에너지 energy

물체를 움직이게 하거나 일을 할 수 있는 능력

- 움직이고 변화하는 모든 것에는 에너지가 필요해요.
- 열에너지, 전기 에너지, 운동 에너지 등 다양한 형태로 존재해요.
- 에너지와 바꿔 쓸 수 있는 어휘로는 '힘', '동력' 등이 있어요.

쓰임 알기

교과서 속
- 기계는 석유, 전기 등에서 에너지를 얻어요.
- 생활에서 낭비되는 에너지를 줄여야 해요.

일상 속
- 우리는 음식으로 몸의 에너지를 채워요.
- 가족들의 응원과 사랑은 저에게 큰 에너지가 돼요.

확장하기

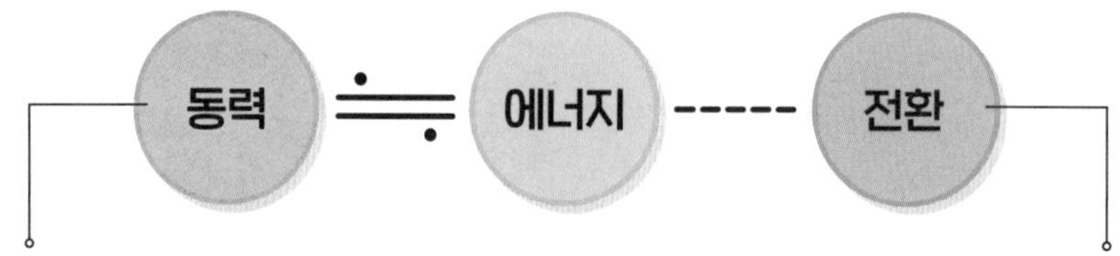

동력: 전기나 자연에 있는 에너지를 쓸 수 있도록 바꾼 기계적인 에너지

예 낮에 모은 햇볕은 밤에 동력으로 사용해요.

전환: 다른 방향이나 상태로 바뀌거나 바꾸는 것

예 전구는 전기 에너지를 빛에너지로 전환해요.

굴절 屈折 굽힐 굴, 꺾을 절

빛이나 파동이 다른 물질로 옮겨갈 때 경로를 변화시키는 현상

- 물속에 젓가락을 넣었을 때 젓가락이 꺾인 것처럼 보이는 현상을 굴절이라고 해요.
- 빛의 굴절은 직진하던 빛이 다른 물질을 만나면 꺾이면서 속도가 변화하는 성질 때문에 일어나요.
- 물질이 빛을 굴절시키는 정도를 '굴절률'이라고 해요.

쓰임 알기

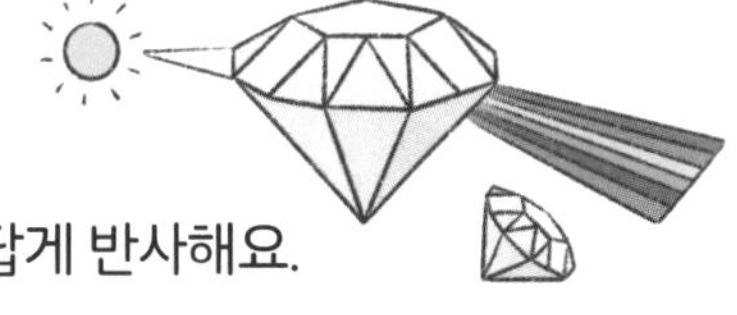

교과서 속
- 빛이 유리를 통과할 때 굴절 현상을 볼 수 있어요.
- 다이아몬드는 높은 굴절률을 가지고 있어 빛을 아름답게 반사해요.

일상 속
- 어느 쪽에서 봐도 굴절이 일어나지 않는 렌즈를 샀어요.
- 빛의 굴절 현상으로 도로 위에 아지랑이가 나타났어요.

확장하기

상대보다 힘이 부족하여 머리를 숙이고 무릎을 꿇어야 할 때, '굴복하다'라고 하죠. 굴복의 '굴'도 屈(굽힐 굴)을 사용해요.

중력 重力 무거울 중, 힘 력

땅에 있는 모든 물체가 서로 끌어당기는 힘

- 우리가 걸어 다니는 이유를 설명할 수 있으며 무게를 나타내는 원인이 돼요.
- 어느 방향으로 공을 던져도 결국 땅으로 떨어지는 현상을 보며 중력이 작용하고 있음을 알 수 있어요.
- 중력의 반대말은 '무중력'이에요.

쓰임 알기

중력이 날 끌어당겨서
어쩔 수 없이 누워 있는 거야.

교과서 속
- 물체의 무게는 지구가 물체를 끌어당기는 중력의 크기예요.
- 무거운 물체는 중력이 크게 작용하여 용수철이 더 많이 늘어나요.

일상 속
- 무용수가 중력을 이기는 것 같은 균형 감각으로 춤을 추고 있어요.
- 달에 가면 지구보다 중력이 약해지니까 내 몸도 훨씬 가벼워지겠지요!

확장하기

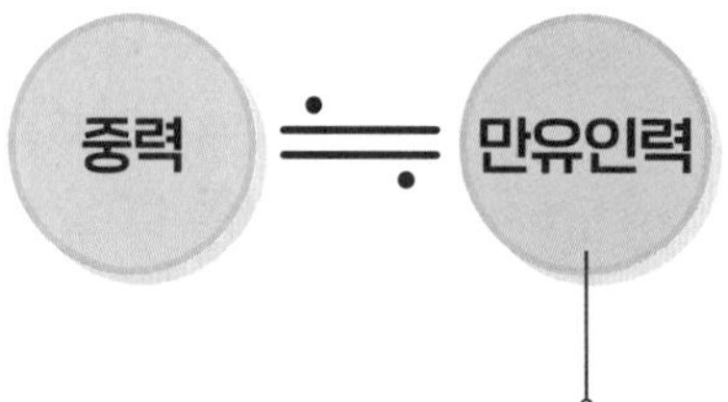

모든 물체 사이에 작용하는 힘

예 인공위성은 지구의 만유인력으로 궤도를 유지해요.

하나 더 알고 가기

무거운 역기를 힘과 기술로 들어 올리는 '역도'라는 운동도 중력과 같은 한자를 사용해요. 力(힘 력)은 단어의 가장 앞에 위치하면 '역', 뒤에 위치하면 '력'으로 써요.

속력 速力 빠를 속, 힘 력

일정한 시간 동안에 이동하는 거리

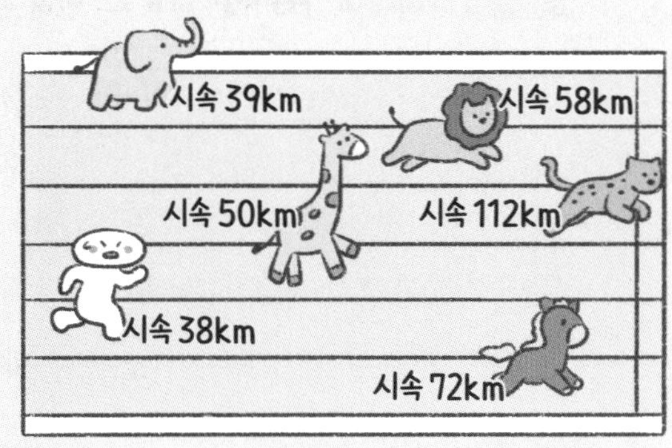

- '이동 거리÷걸린 시간'으로 구할 수 있어요.
- m/s(초속), km/h(시속) 등의 단위를 사용해서 속력을 나타내요.
- 예를 들어, 자동차의 속력이 시속 60km라면 한 시간에 60km를 갈 수 있다는 의미예요.

쓰임 알기

직선인 길을 달릴 때 속력을 더 빨리 낼 수 있어.

교과서 속
- 속력이 클수록 물체가 더 빨리 움직여요.
- 물체의 속력을 보면 빠르고 느린 정도를 알 수 있어요.

일상 속
- 자전거를 타면 걸을 때보다 더 높은 속력을 느낄 수 있어요.
- 어제는 우리나라에서 가장 속력이 빠른 전투기 비행쇼를 관람했어요.

확장하기

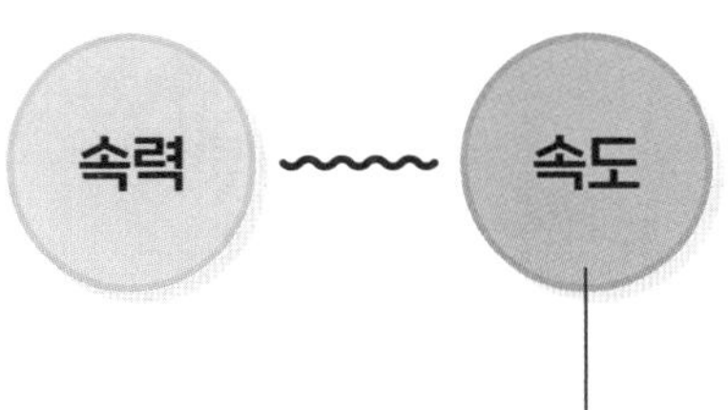

시간당 물체가 이동하는 거리로, 속력과 달리 방향을 포함하는 개념

예 속력은 '크기', 속도는 '크기+방향'이에요.

속력은 실제로 이동한 총 거리를 시간으로 나눠요. 하지만 속도는 처음의 위치와 도착한 위치의 직선거리, 즉 가장 짧은 거리를 측정해서 시간으로 나누지요.

전도 傳導 전할 전, 이끌 도

물질의 열 전달 능력을 나타내는 물리적 특성

- 열의 전도가 높은 물질은 열이 전달되는 속도가 빠르고, 열의 전도가 낮은 물질은 열이 전달되는 속도가 느려요.
- 물질을 이루는 입자들이 서로 충돌하며 열을 전달하는 과정이에요.
- 열이 이동하는 다른 방법으로 '대류'가 있어요.

교과서 속
- 온도가 높은 곳에서 온도가 낮은 곳으로 열이 이동하는 현상을 전도라고 해요.
- 열의 전도는 물질에 따라 그 속도가 달라요.

일상 속
- 열의 전도가 일어난 냄비 손잡이를 맨손으로 잡아서 화상을 입었어요.
- 열의 전도 현상을 이용해 난방을 하는 온돌방에 들어오니 아주 따뜻해요.

으, 열받아!
얼굴이 점점 빨개지는데?
열 전도가 일어나나 봐.

확장하기

단열 ----- 전도 ----- 대류

단열: 열을 전달하지 않고 보존하는 것, 즉 열의 전달을 막는 현상

예 겨울에는 단열이 잘되는 집이 따뜻해요.

대류: 액체나 기체에서 물질이 이동하면서 열이 전달되는 현상

예 물이 끓을 때 대류가 잘 일어나요.

볼록 렌즈 볼록 lens

중심 부분이 더 두껍고 가장자리가 얇은 렌즈

- 볼록 렌즈는 빛을 하나의 점에 집중시키거나 이미지를 확대할 수 있어요.
- 현미경, 카메라 등에서 볼록 렌즈를 사용해요.
- 볼록 렌즈로 가까이 있는 물체를 보면 크고 똑바로 보이지만, 멀리 있는 물체를 보면 작고 거꾸로 보여요.

쓰임 알기

교과서 속
- 빛을 볼록 렌즈에 통과시키면 빛이 굴절되어 나아가요.
- 볼록 렌즈로 물체를 보면 물체가 더 크게 보이거나 거꾸로 보여요.

일상 속
- 현미경의 볼록 렌즈로 머리카락을 관찰했어요.
- 할아버지께서 책을 읽을 때 사용하는 돋보기는 볼록 렌즈로 만들었어요.

확장하기

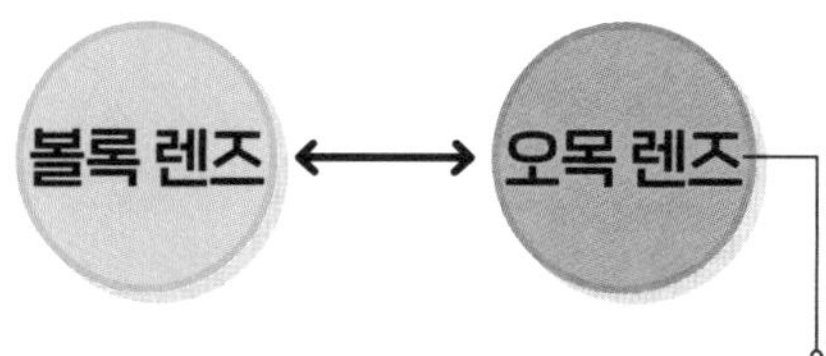

중심 부분이 얇고 가장자리가 두꺼운 렌즈

예 오목 렌즈는 멀리 있는 물체가 선명하게 보여요.

가까이 있는 물체는 잘 보이는데 멀리 있는 물체는 잘 보이지 않을 때는 오목 렌즈로 만든 안경을 써요. 반대로 가까운 물체가 잘 보이지 않을 때는 볼록 렌즈로 만든 안경을 쓰지요.

지켜라, 맞춤법!

은경쌤과의 대화에서 맞춤법을 지키지 않은 사람을 찾아보세요!

은경쌤

어버이날 집안일 돕기 미션은 어땠는지 말해 줄래?

한울

저는 설거지를 도와드렸어요.
그런데 그릇을 깨끗히 닦지 않았다고 혼났어요. ㅜㅜ

은경쌤

그래도 한울이가 노력하는 모습을
보고 기특하게 생각하셨을 거야.

소희

저는 화장실 청소를 했어요.

은경쌤

소희는 화장실 청소 깨끗하게 잘했니?

소희

네. 최선을 다했어요.
화장실 청소가 이렇게 힘든 줄 몰랐어요.
앞으로 화장실을 깨끗이 써야겠어요.

은경쌤

쉬운 일이 없지? 오늘을 잊지 말고 효도하자!

설겆이 vs 설거지

'설거지'는 사용한 그릇이나 주방 용품을 씻어 정리하는 일이에요. 과거에는 '설겆이'가 표준어였지만 현재는 사용하지 않기 때문에 틀린 표현이에요. '설거지'라고 바르게 표기합시다!

쓰임

바쁜 아침에는 **설겆이**를 할 시간이 없어서 저녁까지 미루어 두기도 해요. X

바쁜 아침에는 **설거지**를 할 시간이 없어서 저녁까지 미루어 두기도 해요. O

깨끗히 vs 깨끗이

'깨끗이'는 '더럽지 않게, 아주 잘 정돈하여'라는 의미예요. '깨끗이'가 바른 표기이기 때문에 [깨끄치]가 아닌 [깨끄시]라고 소리 내어 읽어요. '-이'와 '-히'의 소리가 비슷해서 헷갈리기 쉽지만 '깨끗이'가 맞는 표현임을 기억하세요.

쓰임

재활용품은 **깨끗히** 씻어서 버려야 해요. X

재활용품은 **깨끗이** 씻어서 버려야 해요. O

“

이 세상에 존재하는 크고 작은 모든 것들은
물질들이 모여 이루어진 것이랍니다.
심지어 우리 눈에 보이지 않는 공기도 다양한 물질로 이루어져 있어요.

비가 눈이 되어 내리고, 기온이 올라가면 쌓인 눈이 녹는 것처럼
물질은 환경에 따라 상태가 변하기도 해요.
물질의 상태가 변하면 그 물질이 이루고 있는 물체의 특징도 바뀐답니다.

”

물질

교과연계표

병렬	과학 6-2	혼합물	과학 5-1
전자석		산소	과학 4-2
물질	과학 3-2	용해	과학 5-2
고체	과학 4-1	산성	
증발		연소	과학 6-2

병렬 竝列 나란히 병, 줄 렬

나란히 늘어서거나 나란히 늘어놓은 것

- 전구나 서로 다른 기기 및 장치들이 독립적으로 동작할 수 있도록 병렬로 연결해요.
- 전구를 병렬연결하면 하나의 전구를 켜거나 끄더라도 나머지 전구에 영향을 주지 않아요.
- 다양한 전자기기를 사용하는 현대에는 멀티탭처럼 병렬로 연결된 전기 회로를 쉽게 볼 수 있어요.

쓰임 알기

교과서 속
- 전구 두 개를 두 줄로 나누어 연결한 것을 병렬연결이라고 해요.
- 여러 개의 전구를 병렬로 연결하면 직렬로 연결한 것보다 더 밝아요.

일상 속
- 컴퓨터의 USB 포트는 병렬로 연결되어 있어서 여러 기기를 동시에 사용할 수 있어요.
- 한눈에 보기 좋게 물건을 병렬로 놓아두었어요.

확장하기

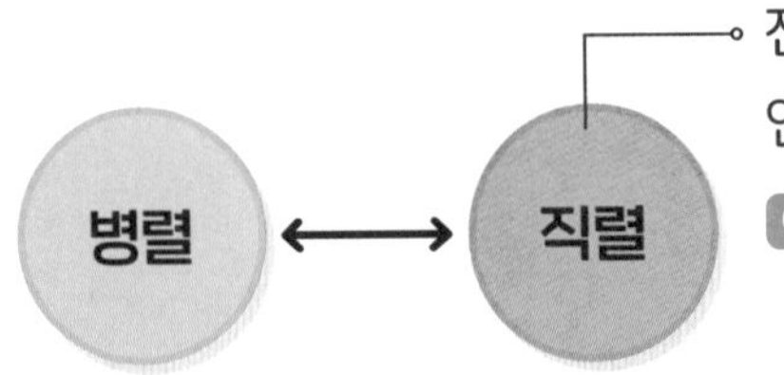

직렬: 전기 회로에서 여러 부품이 하나의 연결 경로를 공유하는 방식

예 직렬은 전류가 하나의 길로만 흘러요.

하나 더 알고 가기 전기 회로를 병렬로 연결하면 전류가 여러 갈래로 흘러요. 우리 집에서 부모님 방과 내 방의 조명 스위치가 각각 작동하는 이유가 바로 병렬연결 때문이죠.

전자석 電磁石 번개 전, 자석 자, 돌 석

전기가 흐르면 자석이 되는 장치

- 전자석에 전류가 흐르면 자석처럼 금속 물체를 끌어당기거나 밀어낼 수 있어요.
- 전자석은 N극과 S극의 위치를 바꿀 수 있어요.
- 전류의 양으로 전자석의 세기를 조절할 수도 있어요.

쓰임 알기

교과서 속
- 전자석은 선풍기, 세탁기 등 다양한 곳에서 사용되고 있어요.
- 전자석은 철 막대에 전선을 한쪽 방향으로 계속 감아서 만들어요.

일상 속
- 폐차장이나 고물상에서는 전자석을 활용해서 무거운 고철을 쉽게 옮겨요.
- 더 많은 물체를 끌어당기기 위해 전선을 많이 감아 전자석의 세기를 강하게 만들었어요.

확장하기

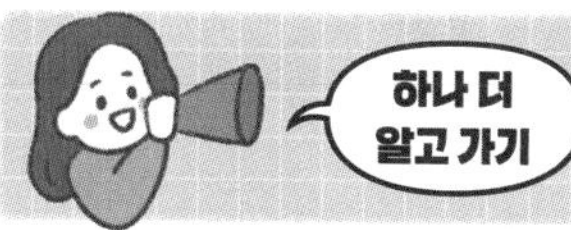

우리에게 없어서는 안 될 전기 에너지의 '전기'도 電(번개 전)을 써요. 전선, 전구, 전지, 심지어 전화까지도 모두 電(번개 전)을 쓰지요.

물질 物質 만물 물, 바탕 질

보고 만질 수 있는 모든 것

- 공기, 물, 나무, 금속, 고무 등이 모두 물질이에요.
- 각각의 물질은 고유한 성질을 가지고 있어요.
- 물질은 물체를 만드는 재료가 돼요.

쓰임 알기

교과서 속
- 여러 가지 물질을 사용하여 다양한 물체를 만들어요.
- 종류가 같은 물체라도 쓰임새에 따라 다른 물질로 만들기도 해요.

일상 속
- 어린이용 장난감에서 발암 물질이 발견되었다는 기사를 봤어요.
- 우리가 입는 옷은 섬유라는 물질로 만들어요.

확장하기

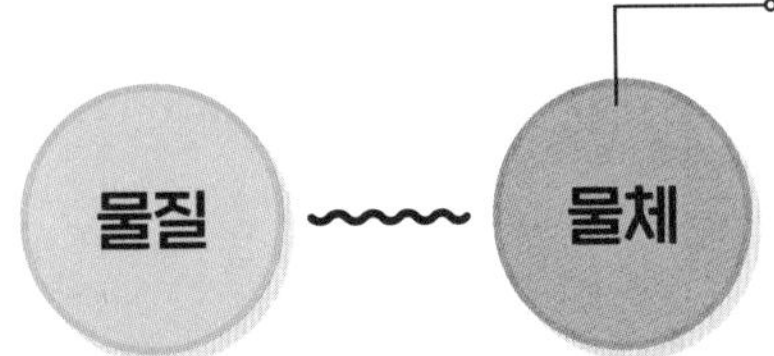

물질로 구성된 모든 것

예 나무, 금속, 플라스틱 등의 물질로 책상이라는 물체를 만들어요.

하나 더 알고 가기 '물체'란 형체가 있는 물건을 말하기에 한자 體(몸 체)를 써요. 즉, 물질은 모든 물체를 포함하는 더 큰 개념이에요.

고체 固體 굳을 고, 몸 체

변하지 않는 일정한 형태와 부피를 가지고 있는 물질의 상태

- 눈에 보이고 손으로 잡을 수 있으며, 만져도 모양이 변하지 않아요.
- 고체를 이루는 입자들이 규칙적으로 촘촘히 배열되어 있어 물질의 형태를 유지할 수 있어요.
- 고체 외에 액체와 기체 상태로 존재하는 물질도 있어요.

쓰임 알기

교과서 속
- 담는 그릇이 달라져도 고체는 모양과 부피가 변하지 않아요.
- 고체는 눈으로 볼 수 있고 손으로 잡을 수 있어요.

일상 속
- 액체인 물약보다 고체인 알약이 먹기에 더 편해요.
- 고체 비누를 물에 오래 담가 두었더니 흐물흐물해졌어요.

확장하기

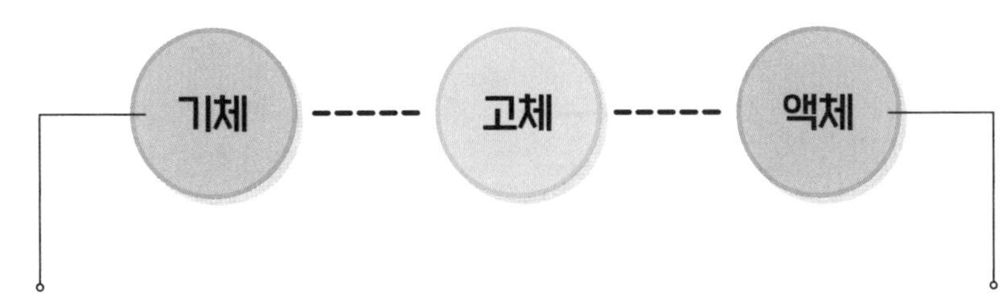

기체: 일정한 모양과 부피를 가지지 않아 부피가 변할 수 있는 물질의 상태

예 공기는 우리가 가장 잘 아는 기체예요.

액체: 담는 그릇에 따라 모양은 변하지만, 부피는 변하지 않는 물질의 상태

예 기체의 온도를 낮추면 액체로 변해요.

증발 蒸發 찔 증, 쏠 발

액체 상태의 물질이 표면에서 기체 상태로 변화하는 과정

- 온도가 높을수록, 바람이 불수록, 습도가 낮을수록 증발이 빨리 일어나요.
- 액체는 증발하면서 주변의 열을 빼앗기 때문에 주변이 시원하게 느껴져요.
- 액체의 종류마다 증발 속도가 달라요.

쓰임 알기

교과서 속
- 액체인 물이 기체인 수증기로 변해 공기 중으로 날아가는 현상이 증발이에요.
- 헤어드라이어로 젖은 머리카락을 말리는 것은 증발을 이용한 것이에요.

일상 속
- 햇빛이 쨍하고 바람이 불어서 빨래의 물기가 빨리 증발했어요.
- 더운 여름날에 등목을 했더니 물이 증발하면서 시원해졌어요.

확장하기

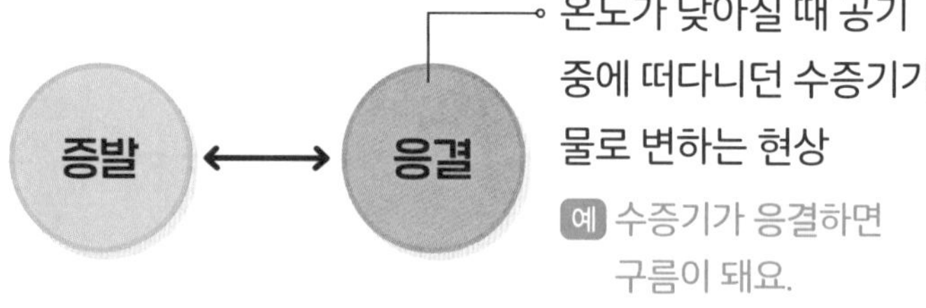

하나 더 알고 가기 '게 눈 감추듯'이라는 말을 들어 봤나요? 음식을 허겁지겁 빨리 먹어 치웠을 때 사용하는 말이에요. 같은 상황에서 '음식이 증발해 버렸다'라고 말하기도 해요.

혼합물 混合物 섞을 혼, 합할 합, 만물 물

두 개 이상의 순수 물질이 섞여 있는 것

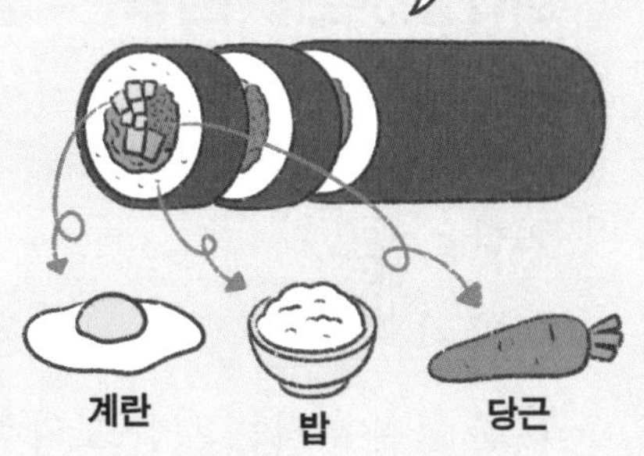

- 혼합물 속에 있는 여러 물질은 각각의 고유한 성질을 잃지 않아요.
- 혼합물에서 원하는 물질을 분리해 내기 위한 방법은 다양해요.
- 혼합물은 골고루 잘 섞이기도 하고, 섞이지 못해 층이 생기기도 해요.

쓰임 알기

교과서 속
- 알갱이의 크기 차이를 이용하여 콩과 좁쌀의 혼합물을 분리할 수 있어요.
- 물에 녹는 성질을 이용하여 모래와 소금의 혼합물을 분리할 수 있어요.

일상 속
- 혼합물에서 철가루만 골라내려고 자석을 사용했어요.
- 오늘 점심시간에는 나물, 밥, 달걀, 고추장을 섞은 혼합물인 비빔밥을 먹었어요.

확장하기

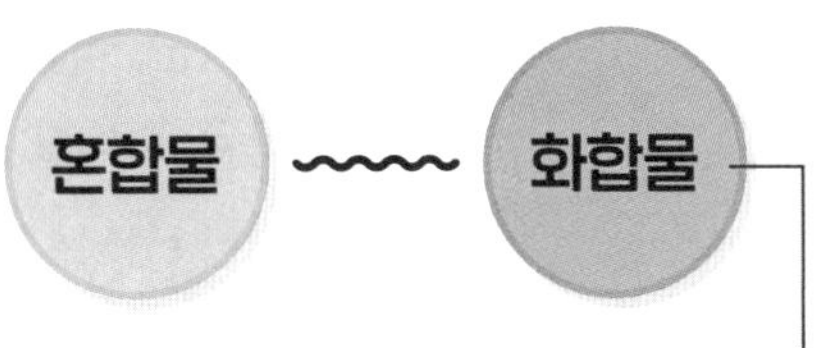

2개 이상의 원소가 결합한 새로운 물질

예 소금은 나트륨과 염소가 결합한 화합물이에요.

섞여도 각각의 고유한 성질을 유지하는 혼합물과 달리, 화합물은 기존의 성질을 모두 잃고 만들어진 새로운 물질이에요. 이러한 차이점을 기억하면 쉽게 구분할 수 있겠죠?

산소 酸素 초 산, 흴 소

화학 원소로, 공기의 주요 구성 요소 중 하나

- 생명체가 호흡으로 에너지를 얻는 데 중요한 역할을 해요.
- 철과 같은 금속을 녹슬게 하는 성질이 있어요.
- 다른 물질이 타는 것을 도와줘요.

쓰임 알기

교과서 속
- 산소는 색깔과 냄새가 없는 기체예요.
- 묽은 과산화 수소수와 이산화 망가니즈를 이용하여 산소 발생 장치를 만들 수 있어요.

일상 속
- 나무가 많은 숲에서 산소를 마음껏 마셨어요.
- 우리의 뇌에는 충분한 산소가 공급되어야 해요.

확장하기

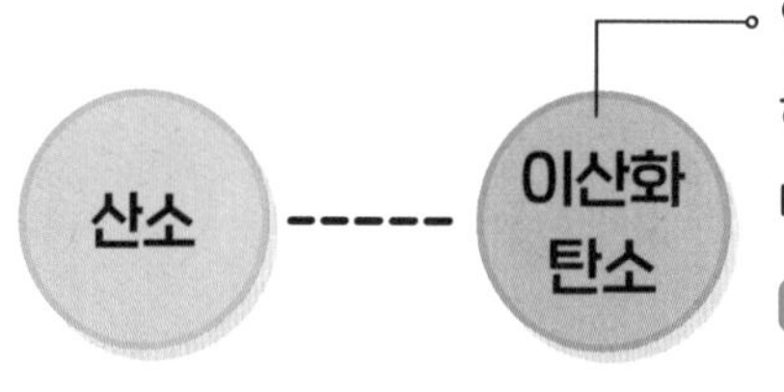

인간 혹은 동물이 호흡을 하거나 석탄, 석유 등을 태울 때 주로 나오는 기체

예 이산화 탄소는 지구의 기온을 조절하는 데 중요한 역할을 해요.

하나 더 알고 가기 피자나 치킨을 먹을 때 빠질 수 없는 콜라, 사이다 등과 같은 탄산음료는 물에 녹인 이산화 탄소를 이용해 만든 식품이에요.

용해 溶解 녹을 용, 풀 해

어떤 물질이 다른 물질에 골고루 녹아드는 현상

- 소금이나 설탕이 물에 녹는 현상으로 용해를 쉽게 이해할 수 있어요.
- 물질이 용해되기 전의 무게와 용해된 후의 무게는 같아요.
- 물질에 따라 물에 용해되는 양이 달라요.

쓰임 알기

교과서 속
- 물질이 용해되어 눈에 보이지 않아도 없어진 것이 아니에요.
- 물의 온도에 따라 용해되는 물질의 양이 달라요.

일상 속
- 요리할 때는 소금을 잘 용해시켜야 짭짤한 맛이 고루 배어요.
- 흙은 물에 용해되지 않아서 아무리 휘저어도 시간이 지나면 가라앉아요.

확장하기

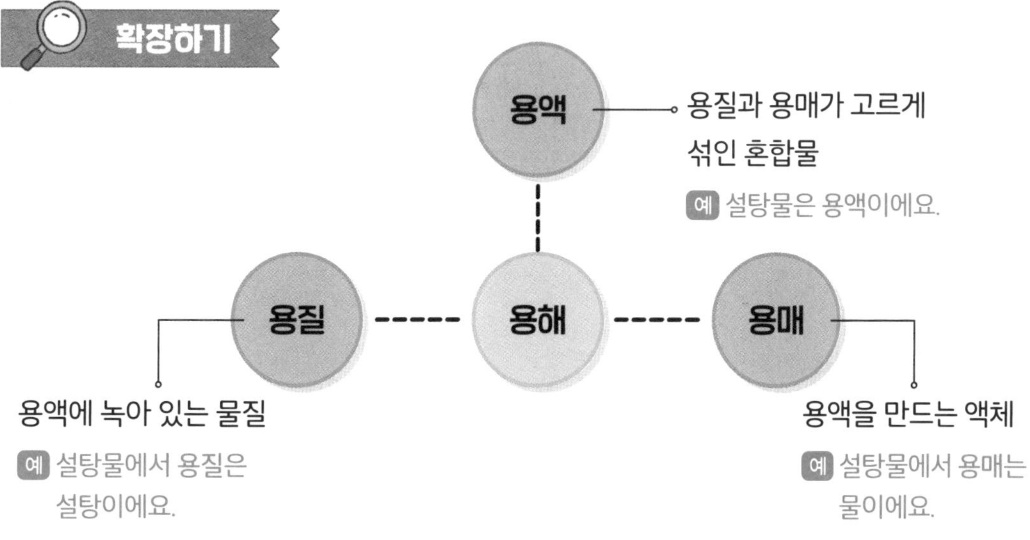

산성 酸性 초 산, 성품 성

물에 녹아 수소 이온(H^+)을 생성하는 물질

- 레몬주스나 식초, 김치, 요구르트 등이 대표적인 산성 물질이에요.
- 푸른색 리트머스 종이에 산성 용액을 떨어뜨리면 붉은색으로 변해요.
- 산성 용액은 철과 같은 금속을 부식시켜요.

쓰임 알기

교과서 속
- 탄산칼슘에 산성 용액을 떨어뜨리면 기포가 발생해요.
- 산성 용액에 염기성 용액을 넣으면 산성이 점점 약해져요.

일상 속
- 대기 오염이 심해질수록 산성비가 많이 내려요.
- 염산은 강한 산성이므로 실험을 할 때 조심해야 해요.

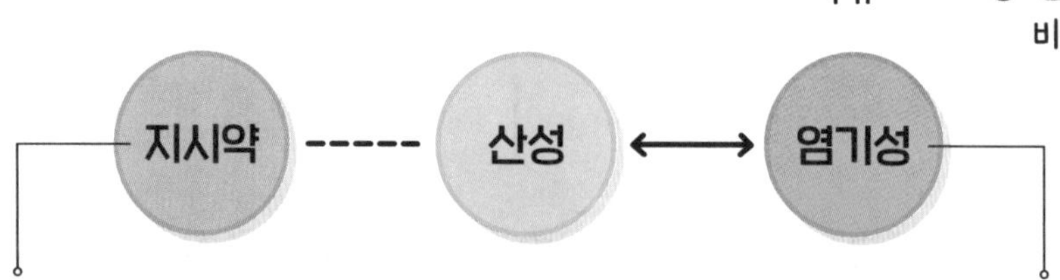

확장하기

지시약 ----- 산성 ⟷ 염기성

지시약: 용액이 산성인지 염기성인지 구별해 주는 물질

예 용액의 성질을 알아보기 위해 지시약을 준비했어요.

염기성: 물에 녹아 수산화 이온(OH^-)을 생성하는 물질

예 산성이 강한 땅에 염기성 비료를 뿌렸어요.

연소 燃燒 불탈 연, 불사를 소

물질이 산소와 만나 열과 빛을 발생시키며 타는 과정

- 연소의 3가지 조건인 탈 물질, 발화점 이상의 온도, 산소가 있으면 연소가 일어나요.
- 연소 과정에서 발생하는 열과 에너지는 발전소에서 전기를 생산하는 데 활용해요.
- 연소 후에는 물과 이산화 탄소가 생성돼요.

쓰임 알기

교과서 속
- 산소는 연소를 돕는 성질이 있어요.
- 연소의 조건 중 한 가지 이상의 조건을 없애면 불이 꺼져요.

일상 속
- 봄에는 건조하고 강한 바람 때문에 연소 반응이 급격히 확대되어 산불의 규모가 커질 수 있으니 조심해야 해요.
- 석탄과 석유는 연소가 일어날 때 많은 열을 방출해요.

확장하기

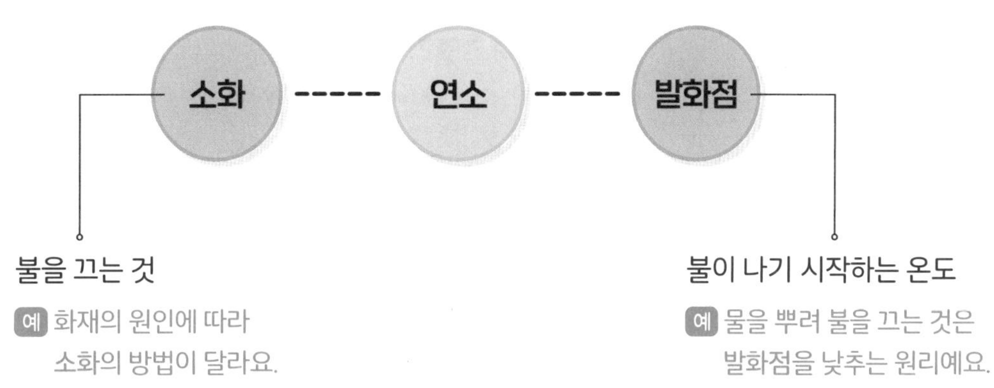

지켜라, 맞춤법!

은경쌤과의 대화에서 맞춤법을 지키지 않은 사람을 찾아보세요!

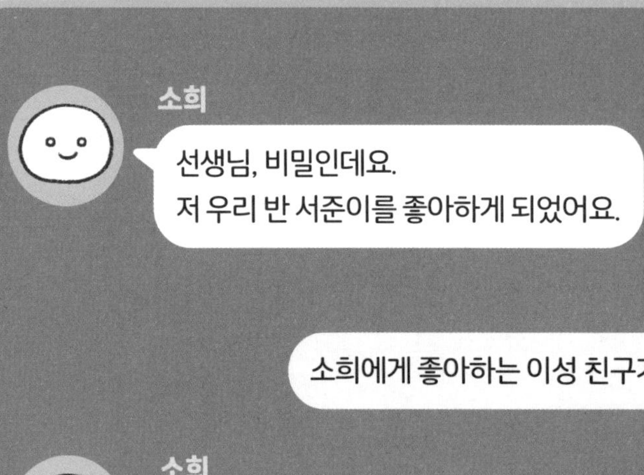

소희
선생님, 비밀인데요.
저 우리 반 서준이를 좋아하게 되었어요.

은경쌤
소희에게 좋아하는 이성 친구가 생겼구나?

소희
서준이를 볼 때마다 설레어요.

한울
지난번엔 동준이가 좋다고 하더니…?

소희
그땐 망설이기만 하다가 짝사랑으로 끝났지.
이번엔 반듯이 고백할 거야.

은경쌤
그래, 좋아하는 친구가 생길 수 있지.
건전하고 즐겁게 만나길 바랄게.

한울
나도 응원할게, 소희야!
반드시 성공하길!

설레이다 vs 설레다

'설레다'는 마음이 가라앉지 않고 들떠서 두근거릴 때 쓰는 어휘예요. 일반적으로 긍정적인 감정을 나타내며, 특히 사랑에 빠졌을 때나 기대할 만한 상황을 기다릴 때의 감정이나 기분을 설명하기 위해 쓰지요. 문학적 표현으로 '설레이다'라고 쓰기도 하지만 올바른 표현은 '설레다'임을 기억하세요.

쓰임 오랜만에 떠나는 여행이라 아주 설레여요. X

오랜만에 떠나는 여행이라 아주 설레요. O

반듯이 vs 반드시

'반듯이'와 '반드시'는 [반드시]로 같은 소리가 나지만 그 뜻은 달라요.
'반듯이'는 '삐뚤어지지 않고 바르게'라는 의미로 물건이 바르게 놓여 있는 모습이나, 생각이나 행동이 올바를 때 사용해요. '바르게', '똑바로' 등으로 바꾸어 쓸 수 있지요.
'반드시'는 '틀림없이 꼭'이라는 의미로, 강한 강조를 나타내요. '무조건', '기필코', '꼭' 등으로 바꾸어 써도 자연스러워요.

쓰임 초등학생이라면 이 책을 반드시 읽어야 해요. O

오늘은 반듯이 방학 숙제를 다 할 거예요. X

잠을 잘 때는 반듯이 누워야 허리에 무리가 가지 않아요. O

지구는 인간을 포함한 수많은 생명으로 가득 차 있어요.
여러 가지 식물과 동물 들이 저마다의 방식으로
자연 속에서 살아가지요.

생물들은 서로에게 영향을 주며 균형을 이루고 살아가기 때문에
어떠한 한 생물 종이 멸종되면 예상하지 못한 큰 결과로 나타나요.
따라서 우리는 자연 생태계를 이해하고, 보호해야 해요.

생명

교과연계표

<table>
<tr><td>생물</td><td>과학 6-1</td><td>소화</td><td rowspan="4">과학 6-2</td></tr>
<tr><td>동물</td><td>과학 3-1</td><td>호흡</td></tr>
<tr><td>한살이</td><td rowspan="2">과학 3-1</td><td>배설</td></tr>
<tr><td>탈바꿈</td><td>감각</td></tr>
<tr><td>뼈</td><td>과학 6-2</td><td>세균</td><td>과학 3-2</td></tr>
<tr><td>광합성</td><td>과학 6-1</td><td>생태계</td><td>과학 4-2</td></tr>
</table>

생물 生物 날 생, 만물 물

생명을 가진 것으로, 먹고, 자라며, 후손을 이으며 살아가는 모든 것

- 생물은 세포로 구성되어 있으며, 다양한 형태와 크기로 존재해요.
- 동물, 식물, 미생물로 나눌 수 있어요.
- 생물과 반대되는 말은 '무생물'이에요.

쓰임 알기

교과서 속
- 생물은 오랜 시간에 걸쳐 주변 환경에 적응해요.
- 환경 오염으로 생물의 수와 종류가 줄어들고 있어요.

일상 속
- 우리 동네의 공원에는 다양한 종의 생물이 살아요.
- 과학자들은 생물이 환경에 어떻게 적응하며 살아가는지 꾸준히 연구해요.

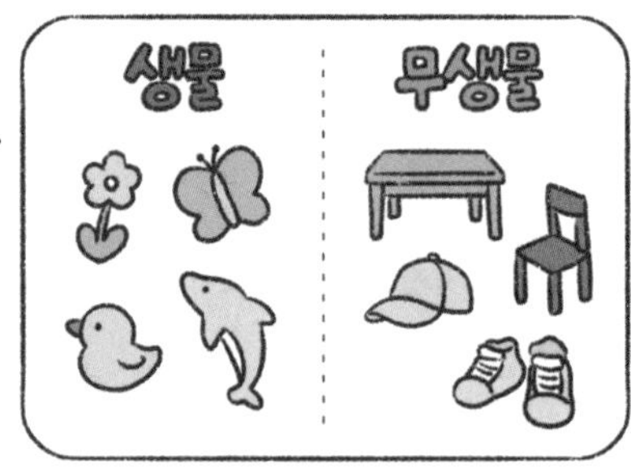

확장하기

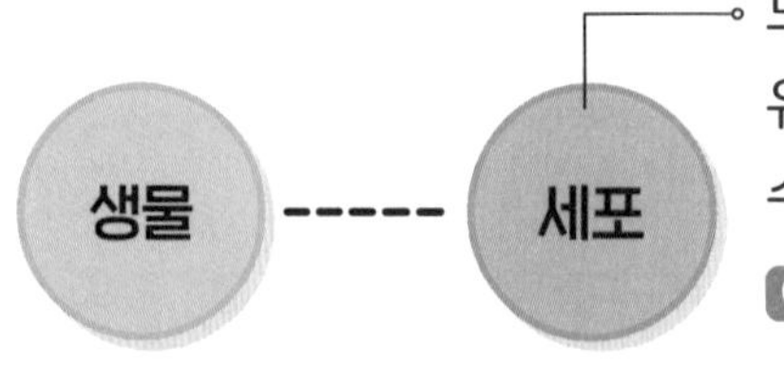

모든 생물의 기본 단위로, 생명을 유지하고 성장하며 기능을 수행하는 작은 구조물

예 우리 몸 안에는 많은 세포가 있어요.

하나 더 알고 가기 생물은 사람과 같이 다양한 세포로 이루어진 다세포 생물과, 아메바와 같이 하나의 세포로 이루어진 단세포 생물로 나눌 수 있어요.

동물 動物 움직일 동, 만물 물

스스로 움직일 수 있고, 다른 생물을 통해 양분을 얻어 살아가는 생물

- 강아지, 고양이, 새, 물고기, 곤충 등이 모두 동물이에요.
- 동물의 몸속에는 다양한 기관이 있어서 호흡을 하고, 먹이를 소화하며 살아가요.
- 다양한 기준으로 분류할 수 있는데, 가장 크게는 척추동물과 무척추동물로 나눌 수 있어요.

쓰임 알기

교과서 속
- 암수의 생김새가 비슷하여 구분이 어려운 동물도 있어요.
- 우리 주변에는 동물의 특징을 모방해 만든 물건들이 많이 있어요.

일상 속
- 동물 보호소에서 만난 강아지를 집으로 데려오기로 했어요.
- 강변을 걷다 보면 다양한 동물을 만날 수 있어서 좋아요.

확장하기

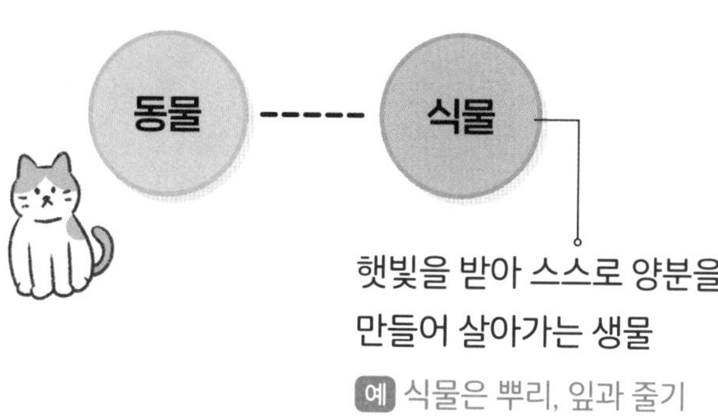

햇빛을 받아 스스로 양분을 만들어 살아가는 생물

예 식물은 뿌리, 잎과 줄기 등으로 구성되어 있어요.

버섯이 식물이 아니라는 사실을 알고 있나요? 식물은 영양분을 스스로 만들어요. 하지만 버섯은 스스로 영양분을 만들지 못하고 뿌리도 없어요. 보통 다른 생물체에 기생하며 사는 버섯은 동물도 식물도 아닌 균류에 속한답니다.

한살이

생물이 태어나서 죽을 때까지의 과정

- 식물의 한살이는 싹이 트고 자라 다시 씨를 맺기까지의 과정이에요.
- 동물의 한살이는 알이나 새끼로 태어나 자라다가 다시 자손을 만들고 죽는 과정이에요.
- 생물마다 수명이 각기 달라서 한살이의 기간도 달라요.

쓰임 알기

교과서 속
- 동물의 한살이 과정 중 새끼나 알을 낳는 것은 암컷이에요.
- 식물의 한살이를 관찰하기에는 강낭콩처럼 빨리 자라는 식물이 좋아요.

일상 속
- 어렸을 때 심은 나무와 함께 자라며 나무의 한살이를 관찰하고 있어요.
- 개구리의 한살이를 살펴봤더니 어렸을 때와 다 자랐을 때 모습이 많이 달랐어요.

확장하기

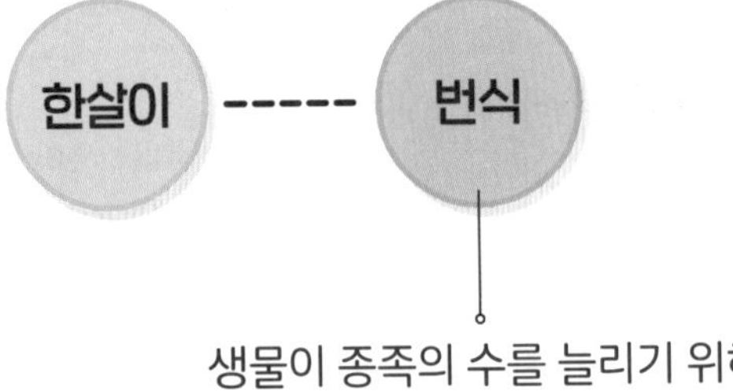

생물이 종족의 수를 늘리기 위해 후손을 남기는 과정

예 식물의 번식 방법은 다양해요.

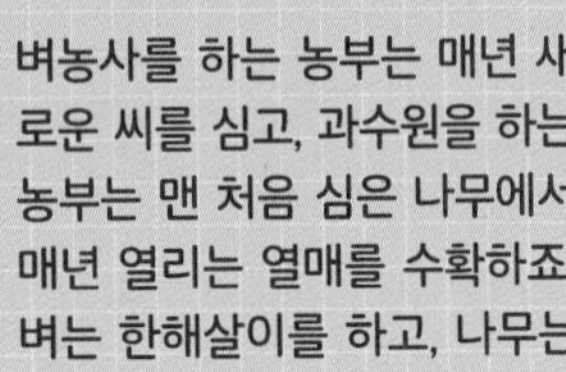

벼농사를 하는 농부는 매년 새로운 씨를 심고, 과수원을 하는 농부는 맨 처음 심은 나무에서 매년 열리는 열매를 수확하죠. 벼는 한해살이를 하고, 나무는 여러해살이를 하기 때문이에요.

탈바꿈

원래의 모습이 변신하여 새로운 형태나 상태로 변하는 것

- 곤충이 애벌레에서 어른벌레로 변하는 과정에서 몸의 형태가 급격히 변할 때 사용하는 어휘예요.
- 탈바꿈 과정에 따라 완전 탈바꿈과 불완전 탈바꿈으로 나눌 수 있어요.
- 동물류 중 포유류, 조류, 파충류는 탈바꿈을 하지 않아요.

쓰임 알기

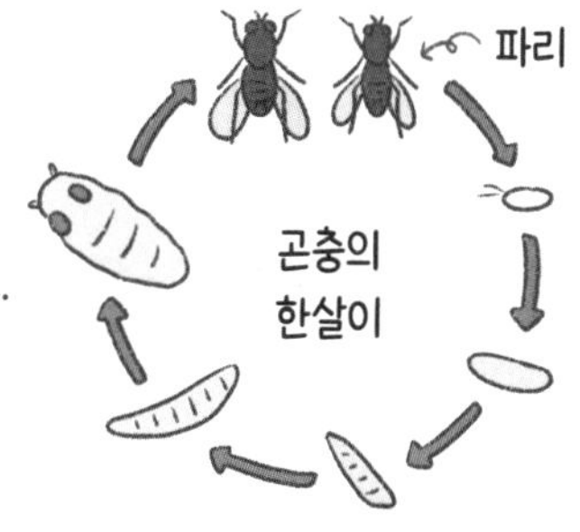

교과서 속
- 곤충의 한살이를 살펴보면 탈바꿈 과정을 관찰할 수 있어요.
- 곤충은 번데기를 거치는 탈바꿈도 있고, 거치지 않는 탈바꿈도 있어요.

일상 속
- 몇 년 전까지 시골이었던 동네가 도시의 모습으로 탈바꿈해서 모든 길이 새로워요.
- 시간 관리를 철저히 하는 생활 방식으로 탈바꿈하니까 더 건강해졌어요.

확장하기

불완전 탈바꿈: 번데기 단계를 거치지 않는 곤충의 한살이

예 메뚜기, 귀뚜라미, 잠자리 등은 불완전 탈바꿈을 해요.

완전 탈바꿈: 번데기 단계를 거치는 곤충의 한살이

예 나비, 장수풍뎅이 등은 완전 탈바꿈을 해요.

뼈

인간이나 동물의 몸을 지탱하고 형성하는 단단한 물질

- 강철보다 강하면서도 유연성이 있어 충격을 흡수하고 움직임을 가능하게 해요.
- 부위마다 모양은 다르지만 모두 우리 몸속의 주요 기관을 보호하는 기능을 해요.
- 인간의 뼈는 성인 기준으로 200여 개가 있으며 마디로 연결되어 움직일 수 있어요.

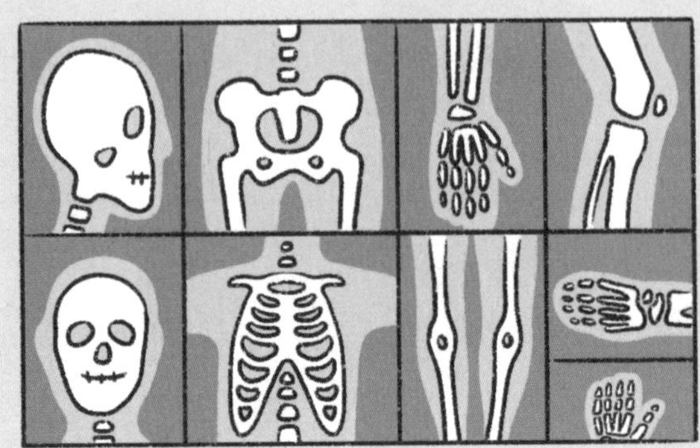

쓰임 알기

교과서 속
- 뼈는 모양과 크기가 다양해요.
- 머리뼈는 동그란 모양으로 뇌를 보호하는 역할을 해요.

일상 속
- 어릴 때는 연골이었던 부분이 성장하면서 튼튼하고 딱딱한 뼈로 변해가요.
- 발목이 아파서 엑스레이를 찍어 보았더니 뼈에 금이 가 있었어요.

확장하기

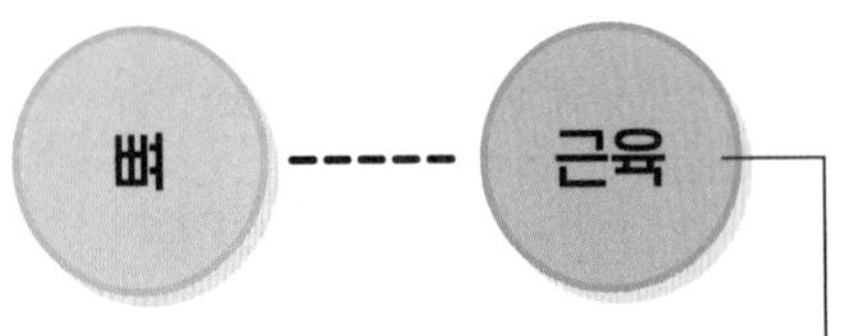

인간이나 동물의 몸을 움직이게 하는 조직

예 뭉친 근육을 풀기 위해 마사지를 했어요.

하나 더 알고 가기

'뼈도 못 추리다'라는 관용 표현이 있어요. 죽은 뒤 시신을 수습할 때, 뼈도 찾지 못할 만큼 상대방이 강하다는 의미로 싸움의 적수가 안 되어 손해만 보는 것을 말해요.

광합성 光合成 빛 광, 합할 합, 이룰 성

식물이 태양 빛을 받아서 양분을 만드는 과정

- 식물의 엽록체 안에 있는 엽록소라는 물질이 태양 빛을 받아 에너지를 만들어요.
- 뿌리에서 흡수한 물과 잎으로 들어온 이산화 탄소가 합쳐지면 광합성이 일어나고 녹말과 산소를 만들어 내요.
- 단풍이 드는 것은 이파리 속 엽록소가 줄어 더 이상 광합성 작용을 하지 않기 때문이에요.

쓰임 알기

교과서 속
- 광합성은 주로 식물의 잎에서 일어나요.
- 광합성으로 만들어진 물질은 녹말이에요.

일상 속
- 흐린 날이 이어져서 농작물들이 광합성을 하지 못하고 있어요.
- 햇볕이 좋은 날에 광합성을 잘 하도록 화분을 창가로 옮겼더니 새잎이 파릇파릇하게 자라났어요.

확장하기

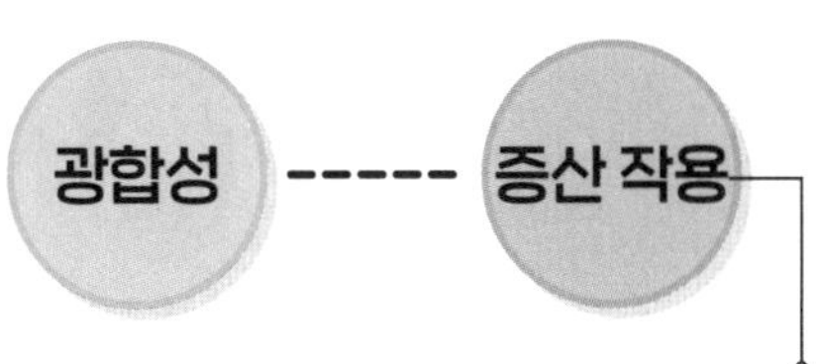

잎의 기공을 통해 물이 수증기 상태로 밖으로 빠져나가는 현상

예 식물은 증산 작용으로 온도를 스스로 조절해요.

사람이 햇볕을 쬐는 일광욕을 할 때도 '광합성을 한다'라고 말하곤 하지요. 광합성을 하는 식물이 영양분을 만들어 내는 것처럼 햇빛을 받은 몸속의 세포들이 활발하게 움직이기 때문이에요.

소화 消化 사라질 소, 될 화

우리의 몸이 음식물을 처리하여 영양소를 흡수하도록 만드는 과정

- 음식물이 소화 기관인 입, 식도, 위, 작은창자, 큰창자를 지나면서 잘게 분해되어 영양소 흡수가 이루어져요.
- 소화 기관이 아닌 간, 쓸개, 이자 등은 소화를 도와요.
- 다양한 조건에 따라 차이는 있지만 음식물이 완전히 소화되기까지는 약 6~8시간 정도가 걸려요.

쓰임 알기

교과서 속

- 영양소를 흡수하기 쉽도록 음식물의 크기를 쪼개는 과정이 소화예요.
- 음식물이 소화되면서 영양소와 수분은 몸속에 흡수되고 찌꺼기는 항문을 통해 몸 밖으로 나가요.

일상 속

- 식사가 끝나면 소화를 위해 가볍게 산책하는 것이 좋아요.
- 배부르게 먹은 간식이 아직 소화되지 않았어요.

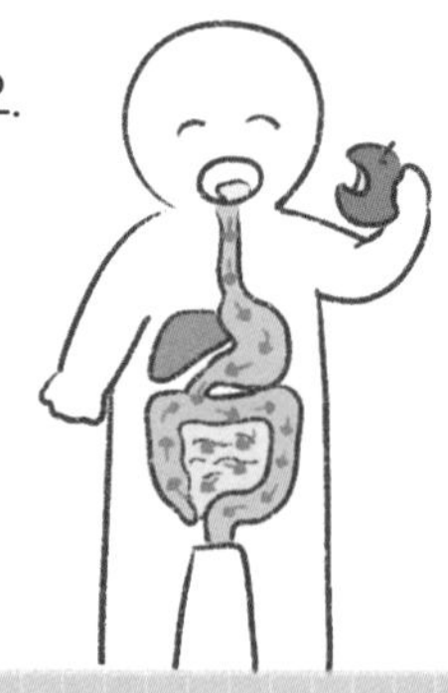

확장하기

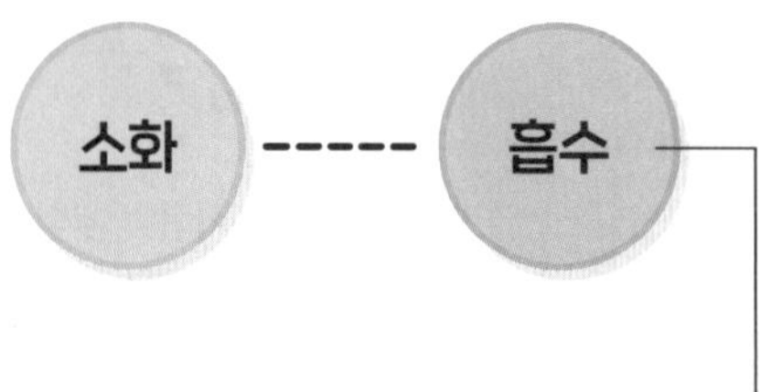

어떤 것을 외부에서 내부로 받아들이는 과정

예 땀을 잘 흡수하는 옷을 샀어요.

'배를 불리다'라는 표현이 있어요. 먹은 것을 잘 소화시켜 배가 부르다는 뜻으로 쓰일 듯하지만, 개인이 자기 이익을 취하여 욕심을 채웠을 때 사용하는 표현이에요.

호흡 呼吸 부를 호, 숨 들이쉴 흡

생물이 산소를 들이마시고 이산화 탄소를 내뱉는 과정

- 호흡을 하면 호흡 기관인 코, 기관, 기관지, 폐를 통해 공기가 이동해요.
- 공기 중의 산소를 흡입하여 혈액으로 전달하고, 혈액에 포함된 이산화 탄소를 방출하는 과정이에요.
- 호흡을 5분 이상 하지 않으면 생명이 위험해져요.

쓰임 알기

교과서 속
- 높은 곳에 올라갈수록 산소의 양이 줄어들어서 호흡이 빨라져요.
- 호흡 운동은 폐와 횡격막이 오르락내리락하며 일어나요.

일상 속
- 코감기 때문에 호흡하기가 어려워서 병원에 다녀왔어요.
- 운동할 때는 쉽게 지치지 않도록 깊게 호흡하는 것이 좋아요.

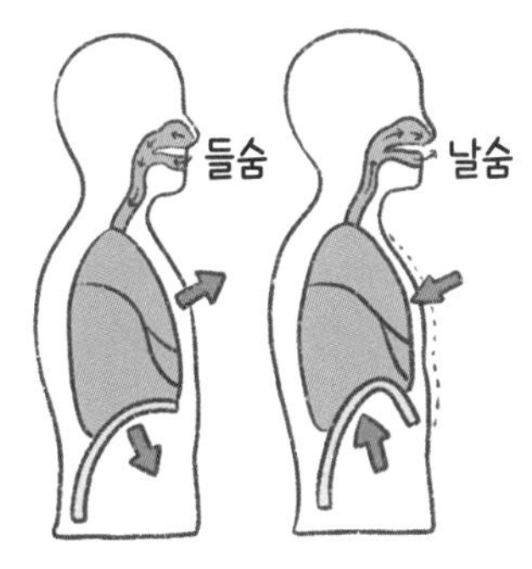

확장하기

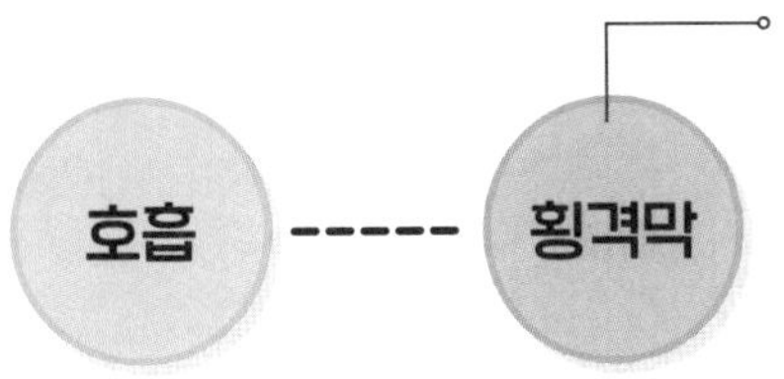

횡격막: 가슴과 복부를 구분하는 근육막으로, 호흡에 중요한 역할을 해요.

예 딸꾹질은 갑작스러운 횡격막의 수축으로 일어나요.

'숨이 턱에 닿다'라는 말은 몹시 숨이 찰 때 사용하는 표현이에요. 숨이 턱 끝까지 차오를 만큼 빠르게 호흡을 하고 있다는 뜻이지요.

배설 排泄 밀칠 배, 샐 설

우리 몸에 필요한 에너지를 만든 후에 생긴 노폐물을 몸 밖으로 내보내는 과정

- 노폐물은 배설 기관인 콩팥(신장), 오줌관, 방광, 요도를 거쳐 몸 밖으로 나가요.
- 배설은 우리 몸속의 독소를 제거하는 중요한 역할을 담당해요.
- 배설은 오줌량을 조절하며 몸속의 수분 균형을 맞추어 줘요.

쓰임 알기

교과서 속
- 배설에 관여하는 기관으로는 콩팥, 오줌관, 방광, 요도가 있어요.
- 배설은 깨끗한 혈액을 만드는 중요한 과정이에요.

일상 속
- 배설이 제대로 이루어지지 않아서 건강에 문제가 생겼어요.
- 나이가 들수록 배설 기능이 약해질 수 있으니 꾸준하게 관리해야 해요.

확장하기

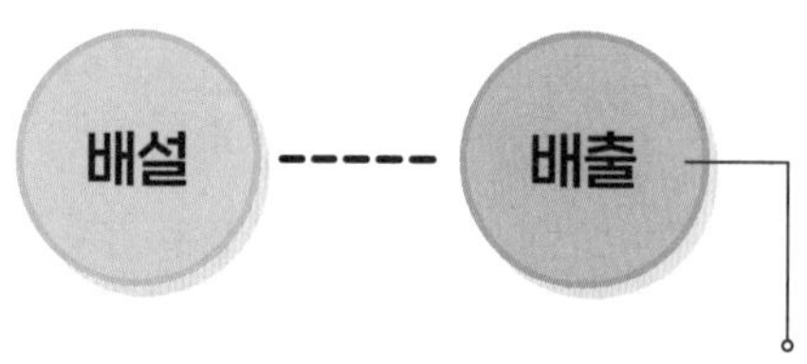

소화 후 남은 찌꺼기를 몸 밖으로 내보내는 과정

예 배출은 항문으로 대변을 내보내는 일이에요.

'똥 누러 갈 적 마음 다르고 올 적 마음 다르다'라는 속담이 있어요. 금방이라도 똥이 나올 것 같이 본인의 사정이 아주 급할 때는 매달리다가 일을 무사히 마치고 나면 모른 체하는 사람에게 쓰는 말이에요.

감각 感覺 느낄 감, 깨달을 각

외부 자극을 받아들이고 이를 인식하여 느끼는 능력

- 감각은 주로 오감으로 이루어지며, 각각 특정 자극에 반응해요.
- 감각 기관으로는 눈(시각), 귀(청각), 코(후각), 혀(미각), 피부(촉각) 등이 있어요.
- 감각 기관에서 받아들인 자극은 신경계가 해석하여 운동 기관이 해야 할 행동을 지시해요.

쓰임 알기

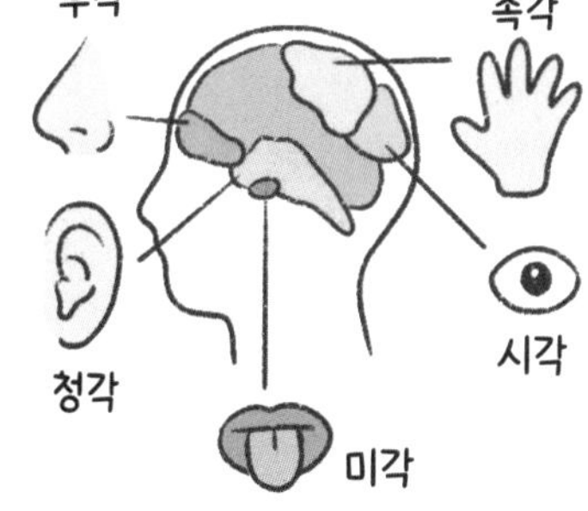

교과서 속
- 감각은 우리 몸이 주변의 다양한 자극을 받아들이는 것이에요.
- 감각 기관 중 피부는 온도, 촉감, 압력(아픔) 등을 느껴요.

일상 속
- 향기로운 꽃향기가 코의 감각을 즐겁게 해줘요.
- 듣는 감각이 발달해서 시동 거는 소리만 들어도 차 종류를 맞힐 수 있어요.

확장하기

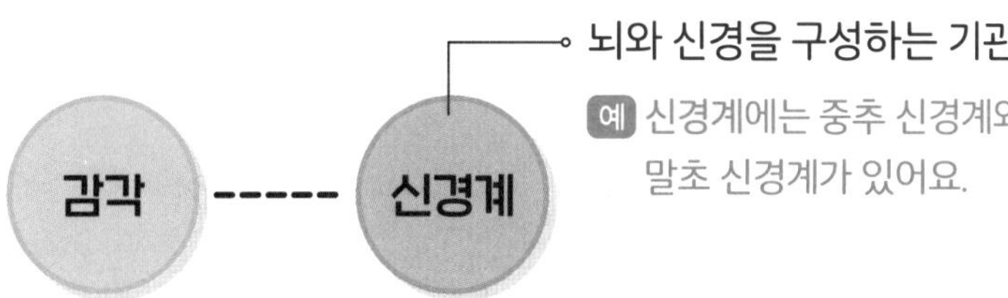

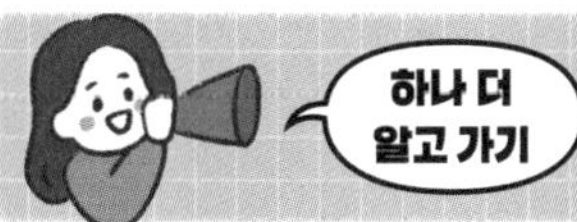

우리 몸에는 감각을 느끼지 못하는 부위도 있어요. 눈썹, 머리카락, 손톱, 발톱 등에는 감각 기관이 없기 때문에 잘라내도 아픔을 느끼지 않는답니다.

세균 細菌 가늘 세, 버섯 균

아주 작은 생물체로, 하나의 세포로 이루어진 미생물의 하나

- 세균은 공 모양, 막대 모양, 나선 모양 등 다양한 모양과 크기를 가지고 있어요.
- 일부 세균은 죽은 동식물을 분해하여 식물의 거름을 만들어 주기도 해요.
- 사람들에게 질병을 일으키는 병원균인 세균도 있어요.

쓰임 알기

교과서 속
- 세균은 물속, 땅속, 공기 등 다양한 곳에서 살아요.
- 세균은 매우 작아서 맨눈으로는 관찰하기가 어려워요.

일상 속
- 여름철에는 식중독을 일으키는 세균이 활발하게 활동해요.
- 충치를 유발하는 세균이 치아에 남아 있지 않도록 양치를 꼼꼼하게 해야 해요.

확장하기

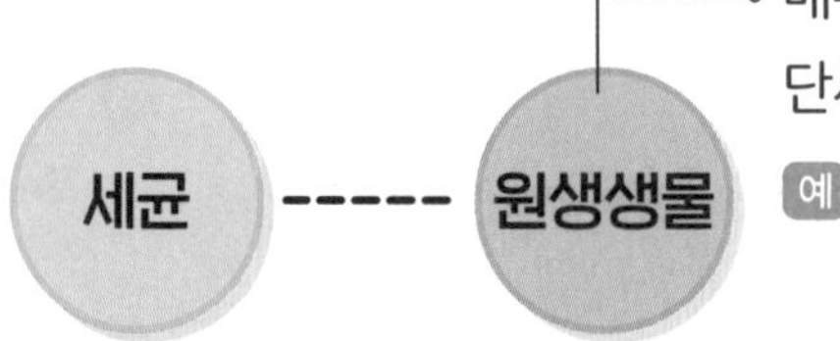

원생생물: 매우 단순한 구조로 이루어진 단세포 생물

예 원생생물은 눈에 보이지 않을 정도로 작아요.

하나 더 알고 가기 김치나 된장은 세균이 없으면 발효될 수 없어요. 이처럼 세균이 꼭 나쁜 것만은 아니랍니다.

생태계 生態系 날 생, 모양 태, 이을 계

상호 작용하며 살아가는 생물들과 그들이 살아가기 위해 필요한 환경 요소

- 생태계는 생물적 요소와 비생물적 요소로 구성돼요.
- 생물적 요소는 생산자인 식물, 소비자인 동물, 분해자인 세균으로 구분할 수 있어요.
- 비생물적 요소는 햇빛, 물, 공기, 흙, 온도 등 생물이 살아가는 데 필요한 환경이에요.

쓰임 알기

교과서 속
- 생태계는 생물적 요소와 비생물적 요소가 서로 영향을 주고받아요.
- 생태계 보존을 위하여 모두가 노력해야 해요.

일상 속
- 많은 양의 플라스틱 쓰레기가 바다의 생태계를 위협하고 있어요.
- 도심 속 공원에도 생태계가 형성되어 있어요.

확장하기

'생태계'는 '보존'이라는 말이 늘 함께하지요. 생태계를 소중히 보호하고 생태계 평형을 유지하기 위한 노력은 끊임없어야 한다는 것을 보여 주는 말이기도 해요.

지켜라, 맞춤법!

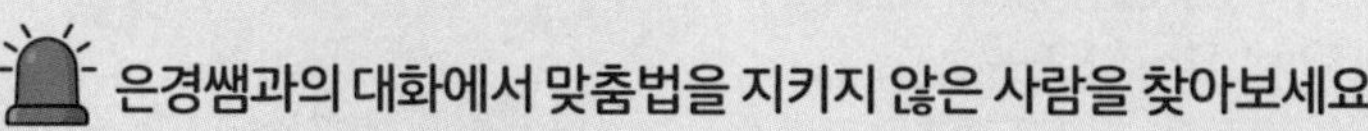

은경쌤과의 대화에서 맞춤법을 지키지 않은 사람을 찾아보세요!

한울

쌤, 저희 내일 학교 옆 공원에서 야외 수업하면 안 돼요?

소희

맞아요. 요즘 날씨도 화창하고 좋은데 나가요!

은경쌤

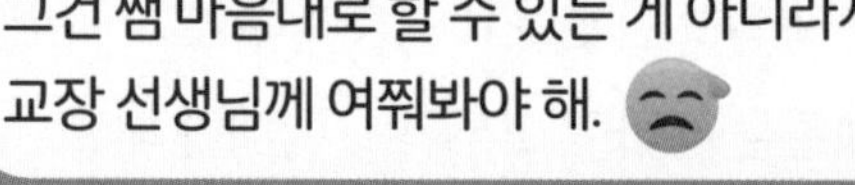

그건 쌤 마음대로 할 수 있는 게 아니라서 교장 선생님께 여쭤봐야 해.

소희

다 함께 교장 선생님께 가서 조르면 들어주시지 않을까요?
제가 앞장설게요.

한울

오~ 소희 너 배짱 있다!
그럼 난 뒤에서 응원할게!

은경쌤

그러게, 소희 배짱이 이렇게 두둑한지 몰랐는걸?
내일 한번 여쭤보자.

졸르다 vs 조르다

'조르다'는 '무엇인가를 계속해서 요구한다'라는 의미예요. '조르고, 조르니, 조르는' 등으로 활용하며 활용 표현 '졸라'에서만 'ㄹ' 받침을 붙여요. '무엇인가를 감아서 죄다'라는 의미도 '조르다'예요. 두 가지 뜻 모두 '졸르다'로 잘못 쓰지 않게 주의하세요!

쓰임 동생이 아이스크림을 2개나 먹으려고 1시간째 엄마를 졸르고 있어요. X

동생이 아이스크림을 2개나 먹으려고 1시간째 엄마를 조르고 있어요. O

벨트가 허리를 꽉 졸라서 숨이 막혀요. O

베짱 vs 배짱

'배짱'은 '어떤 일이나 상황에서 강한 결의나 용기를 발휘하는 것'을 뜻해요. 어렵거나 위험하더라도 용기를 내어 나아가는 모습을 묘사할 때 사용하지요. '베짱'은 '배짱'의 틀린 표현이지만, 개미가 열심히 일하는 동안 기타를 치며 놀던 곤충은 '베짱이'가 맞아요.

쓰임 모험을 두려워하지 않는 사람들은 평소에도 베짱이 좋다. X

모험을 두려워하지 않는 사람들은 평소에도 배짱이 좋다. O

“

우리는 이 우주에서 얼마나 작은 존재일까요?
우주는 도대체 얼마나 큰 걸까요?
지금도 우주는 계속해서 팽창하고 있어요.
살아 있는 동안 우주의 모든 것을 알 수는 없을 거예요.

그래도 태양이 없다면 지구와 우리는
존재할 수 없다는 것만큼은 알고 있어요.
소중한 지구와 태양계와 관련된 어휘를 알아보아요.

”

지구와 우주

교과연계표

지구	과학 6-1	기압	과학 5-2
지표	과학 4-1	자전	과학 6-2
지층		태양 고도	
화산		태양계	과학 4-2

지구 地球 땅 지, 공 구

태양에서 세 번째로 가까이에 있는 천체로, 우리가 살고 있는 곳

- 반지름이 약 6,400km인 공 모양이에요.
- 약 46억 년 전, 우주의 가스와 먼지 등이 모여 만들어졌을 것이라 추측하고 있어요.
- 지구에는 공기, 물, 흙 등의 자원이 풍부하여 다양한 생물들이 살고 있어요.

쓰임 알기

교과서 속
- 지구는 물과 공기가 있어 생물이 살기 알맞은 환경을 갖추었어요.
- 지구는 육지보다 바다가 더 넓어요.

일상 속
- 언젠가는 지구를 한 바퀴 돌아보는 세계 일주를 꼭 떠날 거예요.
- 자연의 신비를 다룬 다큐멘터리를 보면서 지구의 생태계에 관해 알게 되었어요.

확장하기

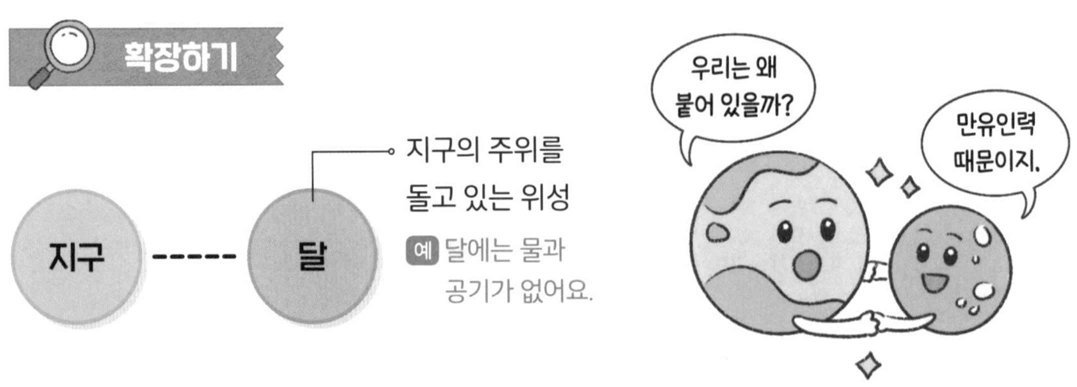

하나 더 알고 가기 달은 지구의 유일한 위성이에요. 밤하늘을 보면 달이 빛나고 있죠? 사실 스스로 빛을 내지 못하는 달은 태양 빛을 반사하며 빛을 낸답니다.

지표 地表 땅 지, 겉 표

지구의 표면

- 지표는 물, 바람, 파도 등의 영향을 받으며 꾸준히 변하고 있어요.
- 지표의 흙은 오랜 시간에 걸쳐 바위가 부서지고 깨지면서 만들어져요.
- 흐르는 물은 돌이나 흙을 함께 실어 나르며 지표의 모습을 변화시켜요.

쓰임 알기

교과서 속
- 지표의 흙, 돌, 바위 등이 깎여 나가는 것을 '침식 작용'이라고 해요.
- 흐르는 물은 침식 작용, 운반 작용, 퇴적 작용을 통해 지표의 모습을 변화시켜요.

일상 속
- 전 세계적으로 지표의 변화에 대한 연구가 이루어지고 있어요.
- 지표의 변화는 우리의 생활 방식에도 영향을 미칠 수 있어요.

확장하기

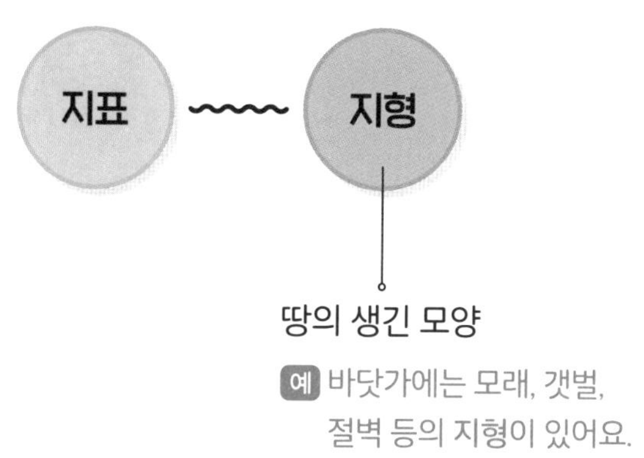

지구의 지형은 물과 바람에 의해 지금 이 순간에도 쉬지 않고 변하고 있어요. 하지만 물도 없고 바람도 불지 않는 달의 지형은 오랜 시간이 지나도 변화가 거의 없답니다.

지층 地層 땅 지, 층 층

자갈, 모래, 진흙 등이 층층이 쌓여 있는 것

- 아래에 있을수록 형성된 지 오래된 지층이고, 위로 올라갈수록 최근에 형성된 지층이에요.
- 물에 의해 운반된 자갈, 모래, 진흙 등은 오랜 시간에 걸쳐 쌓이고 눌려 단단한 지층이 돼요.
- 지층은 지구 내부에서 작용하는 힘에 의하여 끊어지거나 휘어지기도 해요.

쓰임 알기

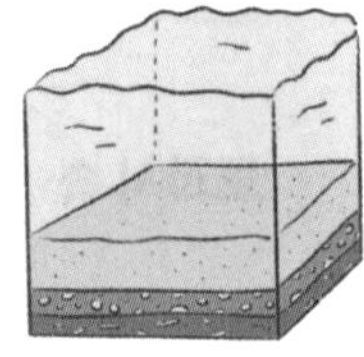

교과서 속
- 지층은 오랜 시간 다져지고 굳어져서 생겨요.
- 지층은 층마다 알갱이의 크기나 색깔 등이 달라 줄무늬가 나타나요.

일상 속
- 특정 기간 동안 쌓인 흙이나 돌로 이루어진 지층을 보면 자연의 위대함이 느껴져요.
- 지구의 과거 환경을 알기 위해 지층을 조사하는 지질학자가 되고 싶어요.

확장하기

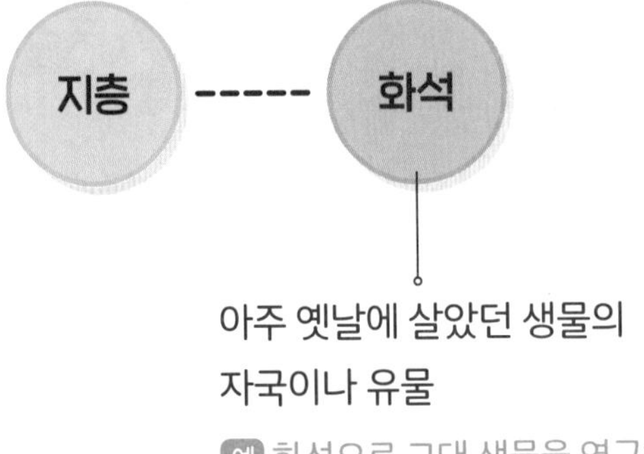

아주 옛날에 살았던 생물의 자국이나 유물

예 화석으로 고대 생물을 연구해요.

우리는 실제로 공룡을 본 적이 없는데도 공룡의 종류, 생김새, 생활 방식 등을 알고 있어요. 지층에 남아 있는 공룡 화석을 지금도 꾸준하게 연구하고 있기 때문이죠.

화산 火山 불 화, 메 산

지구 내부에서 마그마가 지표로 분출되어 만들어진 지형

- 화산이 활동할 때는 용암, 화산 가스, 화산재, 화산 암석 조각 등이 함께 분출돼요.
- 화산의 꼭대기는 '분화구', 높은 열에 의해 녹은 암석인 마그마가 지나간 통로는 '화도'라고 해요.
- 화산 활동으로 만들어진 암석은 '화성암'이에요.

쓰임 알기

교과서 속

- 화산 활동으로 만들어진 화성암에는 마그마가 땅속 깊은 곳에서 천천히 식어 만들어진 화강암이 있어요.
- 화산 활동으로 만들어진 화성암에는 마그마가 지표 가까이에서 빨리 식어 만들어진 현무암이 있어요.

일상 속

- 화산 분출 시 나오는 용암은 산불을 일으킬 수 있어요.
- 화산 주변의 열로 온천을 개발한 뒤로 관광객이 많이 늘었어요.

확장하기

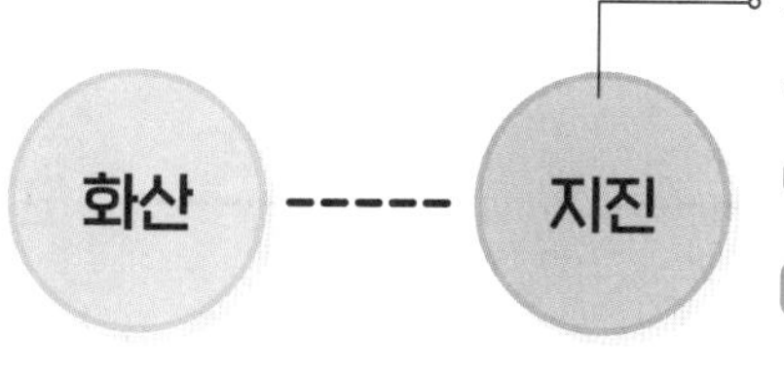

지구 내부에서 작용하는 힘 때문에 지층이 끊어지면서 땅이 흔들리는 현상

예 지진은 우리 생활에 큰 피해를 줄 수 있기 때문에 평소에 잘 대비하는 것이 중요해요.

화산이 폭발하면서 땅이 흔들려 지진이 발생하기도 해요.

기압 氣壓 기운 기, 누를 압

공기가 지표면에 가하는 압력

- 대기의 밀도, 즉 공기의 양과 온도에 따라 변하며 해수면을 기준으로 측정해요.
- 기압의 차이로 공기가 이동하면서 발생하는 것이 바람이에요.
- 기압계를 이용하여 기압을 측정하는데, 기압의 변화는 날씨를 예측하는 데 중요한 요소예요.

쓰임 알기

교과서 속
- 따뜻한 공기는 차가운 공기보다 기압이 낮아요.
- 바람은 고기압에서 저기압으로 불어요.

일상 속
- 북태평양에서 발생하는 열대 저기압인 태풍이 한국에 상륙했어요.
- 오늘은 기압이 높아서 맑고 쾌청한 하루가 될 것 같아요.

확장하기

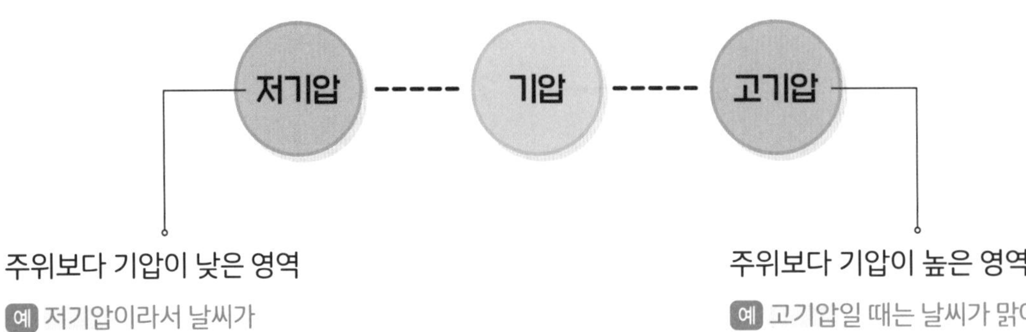

주위보다 기압이 낮은 영역

예 저기압이라서 날씨가 우중충해요.

주위보다 기압이 높은 영역

예 고기압일 때는 날씨가 맑아요.

자전 自轉 스스로 자, 구를 전

천체가 자신을 축으로 하여 스스로 회전하는 현상

- 지구의 자전 속도는 약 1,670km/h로, 하루에 한 바퀴씩 자전해요.
- 지구의 자전으로 낮과 밤이 생겨요.
- 지구가 서쪽에서 동쪽으로 자전하기 때문에 태양과 달이 동쪽에서 떠서 서쪽으로 지는 것처럼 보여요.

쓰임 알기

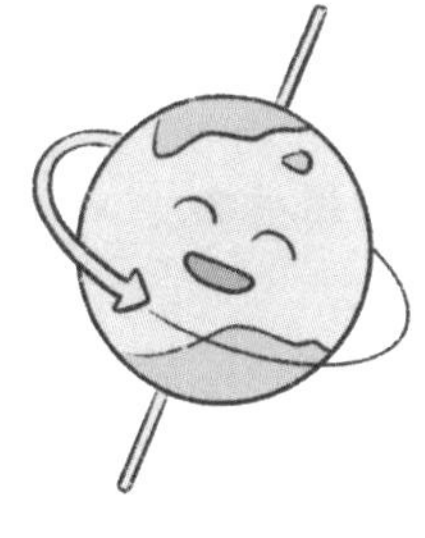

교과서 속

- 지구가 자전축을 중심으로 하루에 한 바퀴씩 회전하는 것을 지구의 자전이라고 해요.
- 지구의 자전축은 기울어져 있으며, 자전축의 기울기는 계절의 변화에 영향을 미쳐요.

일상 속

- 우주의 천체 대부분이 공전과 자전을 하는데 어떻게 서로 부딪히지 않을까요?
- 지구는 빠르게 자전하고 있지만 지구에 사는 우리는 어지럽지 않아요.

확장하기

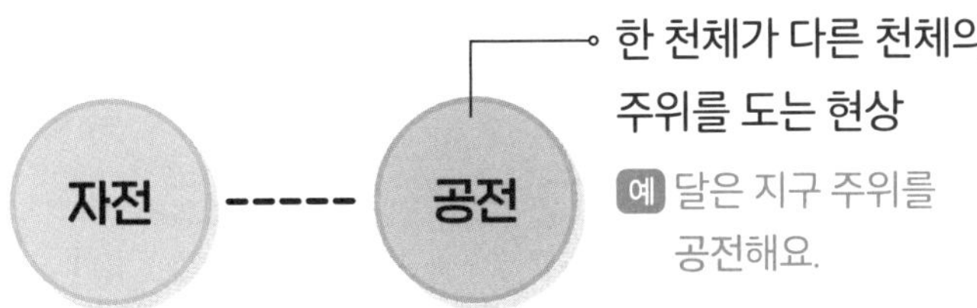

지구는 자전하면서 태양 주위를 일 년에 한 바퀴씩 도는 공전도 해요.

태양 고도 太陽 高度 클 태, 볕 양, 높을 고, 법도 도

태양이 지표면과 이루는 각도

- 태양 고도는 우리나라 시간을 기준으로 낮 12시 30분에 가장 높고, 그 후에 다시 점점 낮아져요.
- 태양 고도는 지평선에서 0도이고, 머리 꼭대기에 떠 있을 때는 90도예요.
- 태양 고도가 높아지면 그림자의 길이는 짧아져요.

쓰임 알기

교과서 속
- 태양 고도가 높아지면 그림자의 길이는 짧아지고 기온은 높아져요.
- 태양 고도와 그림자 길이는 태양 고도 측정기를 이용해 측정할 수 있어요.

일상 속
- 점심시간에는 태양 고도가 높아서 축구를 하고 나면 정수리가 뜨거워요.
- 태양 고도가 낮아지는 겨울에는 식물이 햇빛을 충분히 받지 못해 시들어 버릴지도 몰라요.

확장하기

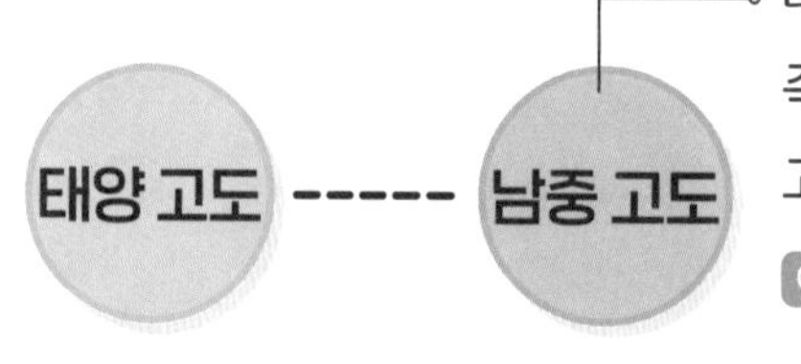

남중 고도: 태양이 가장 높게 올라가는 때, 즉 정남 쪽 하늘에 떴을 때의 고도

예 남중 고도는 계절에 따라 변화해요.

하나 더 알고 가기 하루 동안에도 태양 고도가 계속 달라지는 이유는 우리가 앞서 배운 지구의 자전 때문이에요.

태양계 太陽系 클 태, 볕 양, 이을 계

태양을 중심으로 천체가 떠돌고 있는 천체 집합체

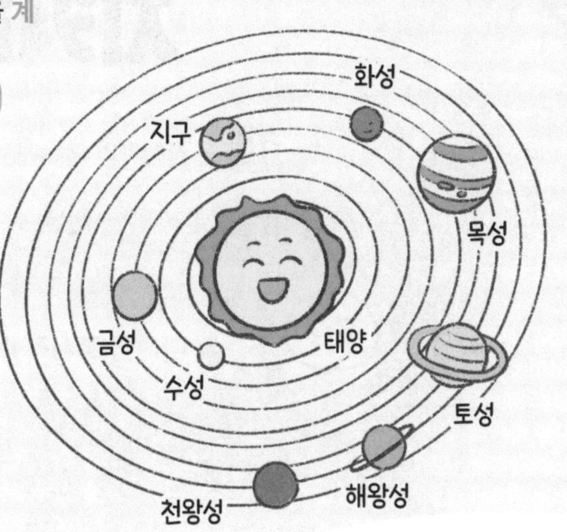

- 태양계는 태양, 행성과 위성, 소행성, 유성, 혜성 등으로 구성되어 있어요.
- 태양계의 천체는 태양의 중력에 의해 서로의 궤도를 돌며 우주 공간을 채우고 있어요.
- 태양은 태양계에서 유일하게 스스로 빛을 내요.

쓰임 알기

교과서 속

- 태양계의 행성은 '수성-금성-지구-화성-목성-토성-천왕성-해왕성' 순서로 태양에 가까이 있어요.
- 태양계 행성은 각각 다른 모양을 하고 있어요.

일상 속

- '태양계 행성 표현하기' 활동을 하기 위해 토성의 고리 역할을 할 훌라후프를 챙겼어요.
- 태양계 밖 외계행성 중에는 우리나라 산 이름을 딴 '백두'와 '한라'가 있어요.

확장하기

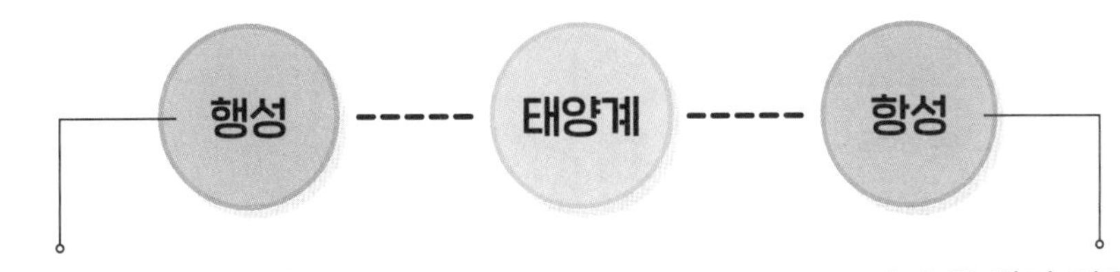

행성: 태양의 중력에 의해 태양 주변을 공전하는 천체

예 태양 주위를 도는 행성은 태양의 빛을 받아서 밝게 보여요.

항성: 스스로 빛과 열을 내는 천체

예 태양은 스스로 빛을 내는 항성이에요.

은경쌤과 카톡 카톡

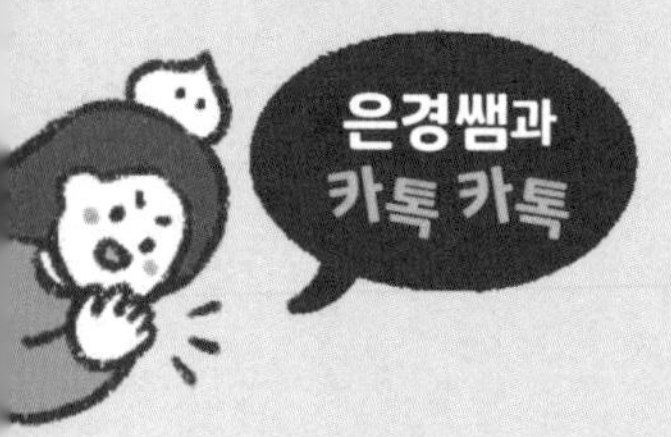

지켜라, 맞춤법!

은경쌤과의 대화에서 맞춤법을 지키지 않은 사람을 찾아보세요!

한울
저 다이어트 시작했어요.

은경쌤
한울이 너는 지금도 충분히 멋진데?

한울
아니에요, 쌤. 요즘 바지가 꽉 끼어서
진짜 불편하거든요. 열심이 할 거예요.

소희
며칠째야? 난 하루 만에 포기했는데…ㅋㅋ

한울
오늘이 몇 월 몇일이지?

소희
8월 1일.

한울
그럼 오늘이 4일째야.

은경쌤
골고루 먹고 운동하면서 건강한 다이어트 하렴.

열심이 vs 열심히

'열심히'는 어떤 동작이나 행동을 세심하고 진지하게 하는 모습을 나타내요. 노력이나 힘을 다하여 어떤 일을 수행하는 것이지요. '-이'와 '-히'의 발음이 비슷하니 [열씸히]라는 발음을 꼭 기억하여 '열심이'로 잘못 사용하지 않도록 주의해야 해요.

쓰임

저는 공부도 열심이 하지만, 놀 때도 열심이 놀아요. X

저는 공부도 열심히 하지만, 놀 때도 열심히 놀아요. O

몇일 vs 며칠

'며칠'은 그달에서 몇째가 되는 날인지를 말할 때나 어느 정도의 기간을 나타낼 때 사용해요. '오늘이 몇 월 며칠이지?'라고 물을 때, '몇 일'이라고 잘못 사용하는 경우가 많지만 '며칠'이 올바른 표현이에요.

쓰임

가을이 오려는지 몇일 동안 내린 비에 기온이 갑자기 많이 내려갔어요. X

가을이 오려는지 며칠 동안 내린 비에 기온이 갑자기 많이 내려갔어요. O

이얍! 열심히 잘하고 있어!

흥미진진 어휘 퀴즈 ①

숨겨진 어휘를 찾아요!

○ 안에 들어갈 적절한 어휘를 퍼즐 속에서 찾아보세요.

1 ○○○는 태양을 중심으로 떠돌고 있는 천체의 집합체예요.

2 물체가 앞뒤나 위아래로 빠르게 움직이며 떨리는 현상을 ○○이라고 해요.

3 ○○○는 생물적 요소와 비생물적 요소로 구성되어 서로 영향을 주고받으며 살아가요.

4 식물은 태양 빛을 받아서 양분을 만드는 과정인 ○○○을 통해 녹말과 산소를 만들어 내요.

5 ○○은 액체 상태의 물질이 표면에서 기체 상태로 변화하는 과정이에요.

광	합	성	타	상	과
유	혜	전	성	를	준
진	촘	생	나	반	퇴
동	절	태	양	계	주
어	차	계	분	조	증
파	캄	현	유	란	발

정답 1 태양계 2 진동 3 생태계 4 광합성 5 증발

흥미진진 어휘 퀴즈 ②

어휘로 문장을 완성해요!

( ) 안에 들어갈 적절한 어휘를 골라 아래의 문장을 완성해 보세요.

화합물	자석	속력	물질	전도
화산	중력	연소	지층	한살이

1 (   )은 양 끝의 힘이 가장 세서 물체가 양 끝에 가장 많이 붙어요.

2 물체의 무게는 지구가 물체를 끌어당기는 (   )의 크기예요.

3 종류가 같은 물체라도 쓰임새에 따라 다른 (   )을 재료로 하기도 해요.

4 (   )이 클수록 물체가 더 빨리 움직여요.

5 온도가 높은 곳에서 온도가 낮은 곳으로 열이 이동하는 현상을 (   )라고 해요.

6 불을 끄려면 (   )의 조건 중 한 가지 이상의 조건을 없애야 해요.

7 강낭콩처럼 빨리 자라는 식물은 식물의 (   )를 관찰하기에 좋아요.

8 (   ) 활동은 화성암을 만들고, 땅속 깊은 곳에서 천천히 식은 마그마는 화강암을 만들어요.

9 2개 이상의 원소가 결합하여 기존의 성질을 모두 잃고 새로 만들어진 물질을 (   )이라고 해요.

10 (   )은 자갈, 모래, 진흙 등이 오랜 시간 쌓이며 다져지고 굳어져서 생겨요.

정답 1 자석 2 중력 3 물질 4 속력 5 전도 6 연소 7 한살이 8 화산 9 화합물 10 지층

흥미진진 어휘 퀴즈 ③

초성 퀴즈왕이 될 거야!

초성 힌트를 보고 다음 대화의 빈칸에 어울리는 단어를 써 보세요.

하정 우리가 사는 [ㅈ][ㄱ]는 스스로 돌고 있다며?

은진 그걸 [ㅈ][ㅈ]이라고 하지.

정미 곤충도 [ㄷ][ㅁ]이라며? 난 몰랐어.

희정 곤충은 [ㅌ][ㅂ][ㄲ]을 한다는 사실도 알고 있니?

은주 깨끗한 [ㅅ][ㅅ]를 더 많이 마시면 건강해질 수 있겠지?

혜원 공기 중에는 다양한 [ㄱ][ㅊ]가 있어서 골라 마실 수가 없을 텐데!

미성 빛이 거울에 부딪혀 돌아오는 [ㅂ][ㅅ] 현상이 정말 신기해.

수연 난 빛이 꺾여서 보이는 [ㄱ][ㅈ] 현상이 더 신기하더라.

지영 비 오는데 우산이 없네. 그냥 뛰어갈까?

성규 안 돼. 요즘 비는 [ㅅ][ㅅ]이라 몸에 안 좋아.

정답 지구, 자전 동물, 탈바꿈 산소, 기체 반사, 굴절 산성비

흥미진진 어휘 퀴즈 ④

맞춤법은 내가 최고!

정확한 맞춤법이 사용된 문장을 골라 동그라미 쳐 보세요.

1 (1) 설거지를 할 때는 세제를 충분히 헹궈야 해요. (　)

(2) 설겆이를 할 때는 세제를 충분히 헹궈야 해요. (　)

2 (1) 공부를 시작하기 전에는 책상부터 깨끗히 치워야 해요. (　)

(2) 공부를 시작하기 전에는 책상부터 깨끗이 치워야 해요. (　)

3 (1) 허리를 펴고 반드시 앉는 습관을 길러야 해요. (　)

(2) 허리를 펴고 반듯이 앉는 습관을 길러야 해요. (　)

4 (1) 이번 시험에서는 반드시 성적을 올릴 거예요. (　)

(2) 이번 시험에서는 반듯이 성적을 올릴 거예요. (　)

5 (1) 친구랑 다퉈서 말을 안 한 지 며칠이나 지났는지 몰라요. (　)

(2) 친구랑 다퉈서 말을 안 한 지 몇일이나 지났는지 몰라요. (　)

6 (1) 저는 소심한 편이라 베짱이 두둑한 사람들이 부러워요. (　)

(2) 저는 소심한 편이라 배짱이 두둑한 사람들이 부러워요. (　)

정답 1 (1) 2 (2) 3 (2) 4 (1) 5 (1) 6 (2)

예술은 그 아름다움으로 우리를 감동시키기도 하고,
때로는 우리를 알쏭달쏭하게 만들기도 해요.

PART 5

예술

인간의 삶을 풍요롭게 하는 것

1장
미술

2장
음악

“

그림, 조각, 공예, 서예, 건축 등
미술은 시각적, 공간적 아름다움을 표현하는 예술이에요.

그림을 못 그려서, 만들기를 못해서 미술 시간이 싫다고요?
하지만 미술에 정답은 없어요.
최선을 다해 나의 느낌과 생각을 표현했다면
그것은 이미 멋진 미술 작품이에요!

”

미술

 **교과연계표**

수채화	미술 3~4	명도	미술 5~6	서예	미술 5~6	포스터	미술 3~4
조형	미술 5~6	소묘		민화		디자인	미술 5~6
부조	미술 3~4	초상화		정물화		판화	미술 3~4

수채화 水彩畫 물 수, 채색 채, 그림 화

물과 물에 녹는 색소를 사용하여 그림을 그리는 기법

- 물감을 물에 풀어 표현하기 때문에 투명하고 부드러운 색감이 특징이에요.
- 물의 양에 따라 색의 밝기나 투명도가 달라지며, 여러 번 덧칠하여 색의 농도를 조절할 수 있어요.
- 수채화에 사용하는 물감은 물에 녹기 때문에 빠르게 준비해서 그릴 수 있어요.

쓰임 알기

교과서 속
- 수채화 재료와 용구로는 수채 물감, 팔레트, 물통, 붓, 도화지 등이 있어요.
- 수채화는 물의 양을 조절하는 것이 중요해요.

일상 속
- 수채화를 그릴 종이를 고르러 문구점에 왔어요.
- 지하철역 안에 전시된 수채화 작품들이 눈길을 끌었어요.

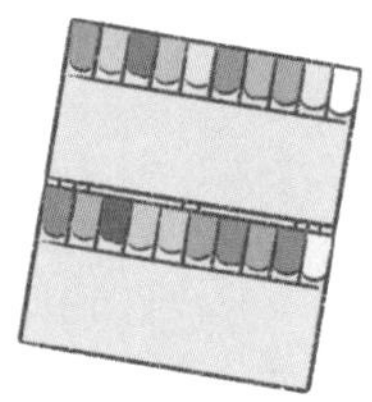

확장하기

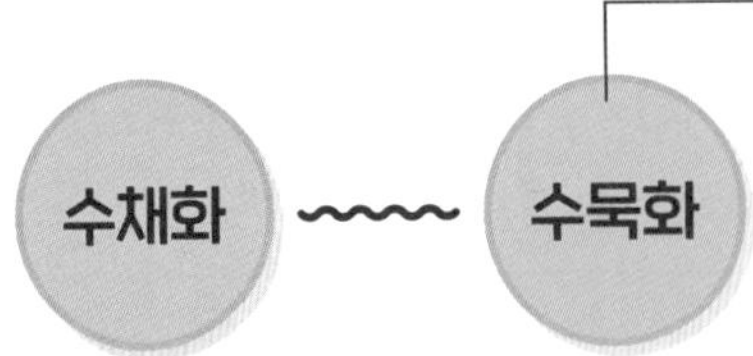

먹과 물을 사용하여 그린 그림

예 수묵화는 먹의 농도를 살려서 그려요.

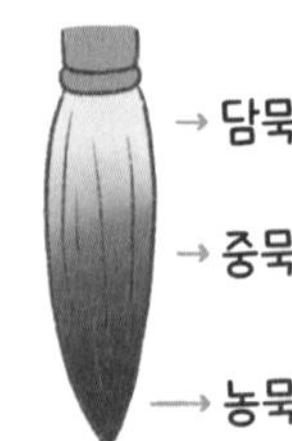

하나 더 알고 가기

'색상환'은 색을 원 모양으로 배열한 그림이에요. 서로 가까이 있는 색은 비슷한 색이고, 서로 마주 보고 있는 색은 반대색이랍니다.

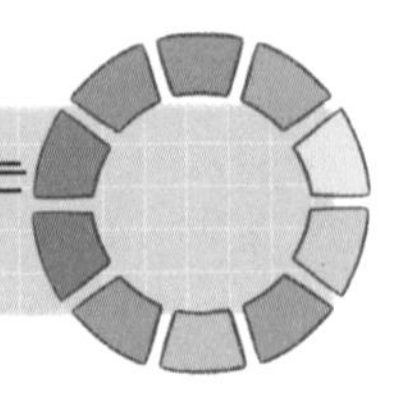

조형 造形 지을 조, 모양 형

여러 가지 요소를 활용하여 구체적인 형태를 만드는 것

- 미술 분야에서 점, 선, 면, 색, 형태, 질감, 양감 등을 '조형 요소'라고 해요.
- 점은 조형 요소 중 가장 기초적인 단위로, 점이 모여 선이 되고, 선이 모여 면을 이뤄요.
- 통일, 변화, 강조, 균형 등 조형 요소들이 화면이나 공간에 구성되는 다양한 질서나 규칙의 원리를 '조형 원리'라고 해요.

쓰임 알기

교과서 속
- 다양한 감각을 이용하여 조형 요소를 찾을 수 있어요.
- 자연에서 조형 요소를 찾아 작품으로 나타낼 수 있어요.

일상 속
- 이 건물은 자연의 조형 원리에서 영감을 받아 디자인했다고 해요.
- 이 작품은 조형 요소 중 질감이 굉장히 독특해요.

확장하기

조형 요소를 활용하여 구체적인 형태나 형상으로 만든 물체

예 미술관 직원들이 전시 조형물을 설치하느라 분주해요.

질감은 표면의 느낌이고, 양감은 부피, 무게 등에 대한 감각이에요.

부조 浮彫 뜰 부, 새길 조

평평한 표면 위에 형태가 튀어나오도록 표현하는 기법

- 부조는 한쪽 방향에서만 감상할 수 있는 기법이에요.
- 재료의 돌출 정도를 다르게 하여 작품을 만들어요.
- 주로 벽면, 기둥, 문 등의 표면을 장식하는 데 많이 사용해요.

환조

부조

쓰임 알기

교과서 속
- 평면 위에 입체로 표현되어 한쪽에서만 감상이 가능한 조소를 부조라고 해요.
- 우리가 사용하는 동전도 부조로 표현되어 있어요.

일상 속
- 고대 그리스 신전의 벽에는 아름다운 부조가 새겨져 있어요.
- 가족사진을 보면서 만든 부조 작품을 거실에 걸어 둘 거예요.

확장하기

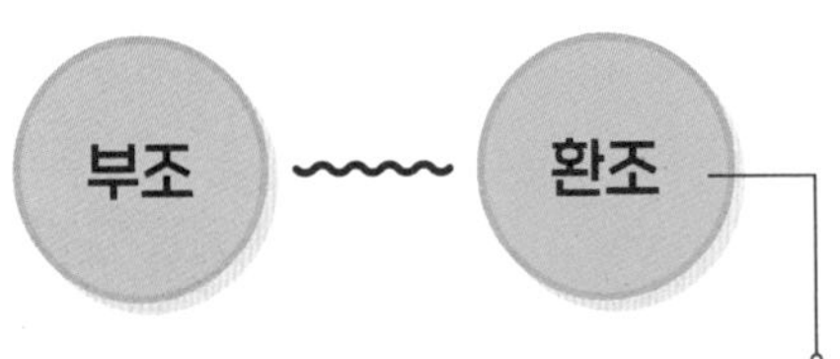

모든 방향에서 볼 수 있도록 입체적으로 만든 작품

예 환조로 표현한 조각이라 보는 방향에 따라 느낌이 달라요.

하나 더 알고 가기

'조소'는 조각와 소조를 통틀어 이르는 말이에요. 조각은 단단한 재료를 깎아 가며 작품을 만드는 방법이고, 소조는 찰흙처럼 말랑한 재료를 붙여 가며 작품을 만드는 방법이에요.

명도 明度 밝을 명, 법도 도

색상의 밝기를 나타내는 말

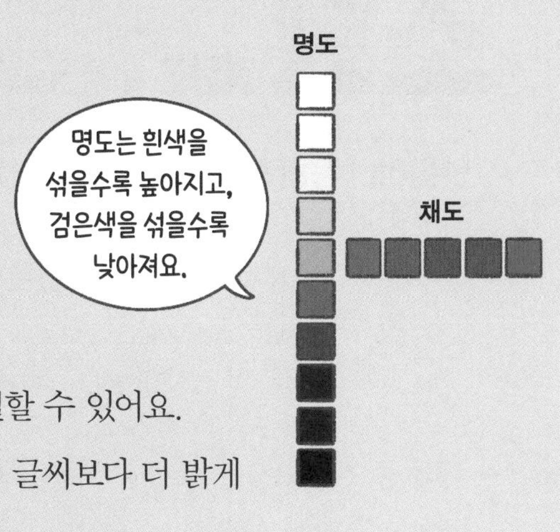

- 색은 명도가 높을수록 밝아지고, 명도가 낮을수록 어두워져요.
- 색상에 흰색 또는 검은색을 추가하여 밝기를 조절할 수 있어요.
- 검은색 바탕에 노란색 글씨가 회색 바탕에 노란색 글씨보다 더 밝게 보이는 것을 '명도 대비'라고 해요.

쓰임 알기

교과서 속
- 디자인에서 명도 차이는 색상의 깊이와 분위기를 결정해요.
- 명도를 적절히 조절하여 그림을 그리면 입체감을 표현할 수 있어요.

일상 속
- 명도가 높은 옷은 제 피부색과 안 어울려요.
- 친구가 필기한 내용을 복사했는데 명도가 높아서 글자가 잘 안 보였어요.

명도 대비 | 명도 대비

확장하기

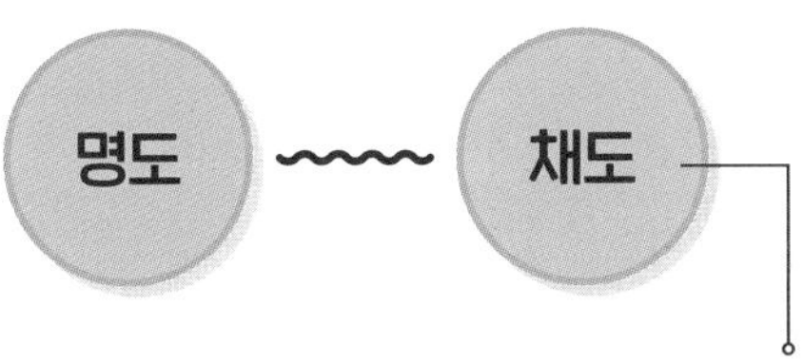

색상의 순수성과 선명도를 나타내는 말

예 채도가 높을수록 색상은 더 강렬하고 선명하며, 채도가 낮을수록 색상은 흐릿하고 탁해져요.

예 색상에 회색을 섞으면 채도가 낮아져요.

촬영이 끝난 사진을 보정할 때 원하는 분위기에 맞춰 명도와 채도를 조절하고는 하지요. 명도는 사진의 전체적인 분위기, 즉 어두움이나 밝음 등을 결정하고 채도는 색상의 선명도 차이를 결정해요.

소묘 素描 흴 소, 그릴 묘

연필이나 목탄 등을 사용해서 그림을 그리는 것

- 아주 작은 부분까지 세밀하게 그려요.
- 소묘에서 명암을 잘 표현하면 그림의 입체감이 살아나요.
- 선이 중요한 소묘는 그림을 배우기 시작하는 기초 단계에서 많이 사용하는 표현법이에요.

쓰임 알기

교과서 속
- 소묘는 그림의 기초를 다지는 중요한 과정이에요.
- 소묘에서는 명암을 잘 나타내는 것이 중요해요.

일상 속
- 그가 미술관에 기증한 소묘 작품은 매우 세밀하여 사람들이 모두 감탄했어요.
- 인물 소묘를 그릴 때는 얼굴의 비율을 정확히 표현하는 것이 중요해요.

확장하기

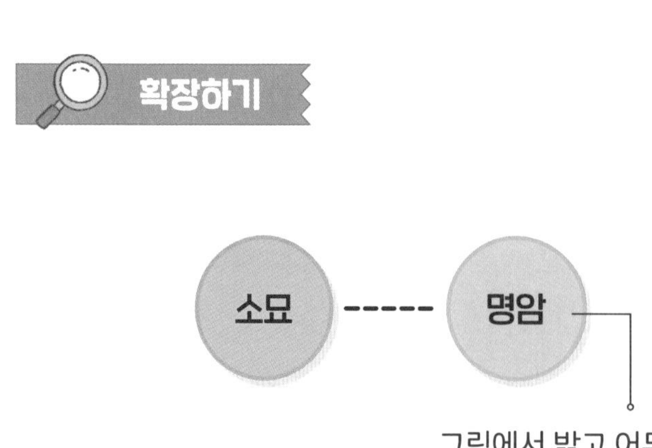

그림에서 밝고 어두운 부분을 구별하는 개념

예 명암을 잘 표현하면 그림이 더 사실적으로 보여요.

목탄으로 그린 소묘를 '목탄화'라고 해요. 길쭉한 막대 모양의 숯인 목탄은 연필보다 거칠고 가루가 날려서 목탄 가루가 잘 붙어 있을 수 있도록 만든 목탄지에 그림을 그려요. 목탄으로 그린 그림을 지울 때는 식빵을 이용한답니다!

초상화 肖像畫 닮을 초, 모양 상, 그림 화

특정 인물의 모습을 묘사한 그림

- 보통 인물의 얼굴과 상반신을 그리며, 그린 범위에 따라 두상, 반신상, 전신상, 군상 등으로 구분해요.
- 인물의 외모를 기록할 뿐 아니라 사회적 지위나 역할을 표현하기도 해요.
- 레오나르도 다 빈치의 「모나리자」라는 작품은 유명한 초상화 중 하나예요.

쓰임 알기

교과서 속
- 사람의 얼굴을 그린 그림을 초상화라고 해요.
- 초상화를 그릴 때에는 대상의 눈, 코, 입의 크기와 위치를 잘 관찰해야 해요.

일상 속
- 친구의 초상화를 그리기 위해 얼굴의 특징을 관찰하는 시간을 가졌어요.
- 초상화의 배경을 보고 역사적 인물의 사회적 지위가 어땠는지 알 수 있었어요.

확장하기

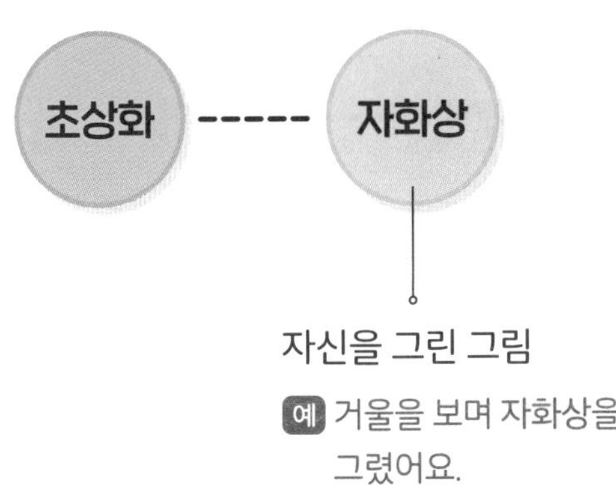

'명화'는 역사적, 예술적 가치가 뛰어나고, 널리 인정받은 유명한 작품을 의미해요. 독창적인 예술성, 기술적 완성도, 사회문화적 영향력을 지니고 있어 시간이 지나도 큰 영향을 미친답니다.

서예 書藝 쓸 서, 심을 예

붓을 사용하여 글씨를 예술적으로 쓰는 것

- 단순한 글쓰기 이상으로 문자를 아름답게 기록하는 데 중점을 둬요.
- 서예 도구로는 붓, 먹, 종이, 벼루가 있어요.
- 붓을 잡는 방법에 따라 작은 글씨를 쓰기에 좋은 '단구법'과 큰 글씨를 쓰기 좋은 '쌍구법'으로 구분해요.

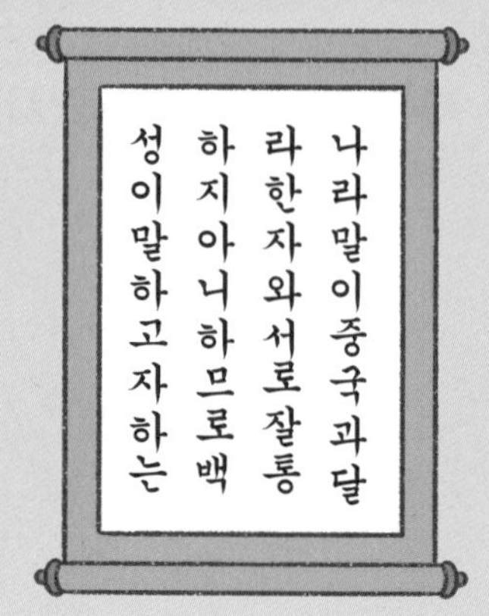

쓰임 알기

교과서 속
- 판본체는 서예를 처음 배우는 과정에서 쉽게 배울 수 있는 서체예요.
- 서예는 붓의 움직임, 힘, 속도 등에 따라 다양한 표현을 할 수 있어요.

일상 속
- 글씨 연습을 하기 위해 서예 학원에 등록했어요.
- 문화 센터에서는 서예 외에도 다양한 강좌를 들을 수 있어요.

확장하기

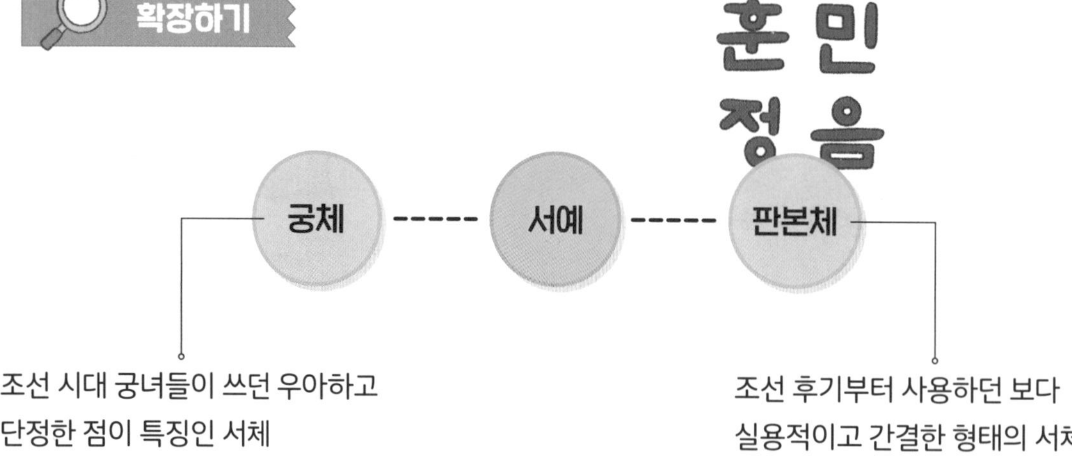

궁체: 조선 시대 궁녀들이 쓰던 우아하고 단정한 점이 특징인 서체

예 궁체는 내간체라고도 해요.

판본체: 조선 후기부터 사용하던 보다 실용적이고 간결한 형태의 서체

예 판본체는 한글 최초의 서체예요.

민화 民畫 백성 민, 그림 화

우리나라 전통적인 민속 그림

- 주로 조선 시대에 그림 교육을 받지 못한 무명 화가들이 많이 그렸어요.
- 집안의 장식품으로 사용되었으며, 악귀를 쫓거나 복을 기원하는 의미가 담겨 있어요.
- 산수, 꽃, 새, 물고기, 십장생 등 자연에서 흔히 볼 수 있는 것들을 많이 그렸어요.

쓰임 알기

교과서 속
- 민화를 통해 한국의 전통 미술에 대해 더 깊이 이해할 수 있어요.
- 민화는 복을 빌고, 가족이 잘 되기를 기원하는 마음을 담은 작품이 많아요.

일상 속
- 우리 집 서재에는 책을 중심으로 문방사우가 그려진 민화가 걸려있어요.
- 민화 전시회에서 본 모란도가 무척 인상적이었어요.

확장하기

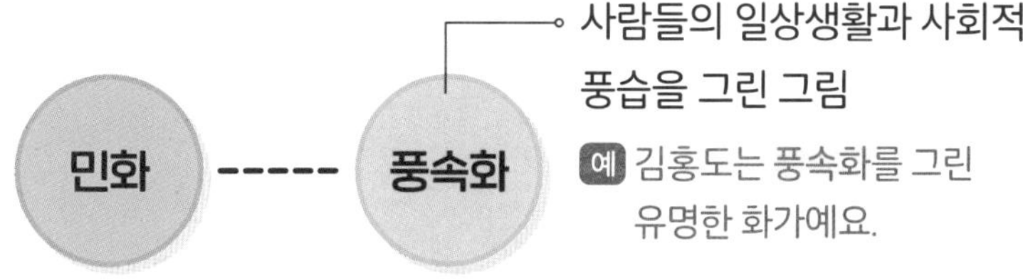

사람들의 일상생활과 사회적 풍습을 그린 그림

예 김홍도는 풍속화를 그린 유명한 화가예요.

하나 더 알고 가기 조선 시대의 민화 이전에는 신석기 시대의 암벽화, 삼국 시대의 고분 벽화 등에서 당시 사람들의 생활 모습을 엿볼 수 있어요.

정물화 靜物畫 고요할 정, 만물 물, 그림 화

생물인 동물이나 사람 대신 무생물인 사물을 그린 그림

- 주로 물건, 식물, 음식, 일상 용품 등을 주제로 하며, 세밀하게 묘사하는 것이 특징이에요.
- 사물의 질감, 색상, 반사 등을 정교하게 표현하여 사실적인 느낌이 들게 해요.
- 시각적으로 균형 잡힌 구도를 위해 다양한 사물들을 조화롭게 배치해요.

쓰임 알기

교과서 속
- 스스로 움직이지 못하는 사물을 조화롭게 배치하여 그리는 정물화는 장소나 시간의 제약이 없어요.
- 정물화를 그릴 때에는 대상의 특징을 잘 관찰해야 해요.

일상 속
- 유명한 화가가 그린 정물화 속 사물이 실제와 다름없이 보여요.
- 사과와 포도를 담은 접시를 탁자 위에 올려 두고 정물화를 그렸어요.

확장하기

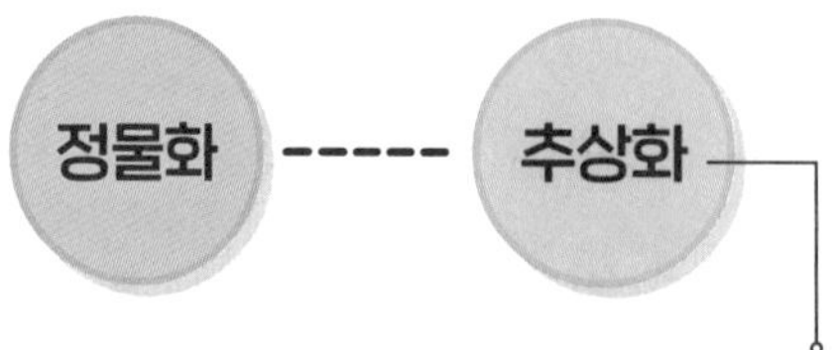

구체적인 형태나 대상 없이 색상, 선, 형태 등으로 감정을 표현한 그림

예 추상화는 작품을 보는 사람마다 해석이 다를 수 있어요.

하나 더 알고 가기

현대 미술의 아버지로 불리는 프랑스의 화가 폴 세잔이 가장 많이 그린 것은 사과예요. 그의 작품 중 「사과와 오렌지」는 아주 화려하고 입체적인 작품 중 하나지요.

포스터 poster

정보를 전달하거나 특정 메시지를
홍보하기 위해 시각적으로 디자인한 그림

- 주로 대중에게 중요한 소식, 광고, 행사, 예술 작품 등을 알리는 데 사용해요.
- 글자로 핵심 내용을 알리고, 그림으로 주목을 끌면서 내용을 보강해요.
- 쓰이는 분야에 따라 용지의 크기를 정해두기도 해요.

쓰임 알기

교과서 속
- 포스터는 간단한 글과 상징적인 그림으로 내용을 표현해요.
- 포스터는 사람들이 많이 볼 수 있는 곳에 붙이는 것이 효과적이에요.

일상 속
- 지역 축제를 알리는 포스터가 기차역 곳곳에 붙어 있어요.
- 영화 홍보 포스터를 보니 어떤 내용일지 대략 예상이 돼요.

확장하기

컴퓨터에서 그림을 그리거나 간단한 그림을 수정할 수 있는 프로그램

예 그림판에서는 그림의 색깔을 쉽게 바꿀 수 있어요.

영화 포스터는 아주 획기적이거나 파격적으로 만들기도 해요. 이렇게 만든 포스터는 영화 팬들의 흥미를 끌고, 포스터 수집 욕구를 불러일으켜요.

디자인 design

어떤 것을 만들거나 계획할 때 그 모양, 색상, 기능 등을 결정하는 과정

- 예술과 기능을 결합하여 시각적으로 아름답고 실용적인 결과물을 만들어 내는 것을 목표로 해요.
- 그래픽 디자인, 제품 디자인, 패션 디자인, 무대 디자인 등 다양한 분야에서 활용해요.
- 사용하기 편리하고, 보기에도 좋아야 좋은 디자인이라 할 수 있어요.

쓰임 알기

교과서 속
- 책 표지를 디자인할 때는 책의 내용을 생각해요.
- 사람들에게 브랜드에 대한 정보를 알리기 위해 이미지, 색, 글자 등을 사용하여 표현한 것을 브랜드 디자인이라고 해요.

다양한 명함 디자인

일상 속
- 집을 새로 꾸미기 위해 인테리어 디자인 전문가를 불렀어요.
- 친구의 생일을 축하하기 위해 생일 카드를 직접 디자인했어요.

확장하기

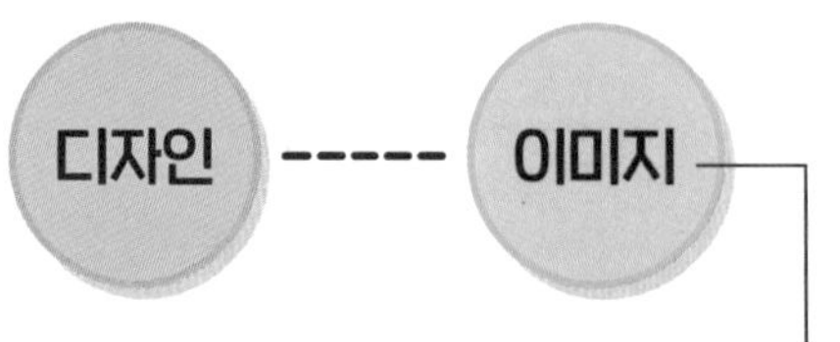

실제로 보이는 시각적 형태나 마음속으로 상상할 수 있는 형태

예 '미술' 하면 떠오르는 이미지에 대해 얘기해 볼까요?

하나 더 알고 가기

처음 만나는 사람에게 나를 소개하기 위해 명함을 주고받죠. 각자의 개성이 중요해진 요즘에는 명함의 디자인에서도 개인의 취향이 드러난답니다.

판화 版畫 널 판, 그림 화

판에 그림을 그려서 그 위에 물감이나 잉크를 바르고 종이에 찍어내는 기법

- 같은 디자인을 반복적으로 찍어 낼 수 있어요.
- 재료에 따라 고무판화, 실크스크린(스크린), 동판화(금속), 목판화(나무) 등으로 구분할 수 있어요.
- 기법에 따라 볼록 판화와 오목 판화로 구분할 수 있어요.

쓰임 알기

교과서 속
- 판화는 같은 무늬를 여러 장 찍어 낼 수 있어요.
- 종이 판화는 마분지, 골판지 등 다양한 재료를 붙여 재미있는 효과를 내요.

일상 속
- 다양한 색을 활용해서 판화를 여러 장 찍어 내니 모두 다른 작품 같아요.
- 작가가 정교하게 조각한 판화에서 장인 정신이 느껴져요.

확장하기

벽화: 건물의 벽이나 큰 표면에 직접 그린 그림

예 고대에는 역사적 사건을 벽화에 기록했어요.

하나 더 알고 가기

'애칭'은 산성 용액을 사용하여 금속판에 디자인을 새기는 판화 기법이에요. 새긴 부분에 잉크를 채워 놓고, 잉크가 종이에 찍히도록 누르는 방법이지요.

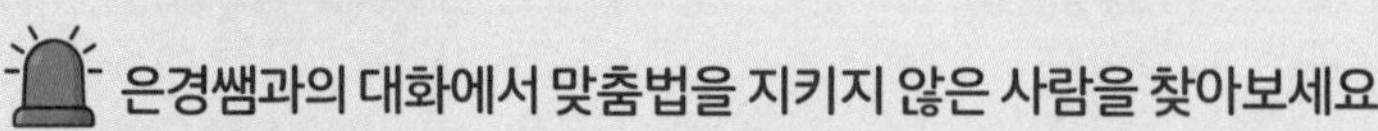

은경쌤과의 대화에서 맞춤법을 지키지 않은 사람을 찾아보세요!

한울

소희야, 우리 엄마가 오늘 아침에 너랑 마주쳤는데 네가 인사를 안 하고 지나갔다고 하시더라.

소희

아니야! 오늘 등굣길에 아무도 못 봤는데, 난…?

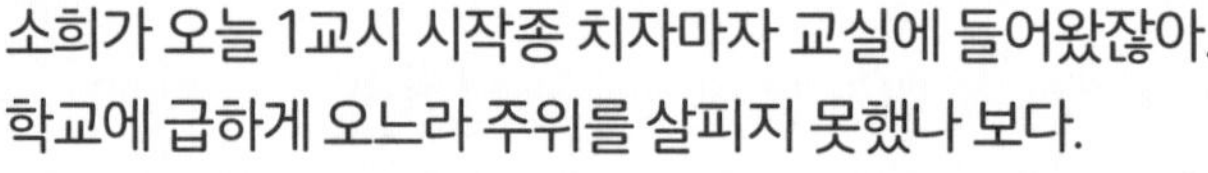

소희

맞아요. 정신없이 오느라 제가 뛰어서 왔는지 날아서 왔는지도 모르겠어요.
한울아, 정말 그런 거 아니라고 말씀드려 줘.

한울

알겠어! 어쩐지~ 네가 웃어른을 보고 그냥 지나칠 리가 없는데 정말 희안하다고 생각하기는 했어. ㅎㅎ

은경쌤

그렇지, '소희' 하면 '예의',
'예의' 하면 또 '소희'지!
오해가 풀려서 다행이구나~

윗어른 vs 웃어른

'웃어른'은 나이가 많거나 지위, 신분 등이 높아 자연스럽게 높이게 되는 사람이에요. '위'와 '아래'의 대립이 있는 낱말은 '윗니'와 '아랫니'처럼 '윗-'과 '아랫-'을 사용하지만 대립이 없으면 '웃-'을 사용해요. '아랫어른'이라는 말은 없으니 '윗어른'이 아닌 '웃어른'이 맞겠죠?

쓰임 친척 윗어른께 세배를 하고 세뱃돈을 두둑하게 받았어요. X

친척 웃어른께 세배를 하고 세뱃돈을 두둑하게 받았어요. O

희한하다 vs 희안하다

'희한하다'는 '이상하고 기이하다'라는 의미예요. 일상에서 잘 보이지 않거나 예상치 못한 상황 혹은 사물을 표현할 때 사용하지요. 일상적인 대화에서 '희안하다', '희안하네'로 잘못 사용하는 경우가 많지만 정확한 표현은 '희한하다'예요.

쓰임 영화의 결말이 너무 희한해서 여러 번 되돌려 보았어요. O

영화의 결말이 너무 희안해서 여러 번 되돌려 보았어요. X

“

요즘 K팝이 전 세계적인 인기를 끌고 있어요.
클래식 분야에서도 우리나라의 음악가들이
세계적으로 두각을 나타내고 있지요.

우리의 음악과, 우리나라 음악인들이
세계 속에 우뚝 서 있다는 것은 자랑스러운 일이에요.

천 리 길도 한 걸음부터! 음악에 대해 조금씩 알아보아요.

”

2장 음악

교과연계표

<table>
<tr><td>박자</td><td rowspan="2">음악 3~4</td><td>셈여림</td><td rowspan="3">음악 3~4</td><td>풍물놀이</td><td rowspan="2">음악 3~4</td><td>타악기</td><td rowspan="2">음악 3~4</td></tr>
<tr><td>음표</td><td>장단</td><td>민요</td><td>악보</td></tr>
<tr><td>장조</td><td>음악 5~6</td><td>가락</td><td>발성</td><td>음악 5~6</td><td>지휘</td><td>음악 5~6</td></tr>
</table>

박자 拍子 손뼉 칠 박, 아들 자

주어진 시간 내에 음이 어떻게 배열되는지를 나타냄

- 음악에서 리듬을 구성하는 중요한 개념이에요.
- 한 마디 내에서 박의 수와 배열을 나타내요.
- 두 가지 숫자로 구성되는데, 위의 숫자는 한 마디에 몇 개의 박이 있는지를 나타내고, 아래의 숫자는 각 박이 어떤 음표 길이로 나눠지는지를 나타내요.

쓰임 알기

교과서 속
- 박자는 악곡의 앞쪽에 적어서 곡을 잘 이해하도록 도와줘요.
- $\frac{2}{4}$박자는 4분음표(♩)를 한 박으로 하여 한 마디에 2박이 들어있는 것을 말해요.

일상 속
- 노래를 부를 때 박자를 잘 못 맞추어서 음악 학원을 다녀야 할지 고민이에요.
- 곡의 박자에 따라 드럼 연주 방식도 달라져요.

확장하기

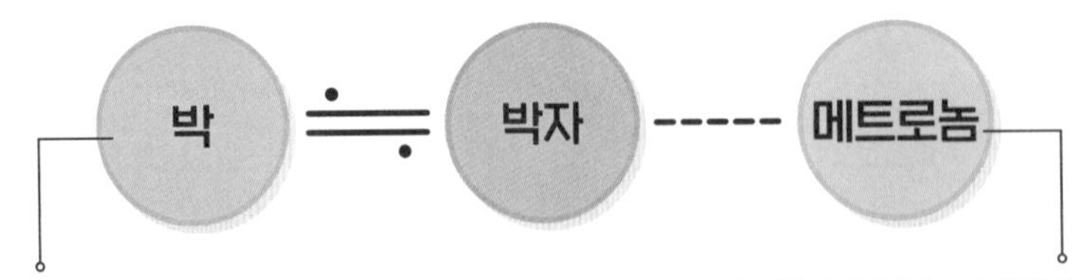

음악적 시간을 구성하는 기본 단위

예 이 곡을 들으면 경쾌한 박 덕분에 기분이 좋아져요.

음악 연주에서 정확한 박자와 속도를 유지하는 데 도움을 주는 기기

예 피아노를 칠 때는 메트로놈으로 박자를 맞춰요.

음표 音標 소리 음, 우듬지 표

음악의 기본 단위로, 음의 높이와 길이를 나타내는 기호

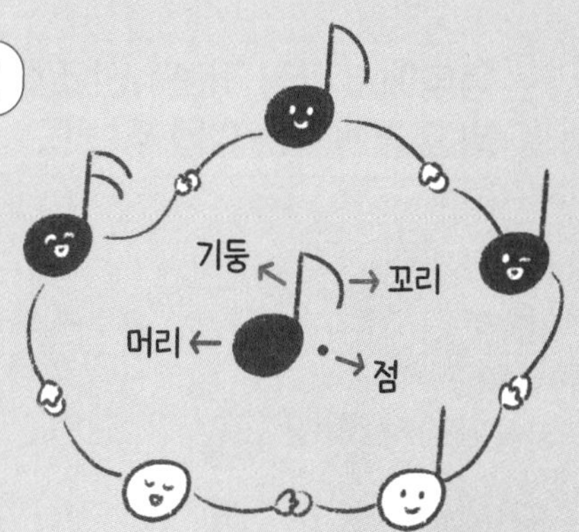

- 머리, 기둥, 꼬리, 점 등으로 구성돼요.
- 음악을 시각적으로 표현하고, 연주자에게 음의 길이와 리듬을 전달해요.
- 온음표, 2분음표, 4분음표, 8분음표, 16분음표 등이 있는데, 꼬리의 수가 많을수록 짧은 음이에요.

쓰임 알기

교과서 속
- 음표는 얼마 동안 소리를 내야 하는지를 나타내요.
- 음표의 길이에 맞게 연주를 해야 곡을 정확히 표현할 수 있어요.

일상 속
- 연주를 할 때는 음표를 정확히 지켜야 해요.
- 작곡가는 음표를 적절히 배열하여 음악의 감정을 표현해요.

확장하기

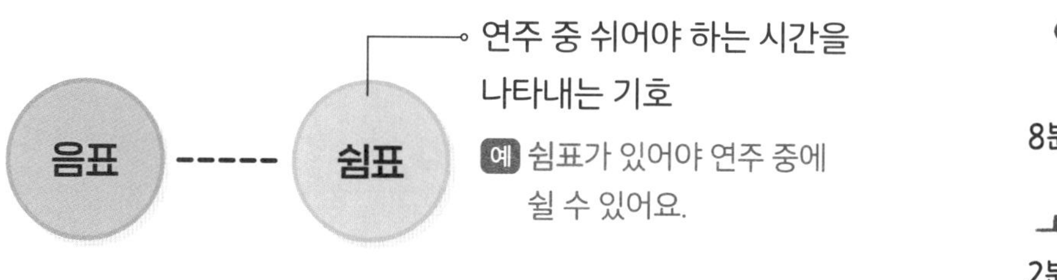

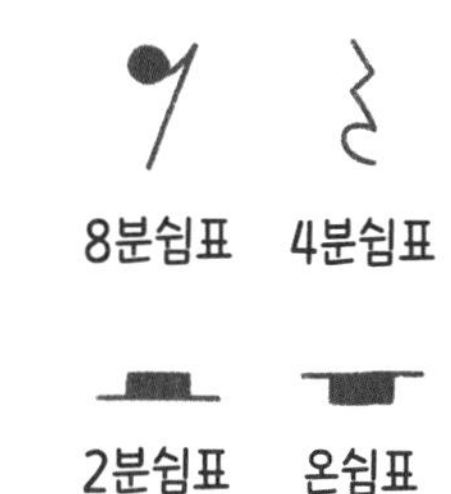

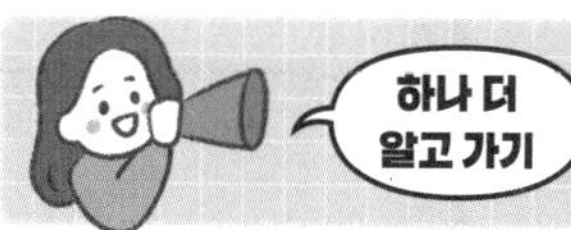

음자리표는 음의 높낮이를 결정하는 기호로, 오선지 악보에서 각 단의 가장 왼쪽에 적어요. 높은음자리표, 낮은음자리표 등이 있어요.

장조 長調 길 장, 고를 조

음악에서 가장 기본적인 조성으로, 밝고 경쾌한 느낌을 주는 조

- 장음계(도-레-미-파-솔-라-시-도)로 구성되어 있어요.
- 다장조, 라장조, 바장조, 사장조 등이 있어요.
- 클래식, 팝, 록, 재즈 등 다양한 음악 장르에서 사용해요.

쓰임 알기

교과서 속
- 다장조는 악보 앞쪽에 조표가 따로 붙지 않아요.
- 다장조 음계에서 첫 번째 음(도)을 밑음으로 3도씩 쌓은 화음이 으뜸화음이에요.

일상 속
- 이 곡은 다장조로 되어 있어서 밝고 신나는 느낌을 줘요.
- 장조와 단조가 번갈아 가며 나타나는 곡을 감상하니 감정이 더욱 풍부해지는 것 같아요.

확장하기

하나 더 알고 가기 '단조'는 장조와 대비되는 음계로, 일반적으로 어두운 감정이나 슬픈 분위기를 표현할 때 사용해요. 곡의 느낌이 쓸쓸하면서도 신비로운 느낌을 줘요.

셈여림

음악에서 음의 세기와 강도를 나타내는 말

- 셈여림을 나타내는 기호로는 'pp-p-mp-mf-f-ff' 등이 있어요.
- 음악의 감정을 더욱 효과적으로 표현할 수 있도록 도와요.
- 예를 들어, 극적인 장면에서는 강한 셈여림을 사용하고, 잔잔한 분위기에서는 약한 셈여림을 사용해요.

쓰임 알기

교과서 속

- 박자의 셈여림은 '강약'이며, 강에서는 발을 구르고, 약에서는 손뼉치기로 표현을 해요.
- 2박자는 2박에 한 번씩 강박이 나오는 셈여림을 가진 박자예요.

일상 속

- 관객에게 곡의 감정을 올바르게 전달하기 위해 셈여림을 정확히 땄어요.
- 연주를 할 때 셈여림을 잘 활용하여 곡의 극적인 순간을 강조했어요.

확장하기

곡의 연주 속도를 기호나 용어로 표현하는 것

예 빠르기말에는 모데라토(Moderato: 중간 빠르기로), 안단테 (Andante: 느리게) 등이 있어요.

하나 더 알고 가기 연주를 풍성하게 만드는 기호로는 악센트, 테누토, 늘임표 등이 있어요. 모두 음표 위에 표시하며 그 음을 어떻게 연주할 것인지를 안내하지요.

장단 長短 길 장, 짧을 단

음의 길고 짧음을 나타내는 말

- 우리나라 전통 음악에서 사용되는 개념으로 장구나 북으로 연주하는 일정한 리듬이에요.
- 장단은 박이 모여 이루어지고, 박은 소박이 모여 이루어지지요.
- 대표적인 장단에는 세마치장단, 자진모리장단, 굿거리장단 등이 있어요.

쓰임 알기

교과서 속
- 박이 모여 장단을 만들어요.
- 도라지 타령은 세마치장단에 맞추어 부르는 경기도 민요예요.

일상 속
- 장단에 변화를 줘서 음악의 분위기를 다양하게 표현할 수 있어요.
- 친구의 마음이 자꾸 왔다갔다 하니 제가 어느 장단에 맞춰야 할지 모르겠어요.

확장하기

우리나라 전통 음악에서 한 장단의 빠르고 느린 정도를 나타내는 말

예 장단이 느릴 때는 한배가 길다고 해요.

하나 더 알고 가기 '자진모리장단'은 4박 장단으로 빠른 편이에요. '세마치장단'은 3박 장단으로 「아리랑」이 대표적이지요. '굿거리장단'은 4박 장단으로 흥겨운 노래가 많아요.

가락

음이 나열된 선율

- 음의 높낮이, 길이, 리듬을 모두 포함해요.
- 우리나라 전통 음악에서 주로 사용하는 용어지만, 다양한 장르에서도 중요한 역할을 해요.
- '멜로디'와 같은 의미로 사용할 수 있어요.

쓰임 알기

교과서 속
- 리코더를 연주할 때는 가락의 흐름에 유의해야 해요.
- 가락을 선으로 그리며 노래를 부르면 곡의 흐름을 잘 파악할 수 있어요.

일상 속
- 할머니께서 흥겨우신지 노래 한 가락 뽑아 보라며 웃으셨어요.
- 그 노래에는 우리 가락의 멋과 한이 서려 있어요.

확장하기

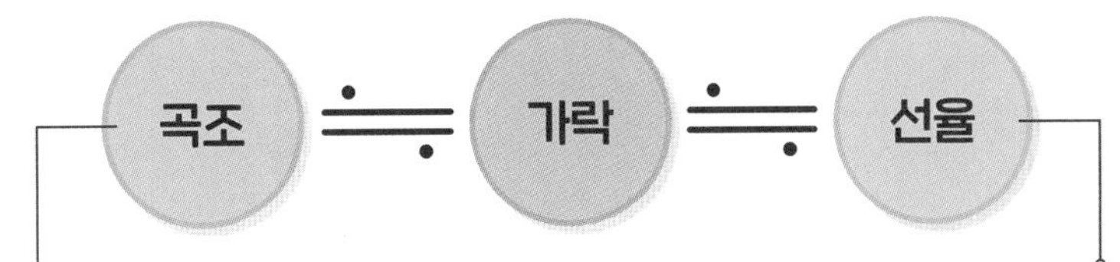

곡조: 음악이나 노래의 흐름

예 느린 곡조에 마음이 편안해져요.

선율: 길고 짧거나 높고 낮은 소리가 어우러진 음의 흐름

예 피아노 선율을 감상하느라 시간이 가는 줄 몰랐어요.

풍물놀이 風物놀이 바람 풍, 만물 물

우리나라 전통 악기와 춤이 결합된 놀이 공연

- 북, 장구, 징, 꽹과리, 나발, 태평소, 소고 등의 악기를 기본 구성으로 해요.
- 농사와 관련된 축제나 공동체의 축하 행사에서 주로 이루어져요.
- 풍물놀이를 하는 사람들의 모임을 풍물패라고 하며, 지휘자이자 꽹과리를 치는 사람을 상쇠라고 불러요.

쓰임 알기

교과서 속
- 풍물놀이는 전통 악기로 연주하며 줄을 지어 노는 우리나라 고유의 민속놀이예요.
- 풍물놀이는 풍년을 기원하고, 공동체의 결속을 다지며 모두 함께 즐기던 공연이에요.

일상 속
- 우리 마을은 매년 봄에 풍물놀이를 하며 농사를 시작해요.
- 정월대보름 행사에 참여한 모두가 흥겨운 풍물놀이 소리에 어깨를 들썩였어요.

확장하기

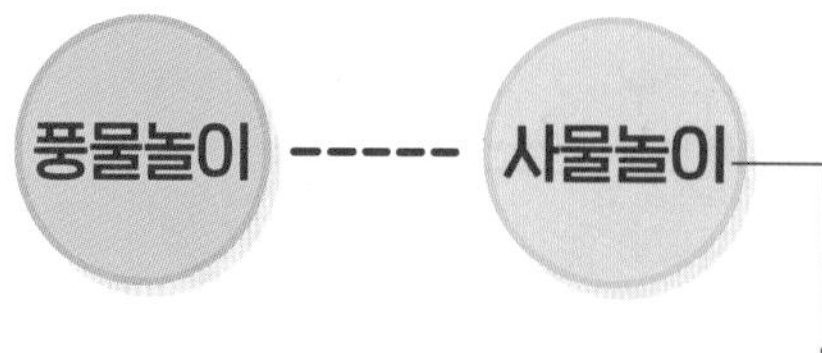

대규모의 풍물놀이를 사물(꽹과리, 장구, 북, 징)을 중심으로 하여 각색한 것

예 1978년부터 시작된 사물놀이는 악기 연주 중심의 공연이에요.

하나 더 알고 가기

'탈춤'은 우리나라 전통의 가면 춤으로, 탈을 쓰고 춤을 추며 연기하는 공연 예술이에요. 탈춤은 조선 시대부터 전해 내려오는 무용으로, 유머와 풍자(현실의 잘못된 것을 비웃음)를 담고 있어요.

민요 民謠 백성 민, 노래 요

옛날부터 전해 내려오는 우리의 전통 노래

- 서민의 삶과 정서를 반영하여 불려 왔어요.
- 입에서 입으로 전해졌기 때문에 정확한 악보가 없고, 사람들에 의해 자연스럽게 이어져 왔어요.
- 메기고 받는 부분으로 이루어진 곡이 많아요.

쓰임 알기

교과서 속
- 아리랑은 우리나라를 대표하는 민요 중 하나예요.
- 민요에는 전해져 오는 각 지방의 특성이 잘 나타나 있어요.

일상 속
- 지역 축제에 갔더니 민요가 계속 흘러나왔어요.
- 할아버지께서 젊은 시절에 즐겨 부르시던 민요를 불러 주셨어요.

확장하기

시김새: 민요 특유의 음색이나 발음

예 시김새에는 떠는소리, 꺾는소리 등이 있어요.

'판소리'는 서사적 이야기를 소리와 연기로 표현하는 우리의 고유한 공연 예술이에요. 노래를 부르고 이야기를 전달하는 소리꾼과 북을 치며 장단을 맞추는 고수가 함께 공연을 해요. 2003년에는 유네스코 세계 무형 유산으로 지정되었답니다.

발성 發聲 필 발, 소리 성

소리를 내는 방법이나 기술

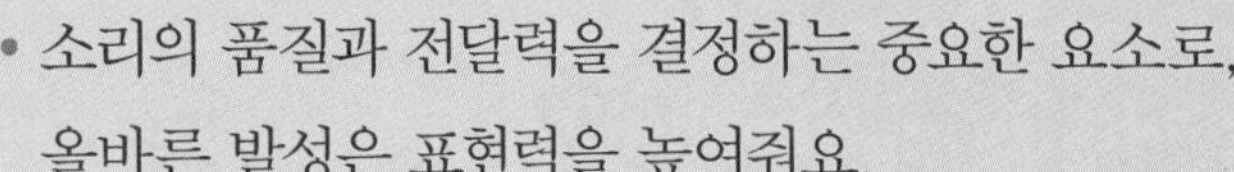

- 소리의 품질과 전달력을 결정하는 중요한 요소로, 올바른 발성은 표현력을 높여줘요.
- 발성의 기초는 호흡과 성대를 조절하는 능력이기 때문에 바른 자세로 호흡하고, 성대를 효율적으로 사용할 수 있어야 해요.
- 발성을 잘하기 위해 호흡 훈련, 발음 연습, 성대 훈련 등을 꾸준히 하면 좋아요.

쓰임 알기

교과서 속
- 좋은 발성을 위해서는 숨을 마실 때 공기가 배로 들어가게 해요.
- 발성은 바른 자세에서부터 시작된다고 할 수 있어요.

일상 속
- 발성이 좋은 친구가 큰 소리로 운동장에 있는 친구를 불렀어요.
- 목소리의 음역대를 넓히기 위해 발성 연습을 열심히 하고 있어요.

확장하기

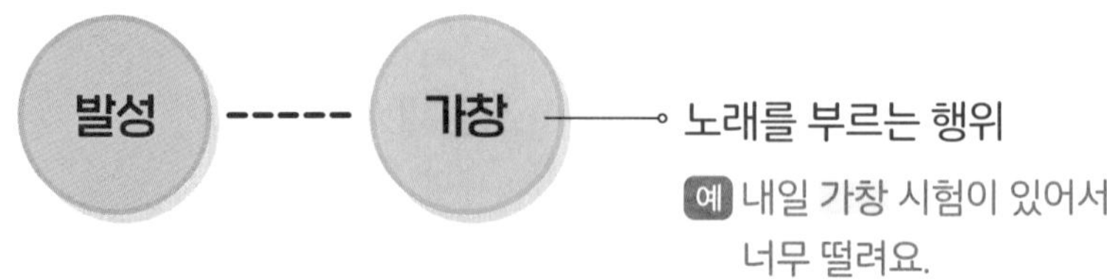

가창 — 노래를 부르는 행위

예 내일 가창 시험이 있어서 너무 떨려요.

하나 더 알고 가기 '뮤지컬'은 음악, 노래, 춤, 연기를 결합하여 이야기를 전달하는 공연 예술이에요. 이야기를 잘 전달하기 위해서는 정확한 발성이 매우 중요하답니다.

타악기 打樂器 칠 타, 풍류 악, 그릇 기

때리거나 흔들어서 소리를 내는 악기

- 손이나 도구를 사용해 악기 표면을 때려 소리를 내요.
- 음높이를 조절할 수 있는 악기와 음높이 없이 리듬을 담당하는 악기로 나눌 수 있어요.
- 리듬과 속도를 조절하며, 음악의 전반적인 분위기를 형성하는 중요한 역할을 해요.

쓰임 알기

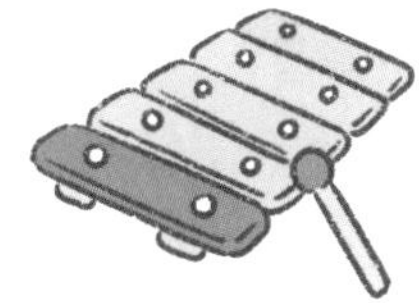

교과서 속
- 두드려서 소리를 내는 악기를 타악기라고 해요.
- 실로폰은 채의 머리로 음판을 쳐서 연주를 하는 타악기예요.

일상 속
- 우리 학교 밴드부에는 북과 같은 타악기를 연주할 사람이 없어요.
- 타악기를 연습하면 리듬 감각을 높일 수 있어요.

확장하기

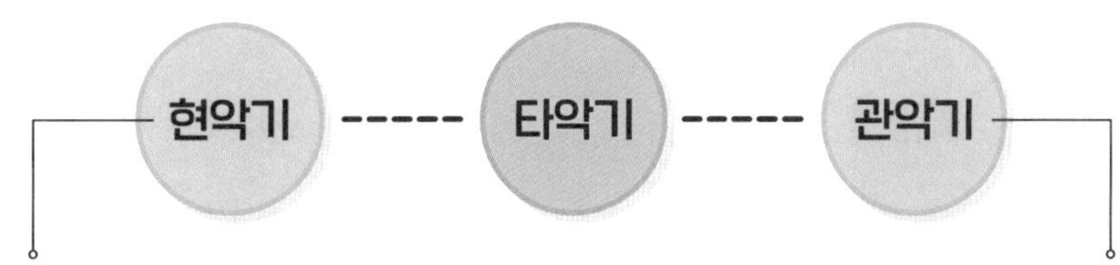

현을 진동시켜 소리를 내는 악기

예 바이올린은 현을 줄로 긁어서 소리를 내는 현악기예요.

관을 통해 공기를 진동시켜 소리를 내는 악기

예 같은 관악기라도 소리를 만드는 방식은 달라요.

악보 樂譜 풍류 악, 계보 보

음악을 구성하는 기호와 음표를 사용하여 음악을 시각적으로 표현한 것

- 음악을 연주하거나 노래할 때, 악보를 보면 어떤 음을 어떻게 연주해야 하는지 알 수 있어요.
- 5개의 줄이 그어진 오선지 위에 그려요.
- 악보의 처음에는 음자리표를 그리고, 곡의 조성을 나타내는 조표와 박자를 써넣어요.

쓰임 알기

교과서 속
- 악보를 그릴 때는 가장 먼저 음자리표를 그려요.
- 악보를 잘 볼 수 있어야 리코더 연주도 잘 할 수 있어요.

일상 속
- 악보를 보지 않고도 음을 잘 구분하는 친구가 부러워요.
- 연주하고 싶은 곡의 악보를 구해서 정말 기뻐요.

확장하기

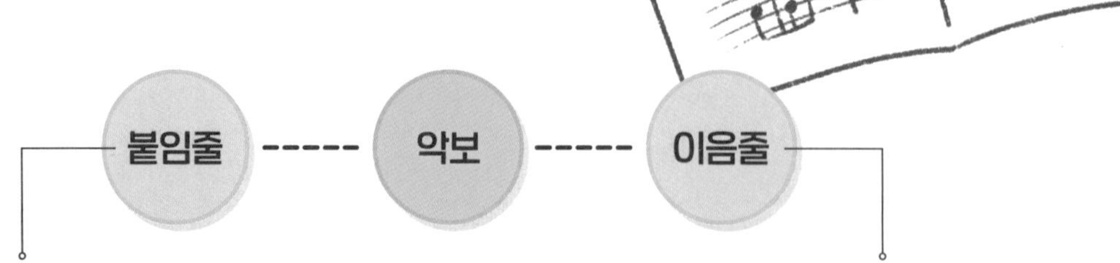

붙임줄: 높이가 같은 두 개의 음을 이어서 연주하라는 뜻의 기호

예 붙임줄은 호선 '⌒' 또는 '⌣'로 표시해요.

이음줄: 여러 개의 음을 하나의 음처럼 연결해서 연주하라는 뜻의 기호

예 붙임줄과 이음줄이 많으면 노래가 물 흐르는 듯한 느낌을 줘요.

지휘 指揮 가리킬 지, 휘두를 휘

음악을 연주하거나 노래할 때,
모두가 조화를 이룰 수 있도록 이끄는 것

- 합주에서 구성원 각각의 역할을 도와 최상의 결과를 얻을 수 있게 하는 중요한 일이에요.
- 음악의 강약, 속도, 감정 표현 등을 조절하며 손이나 지휘봉을 사용하여 지휘를 해요.
- 악단이나 합창단은 지휘에 맞추어 연주하거나 노래해요.

쓰임 알기

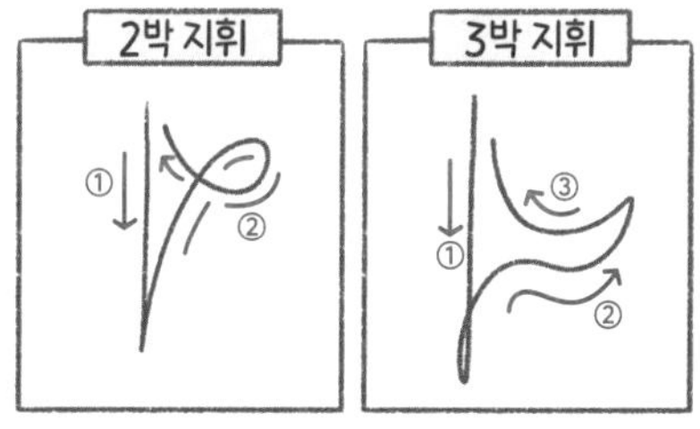

교과서 속

- 못갖춘마디에서는 마지막 박부터 지휘를 시작해요.
- $\frac{6}{8}$박자의 곡은 6박자 지휘를 할 수도 있고, 2박자 지휘를 할 수도 있어요.

일상 속

- 우리는 조장의 지휘에 따라 열심히 조별 활동을 했어요.
- 오케스트라와 함께 공연하는 뮤지컬에서 지휘자의 지휘가 빛을 발했어요.

확장하기

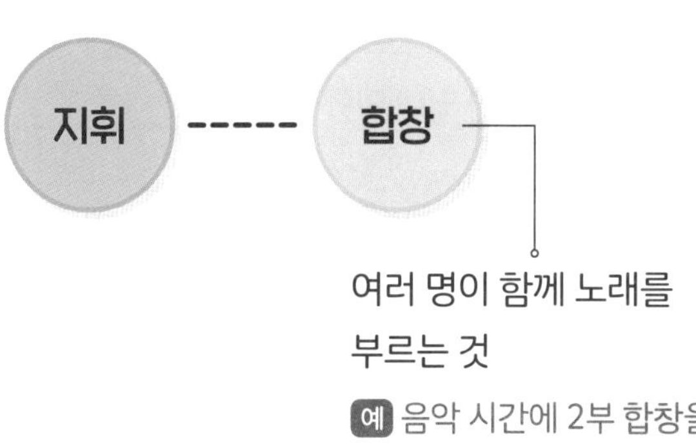

여러 명이 함께 노래를 부르는 것

예 음악 시간에 2부 합창을 배웠어요.

'합주'는 여러 악기가 함께 연주하여 하나의 음악을 만들어 내는 것이에요. 각 악기가 조화를 이루며 음악의 깊이를 더해요. 합주는 오케스트라나 실내악단에서 자주 이루어져요.

지켜라, 맞춤법!

 은경쌤과의 대화에서 맞춤법을 지키지 않은 사람을 찾아보세요!

소희

정말 아끼던 보석함이 있었는데
망가져서 너무 속상해요.

은경쌤

에고, 어쩌다가 망가졌을까?

소희

동생이 만질까 봐 서랍 깊숙이 숨겨 놓으려다 그만….

한울

지난번에 너희 집 놀러 갔을 때 네 책상을 보니,
서랍장에 보석함을 넣을 자리가 없어 보이던데….

소희

워낙 물건이 많아서 좀 그래 보이긴 했지?
없는 자리에 우겨넣다 보니 망가졌나 봐. 

은경쌤

우리 소희, 교실 책상 서랍도 그렇게 정리를 안 하더니
집에 있는 책상 서랍도 정리가 안 되어 있었던 모양이구나.
소희야, 정리 좀 잘하자!

소희

네. 이제부터라도 깨끗하게 정리해야겠어요.

깊숙히 vs 깊숙이

'깊숙이'는 어떤 것이 겉에서 속까지의 거리가 아주 먼 위치에 있는 상태를 설명할 때 사용해요. 서랍 깊숙이 넣는다는 것은 손이 잘 닿지 않는 서랍의 가장 안쪽에 둔다는 의미겠지요. 그럴 때는 '깊숙히'가 아니라 '깊숙이'가 맞는 표현이에요. 중요한 물건은 깊숙히 넣지 말고, 깊숙이 넣어 두세요.

쓰임

공기가 상쾌하여 생각 없이 걷다 보니 산속 깊숙히 들어오게 되었어요. X

공기가 상쾌하여 생각 없이 걷다 보니 산속 깊숙이 들어오게 되었어요. ○

우겨넣다 vs 욱여넣다

'욱여넣다'는 무언가를 좁거나 비좁은 공간에 강제로 넣거나 밀어 넣는 것이에요. 대개 자리가 부족하거나 크기가 맞지 않는 곳에 강제로 넣는 모습을 표현할 때 사용하지요. 고집스럽게 자기의 의견을 내세울 때 사용하는 '우기다, 우기고, 우겨'라는 어휘가 익숙해서 헷갈리기 쉬워요. 하지만 물건을 넣을 때는 '욱여넣다'가 맞는 표현이에요.

쓰임

좁은 짐칸에 너무 많은 물건을 우겨넣었어요. X

좁은 짐칸에 너무 많은 물건을 욱여넣었어요. ○

흥미진진 어휘 퀴즈 ①

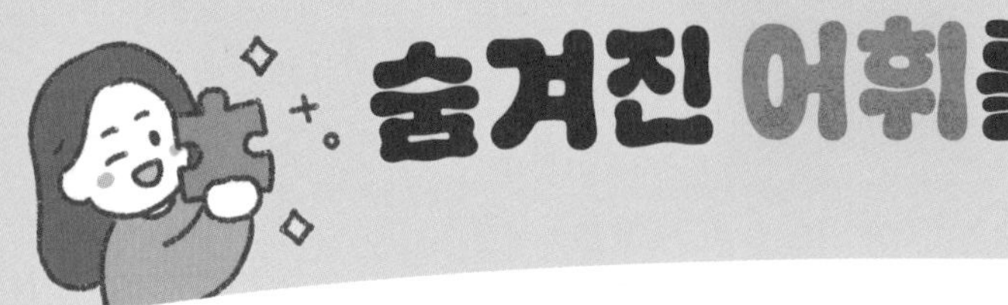

숨겨진 어휘를 찾아요!

○ 안에 들어갈 적절한 어휘를 퍼즐 속에서 찾아보세요.

1 판에 그림을 그려서 그 위에 물감이나 잉크를 바르고 종이에 찍어내는 기법은 ○○예요.

2 ○○는 음악을 연주하거나 합창을 할 때, 모두가 조화를 이룰 수 있도록 이끌어요.

3 ○○를 보면 어떤 음을 어떻게 연주해야 하는지 알 수 있어요.

4 때리거나 흔들어서 소리를 내는 ○○○는 음악의 전반적인 분위기를 형성해요.

5 ○○○는 먹과 물을 사용하여 그린 그림이에요.

매	규	전	타	악	기
생	소	등	성	보	계
추	혜	판	나	성	이
수	묵	화	납	태	름
구	초	과	분	지	휘
랄	캄	현	절	시	거

정답 1 판화 2 지휘 3 악보 4 타악기 5 수묵화

흥미진진 어휘 퀴즈 ②

어휘로 문장을 완성해요!

✔ (   ) 안에 들어갈 적절한 어휘를 골라 아래의 문장을 완성해 보세요.

음표	화음	초상화	소묘	발성
수채화	부조	장단	명도	가락

1 (   )는 물감을 물에 풀어 표현하기 때문에 투명하고 부드러운 느낌을 줘요.

2 사람의 얼굴을 그린 그림을 (   )라고 해요.

3 경기도 민요인 도라지 타령은 세마치(   )에 맞추어 불러요.

4 음의 높이와 길이를 나타내는 기호인 (   )는 연주자가 악보를 정확하게 연주할 수 있도록 안내해요.

5 평면 위에 입체로 표현되어 손으로 만지면 울퉁불퉁한 조소를 (   )라고 해요.

6 (   )는 색상의 밝고 어두운 정도를 말하고, 채도는 색상의 맑고 탁한 정도를 말해요.

7 우리나라 전통 음악의 (   )은 흥겨우면서도 구슬퍼요.

8 (   )는 연필이나 목탄 등을 사용해서 명암을 위주로 그리는 그림이에요.

9 소리를 내는 기술인 (   )은 노래할 때뿐만 아니라 대화를 할 때도 중요해요.

10 (   )은 2개 이상의 음이 동시에 울리면서 나는 소리예요.

정답 1 수채화 2 초상화 3 장단 4 음표 5 부조 6 명도 7 가락 8 소묘 9 발성 10 화음

흥미진진 어휘 퀴즈 ③

초성 퀴즈왕이 될 거야!

✔ 초성 힌트를 보고 다음 대화의 빈칸에 어울리는 단어를 써 보세요.

민경 나는 가요를 즐겨 듣지만, 가끔 우리나라 [ㅁ][ㅇ]도 신나고 좋더라.

성원 난 [ㅍ][ㅁ][ㄴ][ㅇ]에서 상모돌리기를 볼 때 흥을 참을 수 없어.

하준 우리 엄마는 요즘 [ㅅ][ㅇ]를 즐기셔서 내가 먹을 갈아 드려.

지민 우리 엄마는 [ㅁ][ㅎ]를 배우셔서 붓, 물감, 화선지가 책상 위에 늘 있지.

선생님 노래가 빨라지지 않게 [ㅂ][ㅈ]를 맞추어서 불러볼까?

건우 네. [ㅅ][ㅇ][ㄹ]에도 유의해서 잘 불러 볼게요.

채원 사과와 포도를 똑같이 그리기 어렵다. [ㅈ][ㅁ][ㅎ]는 너무 어려워.

하은 그러게 말이야. 그냥 사진을 찍으면 될 텐데 왜 그림으로 남기는 걸까?

희정 이 영화 포스터 좀 봐. 재미있어 보이지 않아?

소영 그러게. [ㄷ][ㅈ][ㅇ]을 잘해서 영화를 보고 싶게 만드는 포스터야.

정답 민요, 풍물놀이 서예, 민화 박자, 셈여림 정물화 디자인

흥미진진 어휘 퀴즈 ④

맞춤법은 내가 최고!

✔ 정확한 맞춤법이 사용된 문장을 골라 동그라미 쳐 보세요.

1 (1) 어디서든 윗어른을 만나면 인사부터 해요. (   )

(2) 어디서든 웃어른을 만나면 인사부터 해요. (   )

2 (1) 방금 막 밥을 다 먹었는데 아직도 배가 고프다니, 정말 희안하네요. (   )

(2) 방금 막 밥을 다 먹었는데 아직도 배가 고프다니, 정말 희한하네요. (   )

3 (1) 책상 정리를 하라고 해서 물건을 서랍에 다 욱여넣었어요. (   )

(2) 책상 정리를 하라고 해서 물건을 서랍에 다 우겨넣었어요. (   )

4 (1) 더운 날씨에 녹은 아이스크림을 냉동실 깊숙이 넣어 두었어요. (   )

(2) 더운 날씨에 녹은 아이스크림을 냉동실 깊숙히 넣어 두었어요. (   )

정답 1 (2) 2 (2) 3 (1) 4 (1)

관용 표현을 사용하면 의견이나 상황을
더욱더 효과적으로 전달하고 설명할 수 있어요.

PART 6

관용 표현

예로부터 널리 쓰인 말

1장 속담

2장 관용구

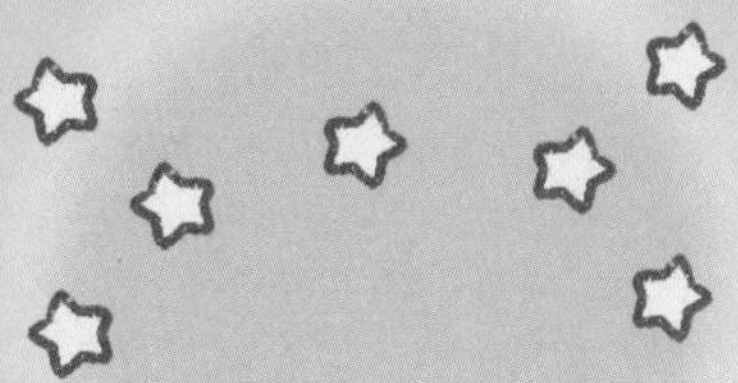

속담은 사람들이 오랜 경험을 통해 배운 지혜나 교훈을
간단하게 표현한 말이에요.

지금 바로 떠오르는 속담 하나만 말해 볼까요?
선생님은 '고생 끝에 낙이 온다'라는 속담이 떠오르네요.
어렵고 힘든 일을 겪은 뒤에는
반드시 즐거운 일이 따른다는 뜻이에요.

지금은 공부를 하느라 힘들지만
언젠가 반드시 즐거움이 따라올 거예요!

속담

호랑이에게 물려 가도 정신만 차리면 산다

- 아무리 위급한 상황에 처하더라도 정신만 똑똑히 차리면 위기를 벗어날 수 있다는 뜻이에요.
- 옛날에는 호랑이가 마을에 내려와 사람을 해치는 일이 잦아서 생긴 속담이에요.

쓰임 알기

- 호랑이에게 물려 가도 정신만 차리면 산다고, 낯선 곳에서 길을 잃더라도 침착하게 주변 사람들한테 도움을 청해 보세요.
- 호랑이에게 물려 가도 정신만 차리면 산다는 말을 되새기며, 화가 많이 나신 엄마에게 제가 학원을 빠질 수밖에 없었던 이유를 잘 설명해야겠어요.

확장하기

- **하룻강아지 범 무서운 줄 모른다**

  철없이 함부로 덤비는 것을 이르는 말이에요. 범은 호랑이로 바꿔 쓸 수 있어요.

  예 하룻강아지 범 무서운 줄 모른다더니 감히 나한테 대결을 신청했어?

- **호랑이도 제 말 하면 온다**

  다른 사람에 관한 이야기를 하는데 공교롭게도 그 사람이 나타난 경우에 사용해요. 산속 호랑이조차도 자기 이야기를 하면 찾아오기 때문에 언제나 말조심해야 한다는 의미로 쓰기도 해요.

  예 호랑이도 제 말 하면 오듯이 친구와 수학 숙제가 너무 많다고 불평하던 순간에 수학 선생님이 우리 옆을 지나가셨어요.

방귀 뀐 놈이 성낸다

- 방귀를 뀐 사람이 사과를 하기는커녕 오히려 남에게 화를 낸다는 뜻이에요.
- 자기가 잘못을 저질러 놓고 상대방에게 화를 내는 사람을 비꼴 때 쓰는 속담이에요.

쓰임 알기

- 방귀 뀐 놈이 성낸다고, 약속 시간에 늦었으면서 빨리 온 내가 잘못이라고 하네요.
- 장난치다가 컵을 깨고서는 왜 컵이 여기 있냐고 화내는 친구를 보니 방귀 뀐 놈이 성낸다는 말이 딱 맞아요.

확장하기

- **도둑이 제 발 저리다**

  자기가 저지른 잘못을 스스로 알고 있어서 마음이 조마조마해지는 상황을 비유한 속담이에요.

  예 도둑이 제 발 저린다고, 잘못한 게 있으니 저리 안절부절못하는 것이 분명해요.

- **적반하장(賊反荷杖 도둑 적, 돌이킬 반, 연 하, 지팡이 장)**

  도둑이 오히려 몽둥이를 든다는 뜻의 사자성어예요. 잘못한 사람이 아무 잘못도 없는 사람에게 화를 내는 것이니, '방귀 뀐 놈이 성낸다'와 같은 의미지요.

  예 적반하장도 정도껏이죠. 본인이 다른 손님의 옷에 물을 다 쏟아 놓고 물을 가져다준 종업원에게 화를 내는 건 무슨 경우인가요?

가는 말이 고와야 오는 말이 곱다

- 남에게 말이나 행동을 좋게 하면 남도 나에게 좋게 응답한다는 뜻이에요.
- 상대방에게 곱지 않은 말을 먼저 건네 놓고 고운 말이 돌아오기를 기대하지 말라는 의미이기도 해요.

쓰임 알기

- 항상 웃으며 말을 하는 사람에게는 모두가 친절하게 대하는 것을 보니 역시 가는 말이 고와야 오는 말도 고운가 봐요.
- 가는 말이 고와야 오는 말이 곱다고, 늘 화를 내는 사람과 대화할 때는 저도 모르게 같이 화를 내게 돼요.

확장하기

- **말 한마디에 천 냥 빚도 갚는다**

  적절한 말 한마디가 커다란 문제를 해결하거나 사람의 마음을 얻는 데 큰 영향을 미칠 수 있다는 뜻이에요.

  예 말 한마디에 천 냥 빚도 갚는다고 하잖아요. 같은 말이라도 다정하게 하면 언젠가 좋은 일로 돌아올 거라고 믿어요.

- **말이 씨가 된다**

  꾸준히 말하던 것이 실제로 이루어질 수 있다는 뜻이에요.

  예 말이 씨가 된다고 하니 부정적인 말보다는 긍정적인 말을 많이 하도록 노력하고 있어요.

콩 심은 데 콩 나고 팥 심은 데 팥 난다

- 흙에 심은 씨앗의 종류에 따라 열매가 달라지듯이 자신의 선택이나 행동이 결과를 결정한다는 뜻이에요.
- 모든 일은 노력한 만큼의 결과가 나오는 게 당연하다는 말이지요.

쓰임 알기

- 꾸준한 훈련 덕분에 경기에서 우승할 수 있었던 오늘 같은 상황을 두고 콩 심은 데 콩 나고 팥 심은 데 팥 난다고 하지요.
- 콩 심은 데 콩 나고 팥 심은 데 팥 난다고, 늘 이웃들에게 베풀며 살던 사람에게 어려운 일이 생기니 이웃들이 서로 나서서 도와주려고 하네요.

확장하기

- **콩으로 메주를 쑨다고 해도 안 믿는다**

  거짓말을 자주 하는 이가 아무리 사실을 말할지라도, 이미 신뢰를 잃었기 때문에 그가 하는 말이나 행동을 믿지 않는다는 뜻이에요.

  예 친구가 내일은 꼭 약속 시간을 지키겠다고 말했지만 매번 늦던 터라 믿을 수가 없어요. 콩으로 메주를 쑨다고 해도 안 믿을 거예요.

- **콩을 팥이라고 우긴다**

  사실과는 다른 주장을 억지스럽게 내세우거나 고집을 꺾지 않고 우기는 태도예요.

  예 명백한 사실을 무시하고 자신의 생각만을 우기는 친구를 보면, 콩을 팥이라고 우긴다는 속담이 떠올라요.

뛰는 놈 위에 나는 놈 있다

- 아무리 뛰어난 재주가 있더라도 그보다 더 뛰어난 사람이 있다는 뜻이에요.
- 자만하는 사람에게 더 뛰어난 사람이 존재한다는 것을 말해 주는 속담이지요.

쓰임 알기

- 쪽지 시험에서 한 문제만 틀려서 아주 기뻐했는데, 다 맞은 친구가 이렇게 많다니…. 정말 뛰는 놈 위에 나는 놈 있다니까요.
- 학교 대표로 나간 전국 대회에서 예선 탈락을 했어요. 뛰는 놈 위에 나는 놈이 있다는 것을 몸소 체험했어요.

확장하기

- **우물 안 개구리**

  좁은 범위 속에서만 살아온 사람을 비유적으로 표현하는 말로, 제한적인 경험이나 지식을 바탕으로 모든 것을 다 아는 척하는 사람을 뜻해요.

  예 친구에게 새로운 게임을 알려줬더니 그동안 한 가지 게임만 하던 자기가 너무 우물 안 개구리처럼 느껴진대요.

- **산 넘어 산이다**

  어떤 문제나 어려움을 해결한 뒤에 또 다른 난관이 기다리고 있다는 뜻이에요. '나는 놈'을 만난 '뛰는 놈'이 할 법한 말이죠?

  예 방 청소를 깨끗이 다 하고 나니 지저분한 화장실이 보여요. 집안일은 정말 산 넘어 산이네요.

천 리 길도 한 걸음부터

- 천 리는 약 400킬로미터로, 서울에서 부산까지의 거리보다 멀어요. 이렇게 먼 길도 첫 한 걸음을 내디뎌야 시작된다는 뜻이에요.
- 어떤 큰 목표를 이루기 위해서는 작은 시작이 필수임을 비유하는 속담이지요.

쓰임 알기

- 천 리 길도 한 걸음부터라고, 오래오래 건강하기 위해서는 지금부터 꾸준히 운동을 하는 것이 좋겠어요.
- 지금 당장 피아노로 멋진 곡을 연주하고 싶지만 천 리 길도 한 걸음부터니까 욕심부리지 않고 계이름 공부부터 하고 있어요.

확장하기

- **티끌 모아 태산**

아주 작은 먼지인 티끌이 모이면 큰 산도 될 수 있듯이, 아무리 작은 것도 꾸준히 모으면 큰 덩어리가 될 수 있다는 뜻이에요. 천 리나 되는 길도 한 걸음부터 시작하듯, 큰 덩어리도 작은 것에서 시작된답니다.

예 티끌 모아 태산이라고, 금액이 적은 동전이라도 계속 모으다 보면 어느 순간 목돈이 될 거예요.

원숭이도 나무에서 떨어진다

- 나무를 잘 타는 동물인 원숭이도 가끔 나무에서 떨어진다는 뜻이에요.
- 아무리 경험이 많고 숙련된 사람이라도 실수할 때가 있다는 의미를 담고 있어요.

쓰임 알기

- 원숭이도 나무에서 떨어진다고, 수학을 제일 잘하는 친구가 이번에 친 시험에서는 단순한 계산 문제를 틀렸어요.
- 춤을 정말 잘 추기로 유명한 가수가 넘어진 걸 보면 원숭이도 나무에서 떨어지긴 하나 봐요.

확장하기

- **벼는 익을수록 고개를 숙인다**

어떤 일이 잘되고 성공할수록 사람은 더욱 겸손해져야 한다는 의미를 담고 있어요. 벼가 익으면 이삭이 무거워져서 고개를 숙인 듯한 모습이 되는 것처럼, 사람도 지식이나 실력이 쌓일수록 자신을 낮추고 겸손해야 한다는 교훈을 주는 속담이지요. 아무리 잘하는 것이 있어도 겸손함을 지닌다면 실수할 확률도 줄어들 거예요.

예 이번 대회에서 금메달을 땄다고 너무 우쭐하지 않고 벼는 익을수록 고개를 숙인다는 속담처럼 겸손함을 아는 사람이 될 거예요.

백지장도 맞들면 낫다

- 얇은 종이 한 장도 여러 사람이 함께 들면 더 쉽게 들 수 있음을 비유하는 말이에요.
- 아무리 작은 일이라도 협력하면 훨씬 쉽게 해결할 수 있다는 의미지요.

쓰임 알기

- 백지장도 맞들면 낫다니까 학예회 준비도 친구들과 함께하면 훨씬 크고 멋진 무대를 만들 수 있을 거예요.
- 백지장도 맞들면 낫다고, 친구가 도서관의 책장 정리를 도와줘서 예상보다 훨씬 빨리 끝났어요.

확장하기

- **사공이 많으면 배가 산으로 간다**

사공은 노를 젓는 사람으로, 하나의 일에 너무 많은 사람이 지시를 내려서 일이 제대로 진행되지 않는다는 뜻이에요. '백지장도 맞들면 낫다'와 반대되는 의미지요. 여러 사람이 함께한다고 다 좋은 것만은 아니라는 것을 알 수 있는 속담이에요.

예 학교 과제를 하기 위해 모였는데, 사공이 많으면 배가 산으로 간다더니 각자 원하는 것이 달라서 쉽게 결론이 나지 않아요.

공든 탑이 무너지랴

- 열심히 노력하여 정성껏 세운 것은 쉽게 무너지지 않는다는 뜻이에요.
- 힘을 다해 정성스럽게 준비한 일은 실패하거나 헛된 일이 되지 않을 것이라는 의미를 담고 있어요.

쓰임 알기

- 공든 탑은 무너지지 않듯이, 많은 시간과 노력을 투자한 만큼 좋은 결과가 들리기를 기대하고 있어요.
- 이번 시험은 열심히 준비했으니 꼭 붙어야 하는데, 설마 공든 탑이 무너지겠어요?

확장하기

- **공든 탑도 개미구멍으로 무너진다**
  아무리 튼튼하게 세운 것이나 큰 성과도 작은 문제나 실수 때문에 무너질 수 있다는 말이에요. '공든 탑이 무너지랴'와 반대되는 의미지요. 작은 결점이나 관리 소홀이 큰 문제를 일으킬 수 있으니 모든 일에는 세심한 관리와 주의를 기울이는 것이 좋겠어요.

  예 우리 팀이 큰 점수 차이로 이기고 있었는데 역전을 당할 위기가 왔어요. 공든 탑도 개미구멍으로 무너진다더니 이길 거라는 생각에 방심한 탓인가 봐요.

닭 쫓던 개 지붕 쳐다보듯

- 개에게 쫓기던 닭이 지붕으로 올라가자 닭을 쫓던 개는 따라 올라가지 못하고 지붕만 쳐다본다는 뜻이에요.
- 자신이 목표하던 일이 실패로 돌아가거나 어쩔 수 없게 되었을 때 쓸 수 있는 속담이에요.

쓰임 알기

- 마음에 드는 옷을 사기 위해 열심히 돈을 모았는데 계절이 바뀌는 바람에 닭 쫓던 개 지붕 쳐다보는 신세가 되었어요.
- 이제 막 숙제를 다 해서 놀러 나가려던 참인데, 수학 문제집을 2장이나 더 풀라니…. 닭 쫓던 개 지붕 쳐다보는 꼴이 되었네요.

확장하기

- **닭 잡아먹고 오리 발 내놓기**

  닭을 잡아먹고는 오리를 잡아먹은 척 오리 발을 내민다는 말로, 잘못한 일을 숨기거나 덮으려고 엉뚱한 행동을 하는 경우에 사용하는 속담이에요.

  예 입 주위에 묻은 콩고물을 보면 인절미를 먹은 게 분명한데, 안 먹었다고 잡아떼는 모습이 꼭 닭 잡아먹고 오리발 내미는 모습 같아요.

- **닭 소 보듯, 소 닭 보듯**

  서로에게 아무 관심이 없는 사이를 비유하는 말이에요. 가까이 있어도 서로 보는 둥, 마는 둥 하는 거죠.

  예 아무리 싸웠다지만 두 친구가 서로 닭 소 보듯, 소 닭 보듯 하며 인사도 안 해요.

길고 짧은 것은 대어 보아야 안다

- 사물의 길이가 길고 짧은지는 실제로 대어 보아야 정확하게 비교할 수 있듯이 이기고 지는 것 또한 직접 겨루어 보아야 알 수 있다는 말이에요.
- 직접 경험해 보지 않으면 그 결과나 상황을 정확히 알 수 없다는 뜻이지요.

쓰임 알기

- 상대방이 나보다 키가 작다고 해서 힘도 약할 것이라고 생각하면 안 돼요. 길고 짧은 것은 대어 보아야 아니까요.
- 달리기 시합 때 학교 대표 육상 선수와 겨루게 된 아이들이 모두 실망했지만, 길고 짧은 것은 대어 보아야 아는 법이니 결과는 아직 아무도 알 수 없어요.

확장하기

- **도토리 키 재기**

고만고만한 사람들끼리 서로를 비교하거나 겨루는 상황에서 써요. 비교가 무의미하다는 말이니 '길고 짧은 것은 대어 보아야 안다'와 반대되는 의미의 속담이지요.

예 매일 지각하는 두 친구가 서로 자기가 더 일찍 온다고 티격태격하는 모습이 꼭 도토리 키 재기 하는 것 같아요.

- **비교도 되지 않다**

하나가 다른 하나에 비해 훨씬 우월하여 비교하는 행위 자체가 아무런 의미가 없다는 뜻의 관용구예요. 비교할 필요가 없을 정도로 차이가 크다는 말이지요.

예 우리 엄마의 음식 솜씨는 다른 식당과 비교도 되지 않게 훌륭해요.

남의 떡이 더 커 보인다

• 다른 사람의 것이 더 좋아 보이고, 남이 하는 일이 더 쉬워 보인다는 뜻이에요.

• 자신이 가진 것보다 남이 가진 것이 괜히 더 좋아 보이는 사람의 심리를 나타내는 속담이랍니다.

쓰임 알기

• 내 장난감 자동차보다 형의 로봇이 더 좋아 보이지만 남의 떡이 더 커 보이는 것일 뿐이라고 마음을 다스릴래요.

• 남의 떡이 더 커 보인다고, 내가 신은 구두보다 친구가 신은 운동화가 더 예뻐 보여요.

확장하기

• **떡 줄 사람은 꿈도 안 꾸는데 김칫국부터 마신다**

상대방은 생각하지도 않았는데 미리 기대를 하거나 다 된 일처럼 기분이 들떠서 행동하는 모습을 표현하는 속담이에요.

예 학급 회장이 될 것 같다고 자랑했는데 선거에서 떨어졌어요. 떡 줄 사람은 꿈도 안 꾸는데 김칫국부터 마셨다며 친구가 놀렸어요.

• **떡 본 김에 제사 지낸다**

우연히 좋은 기회가 와서 하려던 일을 해치우는 상황에 사용하는 속담이에요.

예 엄마가 떡 본 김에 제사 지낸다며, 오랜만에 온 가족이 모인 김에 대청소를 하자고 말씀하셨어요.

가랑비에 옷 젖는 줄 모른다

- 가늘게 내리는 비라도 피하거나 우산을 쓰지 않고 계속 맞으면 알지 못하는 새에 결국 옷이 젖어 버린다는 뜻이에요.
- 작은 일이나 사소한 문제가 쌓이고 쌓여서 큰 영향을 미칠 수 있다는 의미예요.

쓰임 알기

- 가랑비에 옷 젖는 줄 모른다고, 친구에게 사소한 불평이라도 끝없이 늘어놓다 보면 나중에는 큰 갈등이 생길 수 있어요.
- 크림빵이 너무 맛있어서 매일 사 먹었더니 몸무게가 5킬로그램이나 늘었어요. 가랑비에 옷이 젖는 줄도 모르고 먹은 거예요.

확장하기

- **비 온 뒤에 땅이 굳어진다**

  비에 젖은 흙이 마르면서 땅이 더 단단해지는 것처럼, 어려운 상황이나 시련을 경험한 후에는 더 강해지고 성숙해진다는 의미예요.

  예 심하게 다툰 친구에게 진심으로 사과하며 화해를 하고 나니 비 온 뒤에 땅이 굳어지는 것처럼 더욱 끈끈한 사이가 되었어요.

- **소금 팔러 가면 비가 오고 가루 팔러 가면 바람 분다**

  하려는 일이 매사 잘 안되는 경우를 이르는 말이에요.

  예 비가 내려서 운동장에서 축구를 하는 대신 체육관에서 농구를 하려고 했더니 농구대가 망가져 있어요. 소금 팔러 가면 비가 오고 가루 팔러 가면 바람 분다더니 이 상황에 딱이네요.

마른하늘에 날벼락

- 마른하늘은 맑게 갠 하늘을 뜻하고 날벼락은 갑자기 치는 벼락으로, 먹구름도 없는 맑은 하늘에 느닷없이 벼락이 치니 놀랍고 당황스럽다는 말이에요.
- 예상치 못한 상황에서 뜻밖의 문제가 생길 때 쓰는 속담이에요.

쓰임 알기

- 가장 친한 친구가 갑자기 전학을 간다고 하니 마른하늘에 날벼락을 맞은 기분이에요.
- 건물이 붕괴되어 사상자가 발생했다는 소식에 가족들은 마른하늘에 날벼락을 맞은 듯한 표정을 지었어요.

확장하기

- **하늘의 별 따기**

  매우 어렵거나 불가능한 일을 시도하는 상황을 비유하는 속담이에요. 하늘에 떠 있는 별을 따는 것이 현실적으로 불가능한 일이듯이, 매우 어려운 목표임을 표현할 때 써요.

  예 하늘의 별 따기라는 유명 화가의 전시회 예약에 성공했어요.

- **하늘은 스스로 돕는 자를 돕는다**

  스스로 최선을 다하고 끊임없이 노력하는 사람에게 운이나 기회가 따라온다는 의미예요.

  예 꾸준히 글쓰기 연습을 한 동생이 백일장에서 장원을 차지한 걸 보면 하늘은 스스로 돕는 자를 돕는다는 말이 맞아요.

쥐구멍에도 볕 들 날 있다

- 구석지고 어두운 곳에 있는 쥐구멍의 작은 틈으로도 언젠가 햇빛이 들어오는 순간이 생긴다는 말이에요.
- 어렵고 고생스러운 상황이 계속되더라도 좋은 날이 올 수 있다는 의미지요.

쓰임 알기

- 쥐구멍에도 볕 들 날이 있다고, 흥부에게 제비가 물어다 준 박씨에서 금은보화가 나왔을 때 그런 기분이었을까요?
- 자원을 받지 못해 운영이 어려워진 시민 단체가 쥐구멍에도 볕 들 날 있다며 서로를 다독였어요.

확장하기

- **쥐구멍을 찾다**

  부끄러운 상황에서 어디에라도 숨고 싶을 때 사용하는 관용구예요.

  예 모르는 문제를 물어보는 친구에게 잘못 가르쳐준 것을 깨닫고 나니 창피해서 쥐구멍을 찾고 싶은 마음이었어요.

- **낮말은 새가 듣고 밤말은 쥐가 듣는다**

  아무리 비밀스럽게 말하더라도 낮에는 새가 듣고 밤에는 쥐가 듣는다는 뜻으로, 말을 할 때는 늘 주의해야 한다는 의미가 담긴 속담이에요.

  예 낮말은 새가 듣고 밤말은 쥐가 듣는다고 하니, 주위에 듣는 사람이 없다고 해도 친구의 흉을 보면 안 되겠어요.

아니 땐 굴뚝에 연기 나랴

- 어떤 일이든 반드시 그에 맞는 원인이나 이유가 있을 것이라는 말이에요.
- 아무 일도 없는데 어떤 현상이 일어나지는 않으므로, 문제가 생기면 그에 합당한 원인이 있다는 뜻이지요.

쓰임 알기

- 이번 시험에서 갑자기 떨어진 저의 성적을 확인하신 엄마가 아니 땐 굴뚝에 연기 나겠냐며 스스로의 공부 습관을 잘 생각해 보라고 하셨어요.
- 평소에는 잘 지내던 친구들이 갑자기 다투기 시작했는데, 아니 땐 굴뚝에 연기가 날 리 없으니 그 원인을 찾아봐야겠어요.

확장하기

- **불 가져오라는데 물 가져온다**

  요구사항을 제대로 파악하지 못하고 엉뚱한 일을 할 때 사용하는 속담이에요.

  예 동생에게 두부와 콩나물을 사 오라고 심부름을 시켰더니 자기가 좋아하는 소시지만 사 왔어요. 불 가져오라는데 물 가져온 꼴이에요.

- **불 보듯 뻔하다**

  앞으로 일어날 상황이나 결과가 너무 명확해서 예측하기 쉽다는 의미의 관용구예요.

  예 내일이 시험인데 책을 한 글자도 들여다보지 않았으니, 시험 결과가 어떨지는 불 보듯 뻔해요.

지켜라, 맞춤법!

 은경쌤과의 대화에서 맞춤법을 지키지 않은 사람을 찾아보세요!

한울

소희야. 너 오늘 또 늦잠 잤어?
아침에 보니까 눈곱이 끼어 있더라고.

소희

안 그래도 1교시 끝나고 화장실 갔다가 발견했어.
부끄럽게…. 귀뜸 좀 해 주지~

한울

미안해. 수업 시작종이 울리는 바람에 말을 못 해 줬네.

소희가 요즘 좀 일찍 다닌다 싶었는데
오늘은 늦잠을 잔 모양이구나?

소희

너무 늦게 일어나서 세수를 대충 했더니
눈곱이 그대로 있었나 봐요.

괜찮아, 그럴 수도 있지!
그래도 늦잠 자는 버릇은 고치는 게 좋겠다.

소희

네에…!

눈곱 vs 눈곱

'눈곱'은 눈에서 생기는 분비물이나 눈에 고인 물질로, 주로 잠을 자고 아침에 일어났을 때 끼어 있는 경우가 많죠. [눈꼽]이라고 발음하기 때문에 '눈꼽'으로 잘못 쓰는 경우가 많아요. 올바른 표기법은 '눈곱'이랍니다.

쓰임

눈꼽이 자꾸 끼어서 병원에 다녀와야겠어요. X

눈곱이 자꾸 끼어서 병원에 다녀와야겠어요. ○

귀뜸 vs 귀띔

'귀띔'은 다른 사람에게 어떤 정보를 살짝 알려 주거나 넌지시 내용을 일깨워줄 때 사용하는 말이에요. 흔히 '귀뜸'이라고 말하지만, '귀띔'이 정확한 표현이며, 발음 또한 [귀띰]이라고 하는 것이 옳아요.

쓰임

옆 반 친구가 저에게 좋아한다고 고백할 거라고 짝꿍이 귀뜸을 해 주었어요. X

옆 반 친구가 저에게 좋아한다고 고백할 거라고 짝꿍이 귀띔을 해 주었어요. ○

‘귀가 밝다’라는 말을 들어 본 적이 있죠?
귀가 빛을 내는 전구도 아니고 어떻게 밝을 수가 있을까요?

맞아요. ‘귀가 밝다’는 소리를 잘 들을 때 사용하는 말이죠.
이렇게 각각의 어휘만으로는 전체의 의미를 알 수 없지만,
여러 어휘가 모여 하나의 특별한 의미를 지니는 표현을 관용구라고 해요.

관용구를 알면 대화를 나눌 때
더 깊이 있고, 더 재미있게 이야기할 수 있답니다!

관용구

물을 끼얹은 듯

- 들떠 있던 분위기가 갑자기 식거나 차가워진 상태를 표현하는 말이에요.
- 소란스럽던 상황이 갑자기 찬물을 끼얹은 것처럼 조용해지거나 숙연해졌을 때 써요.

쓰임 알기

- 생일 파티에서 재미있게 놀던 중에 친구들이 싸워서 물을 끼얹은 듯 분위기가 바뀌었어요.
- 소란스럽던 법정에 판사님이 들어오시자 물을 끼얹은 듯 조용해졌어요.

확장하기

- **물 쓰듯**

  자원을 낭비하거나 돈을 헤프게 쓰는 상황을 의미해요. 물을 너무 쉽게 써 버리는 것처럼 돈이나 물건 등을 함부로 낭비할 때 사용하지요.

  예 용돈을 물 쓰듯 쓰는 바람에 벌써 남은 돈이 별로 없어요.

- **물로 보다**

  사람을 특별할 것 없이 하찮게 볼 때 사용하는 관용구예요. 특별히 주목할 만한 점이 없고, 기대 이하로 생각한다는 말이지요.

  예 사실은 이번 경기에 처음 출전한 상대 선수를 물로 봤는데 엄청난 실력자였어요.

눈을 씻고 찾아보다

- 아주 주의 깊게 또는 자세히 살펴보는 상황을 표현하는 말이에요.
- 놓쳤던 중요한 부분을 찾을 때나, 잃어버린 무엇인가를 애타게 찾을 때 써요.

- 왔던 길을 천천히 되돌아가며 눈을 씻고 찾아봤지만 잃어버린 카드는 아무 데도 없었어요.
- 선생님께서 맞춤법을 고쳐 오라고 하셨지만 눈을 씻고 찾아봐도 어디가 틀린 건지 도통 모르겠어요.

확장하기

- **눈도 깜짝 안 하다**

  어떤 상황이나 사건에 대해 전혀 놀라거나 동요하지 않고 평온하게 반응하는 모습을 가리키는 관용구예요.

  예 부모님께 용돈을 올려달라고 아무리 졸라도 눈도 깜짝 안 하시네요.

- **눈 뜨고 볼 수 없다**

  어떤 상황이나 사건이 보기 힘들 정도로 심각하거나 불쾌한 경우를 나타내는 말이에요.

  예 텔레비전으로 본 재난 소식이 너무 참혹해서 차마 눈 뜨고 볼 수 없는 지경이었어요.

입을 닦다

- 돈이나 이익을 혼자 차지하거나 가로채기 위해 다른 사람들에게는 모른 척 시치미를 뗄 때 사용하는 말로, '입을 씻다'라고도 해요.
- 음식을 먹은 후에 아무것도 먹지 않은 것처럼 입을 닦는 모습에서 나온 표현이지요.

쓰임 알기

- 할머니께서 분명 용돈을 주시며 나누어 가지라고 말씀하셨을 텐데, 언니가 혼자 다 가지려고 입을 닦은 것 같아요.
- 여러 사람 몫의 사은품을 대표로 받아 간 한 사람이 입을 씻고는 나누어 주지 않네요.

확장하기

- **입이 마르다**

  무엇인가에 대해 반복하여 계속 이야기할 때 사용하는 관용구예요. '입에 침이 마르다'라고도 쓰는데, 주로 누군가를 칭찬하거나 무언가를 자랑할 때 많이 쓰는 표현이랍니다.

  예 친구가 제주도 여행을 다녀와서 입이 마르도록 자랑을 해요.

- **입에 발리다**

  다른 사람에게 잘 보이기 위해 아부를 하는 상황에서 써요. 마음에도 없으면서 겉으로만 아첨하는 말이지요.

  예 우리 오빠는 입에 발린 말을 어찌나 잘하는지 화가 났던 엄마도 금방 웃고 만다니까요.

손에 잡힐 듯하다

- 무엇인가가 아주 가까이 있거나 또렷하게 보인다는 말이에요.
- 어떤 목표나 결과가 현실적으로 달성 가능한 상태에 있을 때 이런 표현을 쓰기도 해요.

쓰임 알기

- 비가 그치고 난 뒤에 하늘에 뜬 무지개가 꼭 손에 잡힐 듯해요.
- 맑은 시냇물에서 헤엄치는 물고기들이 손에 잡힐 듯 또렷하네요.

확장하기

- **손을 놓다**

  어떤 일이나 활동을 포기하거나 중단할 때 쓰는 관용구예요. 그 일에 더 이상 노력이나 관심을 기울이지 않는다는 말이지요.

  예 공부에서 손을 놓고 마음껏 놀았더니 이번 시험에서 꼴찌를 했어요.

- **손이 맵다**

  손으로 살짝만 쳤는데도 몹시 아플 때 쓰는 관용구예요. 꼼꼼하고 야무지게 일을 하는 사람에게 사용하기도 한답니다.

  예 같이 개그 프로그램을 보던 친구가 웃으며 저를 때리는 손이 어찌나 매운지 웃음기가 싹 가실 정도로 아팠다니까요.

눈코 뜰 사이 없다

- 매우 바쁘거나 시간이 부족하여 정신을 못 차릴 정도로 잠깐의 여유도 없는 상황을 설명하는 말이에요.
- 일이 너무 많아서 눈을 감거나 코를 풀 시간도 없이 몹시 바쁘다는 뜻이지요.

쓰임 알기

- 크리스마스를 앞두고 동네 빵집은 눈코 뜰 사이 없어요.
- 집안일을 하느라 눈코 뜰 사이 없이 바빠서 식사 시간이 지난 줄도 몰랐어요.

확장하기

- **콧대가 높다**

  자존심이나 자신감이 지나치게 높다는 의미예요. 자신을 과하게 뽐내거나 어지간한 상대는 우습게 여기는 모습을 비유할 때 쓰는 표현이지요.

  예 친구가 체육 시간에 오래 매달리기 기록을 세우더니 콧대가 높아졌어요.

- **코가 납작해지다**

  몹시 자존심이 상하거나, 체면이 구겨지는 상황을 표현하는 말이에요. 예상치 못한 실패나 실수로 굴욕감을 느낄 때 쓰는 말이에요.

  예 요리를 못한다고 놀리는 친구에게 아주 맛있는 요리를 대접해서 코를 납작하게 만들 거예요.

하늘 높은 줄 모르다

- 자신이 처한 위치를 제대로 알지 못하고 과하게 높다고 느낄 때를 비유하는 말이에요.
- 사회적으로 높은 지위에 오르거나 유명해질 때나 물건의 값이 매우 비싸게 올랐을 때에도 쓰는 표현이에요.

쓰임 알기

- 동네 줄넘기 대회에서 1등을 한 친구가 하늘 높은 줄 모르고 계속 자랑을 하네요.
- 기름값이 하늘 높은 줄 모르고 치솟아서, 아빠는 오늘부터 대중교통을 이용해 출퇴근하시기로 했어요.

확장하기

- **하늘이 노랗다**

  갑작스러운 충격을 받거나 기력이 다하여 정신이 아득해지는 순간을 의미해요. '하늘이 노래지다'라고 사용하기도 해요.

  예 문제를 다 푼 줄 알았는데 뒷장에 또 문제가 가득한 걸 보고 하늘이 노래졌어요.

- **하늘이 무너져도 솟아날 구멍이 있다**

  어떤 상황이 매우 어려워 보이더라도, 항상 해결할 수 있는 방법이나 희망이 있다는 의미의 속담이에요.

  예 엄마가 아끼던 화분을 실수로 깨뜨렸어요. 하늘이 무너져도 솟아날 구멍은 있으니 분명히 해결할 방법이 있을 거예요.

다리를 뻗고 자다

- 편안하게 자는 상태를 의미해요.
- 긴장을 풀고 마음의 부담이나 걱정 없이 여유롭게, 또는 스트레스 없이 마음을 놓은 상태를 비유적으로 표현하는 말이에요.

- 헤드셋을 잃어버린 줄 알고 어제부터 발을 동동 굴렀는데 침대 밑에서 찾았어요. 오늘 밤에는 다리 뻗고 잘 수 있을 것 같아요.
- 올림픽 금메달 결정전에서 우리나라가 극적으로 승리해서 드디어 다리를 뻗고 자요.

확장하기

- **다리를 놓다**

  어떤 일이나 관계를 원활하게 연결한다는 의미예요. 특히 사람들 간의 관계를 개선하고, 갈등을 해결하는 중간자 입장을 표현하지요.

  예 친구가 다리를 놓아 주어서 싸운 친구와의 오해를 풀었어요.

- **남의 다리 긁는다**

  자기가 해야 할 일이 아닌 엉뚱한 일을 했을 때 사용하는 말이에요. 기껏 한 일이 자기보다는 남에게 좋은 일이 되었을 때 사용하기도 해요.

  예 친구가 놀러 온다고 해서 집을 깨끗하게 청소를 해놓았는데 온다는 친구는 안 오고, 청소 당번이었던 아빠가 무척 좋아하시네요. 남의 다리만 긁은 꼴이에요.

목이 빠지다

- 어떤 일을 매우 기다리거나 기대하는 상태를 비유하는 표현이에요.
- 무언가를 애타게 기다릴 때 사용하며, 기다리는 시간이 길어지거나 지루할 때 활용하기도 해요.

쓰임 알기

- 재밌게 하고 있는 게임의 새로운 시리즈가 곧 출시된다고 해서 목이 빠지게 기다리고 있어요.
- 해외 출장을 가신 엄마를 목이 빠지게 기다리는 제 마음을 아실까 모르겠어요.

확장하기

- **목이 타다**

  '목이 빠지다'와 비슷한 의미로 어떤 것을 간절히 원하거나, 긴장이 될 때 사용하는 말이에요.

  예 주문한 떡볶이가 도착하기를 기다리느라 목이 다 타요.

- **목에 거미줄 치다**

  몹시 가난하여 아무것도 먹지 못하는 처지를 비유하는 말이에요. '입에 거미줄 치다'라는 관용구와 같은 의미지요.

  예 갈수록 손님이 줄어들어서 목에 거미줄 치는 건 아닌지 걱정하는 상인들이 많아요.

낯이 두껍다

- 부끄러움이나 수치심이 없고, 남의 시선을 신경 쓰지 않는 모습을 가리켜요.
- 어떤 상황에서도 쑥스러움을 느끼지 않고 뻔뻔하게 행동하는 사람을 비유하는 표현이에요.

쓰임 알기

- 지난번에 빌려준 가위를 잃어버리고 사과도 하지 않았던 짝꿍이 낯이 두껍게도 또 학용품을 빌려달라고 하네요.
- 음식물에 일부러 머리카락을 넣어 놓고는 식당 사장님에게 음식값을 환불해 달라고 하는, 낯이 두꺼운 사람들의 이야기가 뉴스에 나왔어요.

확장하기

- **낯을 가리다**

  수줍음이나 부끄러움 때문에 사람을 피하거나 다른 사람과의 관계에서 어색해하는 모습을 가리키는 관용구예요.

  예 저는 낯을 많이 가리는 편이라 친하지 않은 사람과 눈을 마주치기가 어려워요.

- **낯을 못 들다**

  수치심이나 부끄러움을 느껴 다른 사람을 떳떳하게 대하지 못할 때 쓰는 표현이에요.

  예 선생님께서 하신 질문에 얼토당토않은 대답을 한 저를 본 친구들이 웃는 바람에 부끄러워서 낯을 못 들겠어요.

급한 불을 끄다

• 다른 일을 제쳐두고 어떤 긴급한 문제 상황부터 해결하는 것을 의미해요.

• 위기가 발생했을 때, 우선 그 상황을 빠르게 수습하고 나중에 더 좋은 해결책을 찾는 과정을 비유하는 말이에요.

• 가족들이 모두 엄마 생일을 깜빡하는 바람에 급한 불을 끄기 위한 꽃다발을 준비했어요.

• 열이 많이 나는데 공휴일이라 병원이 문을 열지 않아서 집에 있던 해열제로 급한 불을 껐어요.

확장하기

• **발등에 불이 떨어지다**

급하게 처리해야 할 일이 생겼을 때 쓰는 말이에요. 어떤 문제 상황이 더 이상 미룰 수 없을 만큼 들이닥쳤다는 뜻이지요.

예 내일이 개학일이라 발등에 불이 떨어졌어요.

• **강 건너 불구경**

어떤 일이나 상황으로부터 거리를 두고 구경만 하며, 그 상황에 대해 소극적인 태도를 보인다는 말이에요.

예 복도에서 친구들이 다투는 모습을 강 건너 불구경하듯 지켜만 보고 있는 학생들이 많았어요.

간이 크다

- 대담하고 용감한 사람을 비유하는 말이에요.
- 위험한 상황이나 어려운 일을 겁내지 않고 대담하게 행동하는 상황에 사용해요.

쓰임 알기

- 태권도 대회에 함께 나온 동생이 태연한 것을 보니 간이 참 크다는 생각이 들었어요.
- '간이 크다'라는 관용구를 보니 '하룻강아지 범 무서운 줄 모른다'는 속담이 생각났어요. 하룻강아지는 간이 무척 컸나 봐요.

확장하기

- **간에 기별도 안 가다**

  양이 너무 적거나 미미하여 거의 존재하지 않는 것과 같다는 의미인 관용구예요. 주로 음식의 양이 적을 때 사용하지요.

  예 한 시간 내내 운동을 하고 나서 달걀 하나만 먹었더니 간에 기별도 안 가요.

- **간이 콩알만 하다**

  '간이 크다'와 반대로 몹시 겁이 많아 작은 일에도 두려움을 느끼거나 자신감을 가지지 못하는 사람을 비유하는 관용구예요.

  예 별로 높지도 않은 다리를 못 건너다니, 간이 콩알만 하네요.

속이 타다

- 매우 초조하거나 불안한 마음을 느낄 때 쓰는 말이에요.
- '애가 타다'라는 표현과 비슷한 의미를 지닌 관용구로, 마음속에 걱정이 가득해 마치 속이 타는 듯한 느낌을 받는다는 말이지요.

- 사람들 앞에서 발표하는 건 정말 자신이 없어서 제 차례가 다가올수록 속이 타들어 가는 느낌이에요.
- 친한 친구가 다쳤다는 연락을 받고 병원까지 가는 내내 속이 타는 듯했어요.

확장하기

- **속이 보이다**

  아무리 숨기려 해도 속마음이 드러나는 것을 비유하는 표현이에요. 엉큼한 마음을 품고 있는 사람에게 주로 사용해요.

  예 속이 뻔히 보이는 거짓말을 하는 당신을 믿을 수 없어요.

- **속이 깊다**

  마음이 넓고 이해심이 많은 사람에게 사용하는 말이에요. 신중하게 생각하고 남을 배려할 줄 안다는 의미지요.

  예 제 친구는 속이 참 깊어서 친구들에게 인기가 많아요.

귀가 얇다

• 다른 사람의 말에 쉽게 영향을 받는 사람을 비유하는 말이에요.

• 남의 말에 쉽게 넘어가거나, 쉽게 설득되는 경우에 사용하는 표현이지요.

쓰임 알기

• 귀가 얇은 언니가 머리카락의 길이만 다듬겠다며 미용실에 갔다가 파마까지 하고 왔어요.

• 여행을 가기 위해 계획을 세우는 중인데 귀가 얇아서 다른 사람들의 추천을 받을 때마다 자꾸만 일정이 변경되고 있어요.

확장하기

• **귀가 따갑다**

너무 시끄러워서 듣기가 괴롭거나, 계속 반복해서 하는 말을 듣기 싫을 때 사용하는 표현이에요.

예 매일 아침저녁으로 듣는 엄마의 잔소리에 귀가 따가울 지경이에요.

• **귀를 의심하다**

믿기 어려운 이야기를 들었을 때 사용하는 표현이에요. 믿기 힘든 소식을 듣고 그것이 사실이 맞는지 의심이 될 때 사용해요.

예 엄마가 생일 선물로 새 스마트폰을 사 주신다고 해서 순간 제 귀를 의심했어요.

빛을 발하다

- 어떤 것이 매우 뛰어나 눈에 띄게 주목을 받는 상황을 나타내는 말이에요.
- 주목받지 못하는 상태였던 것이 제 능력이나 가치를 드러낼 때 사용하지요.

쓰임 알기

- 글짓기 대회에서 상을 받아 왔더니 엄마가 저의 재능이 언젠가 빛을 발할 것이라고 생각했다며 좋아하셨어요.
- 그 배우가 남몰래 꾸준히 키워 온 운동 실력이 이번 액션 영화에서 빛을 발했어요.

- **빛이 보이다**
  희망이나 가능성이 보이는 상태를 말해요. 어려운 상황 속에서도 긍정적인 기대를 할 수 있을 때를 나타내는 말이지요.
  예 수학 공부에 오랜 시간을 투자했더니 드디어 빛이 보이는 것 같아요.
- **빛을 잃다**
  찬란함이나 활력을 잃고 시들해지거나 보잘것없어진 상태를 의미하는 말이에요.
  예 맛있다고 소문이 난 작은 빵집 옆에 외국에서 유명한 도넛 가게가 생기면서 빵집이 빛을 잃었어요.

발 벗고 나서다

- 어떤 일에 적극적으로 참여할 때 쓰는 표현이에요.
- 주저하거나 망설이지 않고 바로 행동에 옮긴다는 의미로, 맡은 일을 열심히 하겠다는 의지를 담고 있어요.

쓰임 알기

- 학급 회장으로 뽑힌다면 학급 일에 발 벗고 나서는 회장이 될 것을 다짐했어요.
- 종이접기를 너무 어려워하는 친구를 위해 발 벗고 나서서 도와줬어요.

확장하기

- **발을 구르다**

  급하거나 안타까운 상황에서 답답함을 느낄 때 사용하는 표현이에요. 초조하게 발을 움직이는 모습을 묘사하여 '발을 동동 구르다'라고도 해요.

  예 할아버지의 수술 결과가 빨리 나오지 않아 가족들이 모두 발을 굴렀어요.

- **발이 넓다**

  아는 사람이 많아서 활동하는 범위가 넓다는 의미예요. 다양한 분야의 사람들과 잘 알고 지낸다는 말이지요.

  예 발이 넓으신 할머니의 칠순 잔치에 얼마나 많은 사람이 왔는지 몰라요.

가슴이 미어지다

- '미어지다'는 '가슴이 찢어질 듯 슬프고 고통스럽다'라는 뜻으로 슬픔이나 안타까운 감정을 강하게 느낄 때 써요.
- 슬픔이나 고통으로 마음이 아파 참기 힘든 상태를 비유하는 말이지요.

- 키우던 고양이가 얼마 전에 죽었는데 가슴이 미어져 며칠을 울었어요.
- 전쟁 다큐멘터리에 출연한 이산가족이 어린 시절에 헤어진 동생을 생각하면 가슴이 미어진다며 눈물을 글썽였어요.

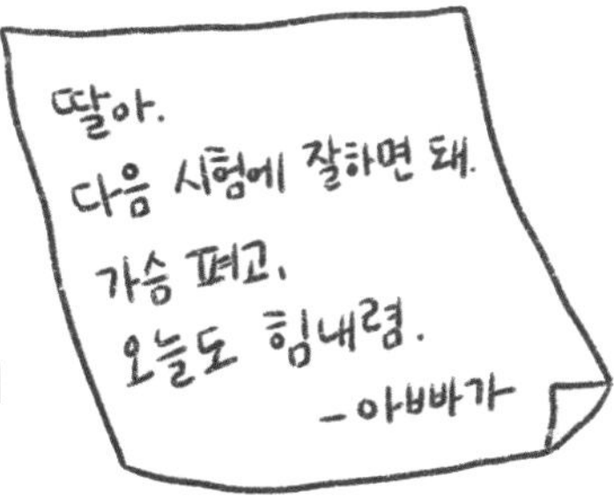

- **가슴을 펴다**

  자신감을 가지고 당당하게 행동하는 모습을 표현하는 말이에요.

  예 시험을 망쳐서 의기소침해진 저를 본 아빠가 다음 시험이 또 있으니 가슴을 펴라고 말씀하시며 응원을 해 주셨어요.

- **가슴에 새기다**

  어떤 감정이나 기억, 교훈 등을 마음속 깊이 간직한다는 의미예요. 주로 소중한 경험이나 가르침을 잊지 않고 기억하겠다는 의지를 나타내지요.

  예 사람은 언제나 정직하고 신뢰를 주어야 한다는 할아버지의 말씀을 가슴에 새기며, 더 좋은 모습의 사람이 되려고 노력해요.

지켜라, 맞춤법!

은경쌤과의 대화에서 맞춤법을 지키지 않은 사람을 찾아보세요!

은경쌤
얘들아, 내일 졸업 사진 찍는 날인 건 잊지 않았지?

소희
아, 맞다! 완전 깜박 잊어버리고 있었어요.

한울
소희야, 그렇게 중요한 날을 잊으면 어떡해?

은경쌤
그건 한울이 말이 맞네.
그럼 한울이는 사진 찍을 준비가 다 됐니?

한울
물론이죠. 전 입고 갈 옷도 정해 놓았어요.
깔끔하게 다리기까지 했답니다.

소희
그렇다면 나도 질 수 없지. 빨리 옷장을 뒤져 봐야겠다!

은경쌤
선생님도 신경 좀 써서 가야겠네!

잊어버리다 vs 잃어버리다

'잊어버리다'는 과거에 알고 있던 정보나 기억을 다시 생각해 내지 못하는 것을 의미해요.
'잃어버리다'는 어떤 물건이나 소중한 것이 자신도 모르는 사이에 없어진 상황을 뜻하는 말이지요.
졸업 사진을 찍는 날이라는 정보를 기억하지 못한 소희의 경우, '잊어버렸다'라고 표현하는 것이 맞겠지요.

쓰임

TV를 보느라 친구와의 약속을 까맣게 잊어버렸어요. ◯

가방에 달았던 열쇠고리를 아무리 찾아도 보이지 않는 것을 보니 잃어버린 모양이에요. ◯

달이다 vs 다리다

'달이다'는 한약재나 몸에 좋다고 여겨지는 재료에 물을 붓고 진하게 끓이는 행위예요.
'다리다'는 구겨진 옷이나 천을 다리미 등으로 문질러 펴는 과정이고요.
한울이는 졸업 사진을 찍을 때 입을 옷을 준비하는 과정에서 사용했기 때문에 '다리다'라고 표현해야 해요.

쓰임

할머니께서 감기에 걸린 저를 위해 배를 갈아서 그 즙을 오랜 시간 달이셨어요. ◯

오빠가 구겨진 교복을 입기 싫다며 아침도 안 먹고 교복 셔츠를 다리고 있어요. ◯

흥미진진 어휘 퀴즈 ①

숨겨진 어휘를 찾아요!

✔ ○ 안에 들어갈 적절한 어휘를 퍼즐 속에서 찾아보세요.

1 마른 하늘에 ○○○

2 콩으로 ○○를 쑨다고 해도 안 믿는다

3 ○○○도 나무에서 떨어진다

4 ○○○에 옷 젖는 줄 모른다

5 ○○○에게 물려 가도 정신만 차리면 산다

침	날	벼	락	육	발
소	트	지	억	희	장
원	이	팬	부	호	대
숭	슬	자	가	랑	비
이	비	리	고	이	예
수	메	주	사	순	폴

정답 1 날벼락 2 메주 3 원숭이 4 가랑비 5 호랑이

흥미진진 어휘 퀴즈 ②

어휘로 문장을 완성해요!

( ) 안에 들어갈 적절한 어휘를 골라 문장을 완성해 보세요.

1 '공든 (성 / 탑)이 무너지랴'라는 마음가짐으로 마지막까지 최선을 다해야 해요.

2 이어달리기를 하다가 넘어지는 바람에 (닭 / 꿩) 쫓던 개 지붕 쳐다보는 신세가 되었어요.

3 어려운 문제는 (천 / 만) 리 길도 한 걸음부터 시작하듯이 차분히 해결하는 것이 중요해요.

4 그 승무원은 도움이 필요한 승객을 위해 (발 / 양말) 벗고 나섰어요.

5 남의 (떡 / 빵)이 더 커 보인다고, 친구의 비빔밥이 더 푸짐해 보여요.

6 소설의 마지막 문장을 완성한 작가는 비로소 (다리 / 머리)를 뻗고 잘 수 있었어요.

7 사람들 말에 이랬다저랬다 하는 걸 보니, 참 귀가 (얇은 / 넓은) 사람이네요.

8 (호수 / 우물) 안 개구리가 되지 않도록 다양한 분야의 사람들을 많이 사귀고 싶어요.

9 엄마 몰래 게임을 3시간이나 한 친구는 정말 (간 / 심장)이 큰 것 같아요.

10 영화 시작 시간이 다 되어 가는데 친구가 아직 안 와서 (손 / 속)이 타네요.

정답 1 탑 2 닭 3 천 4 발 5 떡 6 다리 7 얇은 8 우물 9 간 10 속

흥미진진 어휘 퀴즈 ③

초성 퀴즈왕이 될 거야!

초성 힌트를 보고 다음 대화의 빈칸에 어울리는 단어를 써 보세요.

은지 요즘 채소 값이 너무 비싸서 그런지 나물 반찬이 잘 안 나오는 것 같아.

지호 맞아. 물가가 [ㅎ][ㄴ] 높은 줄 모르고 오르더라.

유나 책상은 어떻게 옮길까요?

엄마 [ㅂ][ㅈ][ㅈ]도 맞들면 낫다고, 책상은 무거우니까 같이 들고 옮기자.

도윤 같이 축구할래?

진주 나 아직 숙제를 다 못 했어. [ㄱ][ㅎ] [ㅂ]을 끄고 나서 같이 하자.

태주 아빠는 왜 이렇게 안 오세요? 제가 이렇게 [ㅁ]이 빠지게 기다리는데….

엄마 일하느라 [ㄴ][ㅋ] 뜰 사이도 없다고 하시니 조금만 이해해 줄래?

소희 다른 조는 다 조원이 네 명인데 저희 조만 세 명이라 힘들어요.

선생님 [ㅅ][ㄱ]이 많으면 배가 산으로 가기도 한단다.

정답 하늘 백지장 급한 불 목, 눈코 사공

흥미진진 어휘 퀴즈 ④

맞춤법은 내가 최고!

정확한 맞춤법이 사용된 문장을 골라 동그라미 쳐 보세요.

1 (1) 혹시 오늘 세수를 안 했나요? 눈꼽이 그대로 있네요. ( )

(2) 혹시 오늘 세수를 안 했나요? 눈곱이 그대로 있네요. ( )

2 (1) 세영이가 선물로 뭘 받고 싶어 하는지 살짝 귀뜸 좀 해 줄 수 있나요? ( )

(2) 세영이가 선물로 뭘 받고 싶어 하는지 살짝 귀띔 좀 해 줄 수 있나요? ( )

3 (1) 비행기를 타 본 적이 없는 것 같은데, 아마도 어렸을 때라 잊어버렸나 봐요. ( )

(2) 비행기를 타 본 적이 없는 것 같은데, 아마도 어렸을 때라 잃어버렸나 봐요. ( )

4 (1) 심부름을 하고 남은 돈을 주머니에 넣어 뒀는데 놀이터에서 놀다가 잊어버렸어요. ( )

(2) 심부름을 하고 남은 돈을 주머니에 넣어 뒀는데 놀이터에서 놀다가 잃어버렸어요. ( )

5 (1) 한의원에서는 늘 한약을 달이는 냄새가 나요. ( )

(2) 한의원에서는 늘 한약을 다리는 냄새가 나요. ( )

6 (1) 계절이 바뀌어서 옷장에서 막 꺼내 꼬깃꼬깃한 옷을 달여 놨어요. ( )

(2) 계절이 바뀌어서 옷장에서 막 꺼내 꼬깃꼬깃한 옷을 다려 놨어요. ( )

정답 1 (2) 2 (2) 3 (1) 4 (2) 5 (1) 6 (2)

찾아보기

과목별 어휘

관용 표현

초등 대백과 ❶

글·기획 이은경
구성 장순월
그림 김혜원

1판 1쇄 발행 2025년 2월 17일
1판 2쇄 발행 2025년 3월 13일

펴낸이 김영곤
프로젝트3팀 이장건 김의헌 박예진 박고은 김혜지 이지현
아동마케팅팀 명인수 손용우 양슬기 최유성 전연우 송혜수
영업팀 변유경 한충희 장철용 강경남 황성진 김도연
제작팀 이영민 권경민 **디자인** 한성미

펴낸곳 (주)북이십일 아울북
출판등록 2000년 5월 6일 제406-2003-061호
주소 (10881) 경기도 파주시 회동길 201 (문발동)
대표 전화 031-955-2100
팩스 031-955-2177
홈페이지 www.book21.com

사진출처 게티이미지코리아

ISBN 979-11-7117-882-7 73710

• 제조자명 : (주)북이십일
• 주소 및 전화번호 : 경기도 파주시 문발동 회동길 201(문발동) / 031-955-2100
• 제조연월 : 2025.03.
• 제조국명 : 대한민국
• 사용연령 : 3세 이상 어린이 제품

〈우리 반 목표〉

한 학기에 초등 대백과 한 권씩 읽기

〈초등 대백과〉 수업 시간표

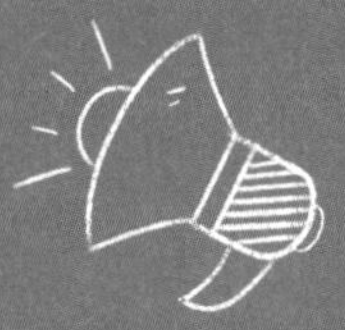

준비물

1교시 경제

전인구 선생님의 어린이 경제 개념 대백과

- ✦ 국민 경제 멘토 전인구 선생님
- ✦ 초등 사회부터 고등 경제까지!
- ✦ 교과연계
- ✦ 어른이 되어서도 유용한 경제 상식

2교시 어휘

이은경 선생님의 초등 어휘 대백과

- ✦ 30만 초등 교육 멘토 이은경 선생님
- ✦ 과목별 어휘, 속담, 관용구, 맞춤법
- ✦ 교과연계
- ✦ 문해력의 기본을 다지는 첫걸음

3교시 뭔지 아는 사람?

└ 뭔지 모르지만 기대됨.